현대신서 129

번영의 비참

종교화한 시장 경제와 그 적들

파스칼 브뤼크네르

이창실 옮김

東文選

번영의 비참

종교화한 시장 경제와 그 적들

PASCAL BRUCKNER
Misère de la prospérité
la religion marchande et ses ennemis

© Éditions Grasset & Fasquelle, 2002

This edition was published by arrangement
with Éditions Grasset & Fasquelle, Paris
through Sibylle Books literary Agency, Seoul

차 례

서론: 열성가들의 무도회 ········· 11

제I부 유용한 적

제1장 천국의 얼간이들 ········· 17
풍요로움으로부터 배제된 자들 ········· 19
기득권을 지닌 귀족 계급 ········· 21
자유로운 대기 속에 유폐된 상태 ········· 27
쾌활한 운명주의 ········· 31

제2장 새로운 저항을 향하여? ········· 35
파문당한 자의 난관 ········· 36
배부른 천민들 ········· 43

제3장 지성의 혼란 ········· 53
매트릭스와 악마 ········· 54
도처에 널린 보이지 않는 손 ········· 59
냉전에 대한 노스텔지어 ········· 65

제4장 큰 사탄 ········· 69
양키의 악폐 ········· 70
상냥한 독재 정치 ········· 76
지탄의 얼굴들 ········· 81
강한 약자의 전략 ········· 83
미국은 제국이 되기 위한 수단을 갖추지 않았다 ········· 87

제5장 해묵은 증오의 뜨거운 동조 속에서 ─── 91
  부정적인 성화(聖化) ─── 92
  결렬의 환상 ─── 99
  영원한 결산 ─── 103

제II부 시장 경제의 새로운 메시아니즘

제6장 되풀이되는 과오 ─── 109
  기적 혹은 조심성 ─── 110
  비극 없는 꿈 ─── 113
  큰 위로 ─── 116
  이성의 새로운 간계들 ─── 122

제7장 개인과 시장의 혼인 ─── 127
  변절, 혹은 파괴? ─── 128
  경쟁과 정략 ─── 129
  돈벌이의 떠들썩한 주연과 그 미점들 ─── 132
  내 멋대로 만드는 세계 ─── 138
  모순적인 승리 ─── 142
  휴전선들을 협상하기 ─── 146

제8장 마지막 유토피아 ─── 153
  몇몇 달콤한 허구에 대하여 ─── 154
  질서의 혼돈 ─── 160
  게걸스런 이익 추구 ─── 164
  응석둥이 아이들, 싫증난 아이들 ─── 169

제III부 응수와 초연

제9장 자본주의로부터 신성을 박탈하기 ― 179
  경제를 세속화하기 ― 183
  반대, 아니면 공존? ― 186
  생명을 얻기 위해 생명을 잃기? ― 188

제10장 문명화의 불안 ― 195
  지친 프로메테우스 ― 197
  사이버 세계의 예언자들과 순교자들 ― 200
  불편함의 지혜 ― 206

자본주의의 신탁(神託) ― 25
구두쇠, 방탕한 자, 탐욕자 ― 41
촉진제가 되는 불평등, 견디기 어려운 불평등 ― 50
풍요에 의한 구원 ― 58
반동분자, 아니면 진보주의자? ― 75
변명의 문화 ― 96
가난, 부, 검소함 ― 120
묵시록과 부활 ― 133
의미의 완화 ― 150
절대 자유 ― 158
해피 엔딩 ― 181
있을 법하지 않은 규합 ― 203

원 주 ― 211
역자 후기 ― 229

"오 하느님, 제게 적을 보여 주소서. 적이 누군지 알아낸다면 적을 없앨 수도 있을 테니까요. 하지만 세상 사람들은 저를 미혹케 하나이다. 누가 제게 상처를 주는 걸까요? 누가 제 삶을 망가뜨리고 있나요? 누구에게 반격을 가해야 할지 제게 말씀해 주소서."

V. S. 나이파울, 《자유 국가에서》

서론

열성가들의 무도회

2001년 1월초 미연방준비이사회 의장 앨런 그린스펀은 둔화된 경제 성장에 활기를 주고 경기 침체의 위협을 몰아내기 위해 처음으로 금리를 낮추었다. 그러자 수 개월 전부터 하락세를 보이던 나스닥 주가 지수가 금세 10퍼센트 이상 뛰어올랐다. 이런 눈부신 회복세를 목격하며 뉴욕 증시에서는 기립 박수가 터졌으며, 고조된 감정이 극에 달했다. 위대한 세계 재무장관이 경기 둔화를 회복세로 전환시키는 기적을 이루고 난 참이었다. 갈채의 순간은 비록 짧았지만 증시가 그처럼 종교 의식과도 흡사한 양상을 띠기란 좀처럼 드문 일이었다.

온갖 신앙과 이데올로기가 대거 붕괴되는 와중에서도 살아남아 여전히 활력을 과시하는 게 있다면 그건 경제다. 이미 오래 전에 경제는 무미건조한 과학이나 이성의 냉철한 활동이기를 그치고, 발전된 세계의 마지막 영성(靈性)이 되어 버렸다. 가치들의 공백

속으로 휩쓸려 들면서도 경제는 전체주의와 정치만능주의의 폐허에서 번창할 수 있었을 뿐 아니라, 바야흐로 전 인간 사회를 재건하고 행동의 보편적 원칙의 반열로까지 올라서겠다는 야심을 품게 되었다. 이렇다 할 고양된 감정을 동반하지 않은 근엄한 종교성. 그럼에도 불구하고 도식화 및 고도의 모델화 안에서 그것은 제의에 가까운 열의를 과시한다. 마르크스의 유명한 경구와는 반대로, 이기적인 계산의 물이 얼어붙는 대신 이제 펄펄 끓어오르게 된 것이다. 회의주의의 시대만큼 신앙이 위험한 적은 없는 법이다. 이때 오갈 데 없는 정신은 처음 만난 대상을 붙들고 늘어져 거기서 잃어버린 열정을 되찾으려 하겠기 때문이다.

왕성한 부흥기를 맞은 오늘날의 반자본주의는 이런 도취에 전적으로 힘입고 있다. 제식에 참여하면서도 전복을 원하는 마법의 의식이라고나 할까. 그것은 시장의 악마들을 쫓아내려 하면서도 여전히 경배심——부정적인 경배심이라 할지라도——을 잃지 않는다. 그러나 한편을 매료시키고 다른 한편을 격분시키는 우상이라 해도 그건 우상일 수밖에 없다. 증시는 등락의 드라마를 연출하면서 섭리의 전조등이 되었다. 주가 지수의 오르내림에 따라 우리에게 내려지는 은총과 영벌이 좌우되는 것이다.

그런데 이 헌신이야말로 우리가 훌훌 털어내 버려야 할 무엇이 아닌가 싶다. 전문가들로부터의 격렬한 비난을 각오하면서, 문외한인 내가 다른 문외한들을 위해 하고 싶은 말이 이것이다. 철저히 보호되고 성화(聖化)된 영역의 문제긴 하지만…… 말이 나왔으니 말이지, 경제학자란 얼마나 고된 직업인가! 어떤 직업보다도 증명을 필요로 하는 직업이기에 하는 말이다. 소수점 이하까지 추출되는 그들의 예측이라 해도 일기 예보나 점성술의 예언보다 신뢰도가 높다고 할 수 없다. 그런데도 이 예측들을 바탕으로 정책

하나하나가 수립되며, 온갖 프로그램이 작성된다. 그러고 보면 그토록 많은 오류와 잘못을 범하고도 무사히 넘어가는 직업도 그리 흔치 않을 것이다! 온건한 반자본주의자들이 기치로 내거는 사회 정의와 평등 의지는 차치하고라도, 우선 **'자본주의의 신화'**——모든 진영을 한데 모으는——로부터의 탈피가 시급하다. 어쩌면 자본주의는 개가를 올림으로써 오히려 불가피한 환멸 속으로 접어들었는지 모르겠다. 소멸되거나 대체될 상황까지 오지는 않았다 해도 점점 진부한 무엇이 되어간다. 애초에 경제는 우리를 결핍으로부터 해방시키기 위한 것이었다. 하지만 이제 누가 우리를 경제로부터 해방시켜 줄 수 있을까?

제 I 부
유용한 적

제1장

천국의 얼간이들

　수십 년 전, 한 거인 정령이 미국 상공에 나타나 이 나라를 끔찍한 양자택일의 기로에 세워두었다고 상상해 보자. "지금의 경제 상태를 유지하면서 그대로 밀고 나가는 거야……. 아니면 이런 추측을 해볼 수도 있겠군! 다음 세기가 시작되면 당신네들 가운데 몇몇은 엄청난 부자가 될 거야. 대다수는 구매력이 늘어나고, 경제도 팽창되겠지. 하지만 그게 다는 아닐걸. (정령은 낄낄대며 웃는다.) 그 이면이 있을 테니 말이야. 고용 안정은 빈말이 되고, 수입도 예측할 수 없게 되며, 빈부의 차가 더 벌어지고(…), 당신네 사회는 박살이 나고 말 거야. 전보다 훨씬 많이 일하면서 남는 시간은 점점 줄어들 거야(…) 선택은 당신네들이 하시길!"

로버트 라이히, 《완전한 미래》

　"자본가들은 자본주의를 전혀 믿지 않는다. 그들은 부자들을 위한 사회주의를 믿는다. 그들은 정부가 오직 자신들만을 돌보기를, 그리고 다른 이들은 그 사실을 눈치채지 못하기를 바란다."

마이클 무어

베를린 장벽이 붕괴되고, 이튿날 《인터내셔널 헤럴드 트리뷴》지에 눈길을 끄는 한 그림이 실렸다. 두툼한 외투를 입은 두 은행가가 눈 속에 나둥그러진 걸인 앞에서 "우리가 이겼다"고 소리치는 것이다. 당시에 만연해 있던 오해에 대한 놀랍도록 간결한 설명이라고나 할까. 1989년 이후 실제로 자본주의는 인류의 눈에 의기양양한 승리자의 모습으로 비쳤다. 그럴듯한 적들이 부재한 상황에서 자본주의는 인권 선언과 맞물려 그 혜택을 사방에 퍼뜨렸고, 세계를 전대미문의 문명의 수준으로까지 끌어올렸다. 유럽과 미국은 자신들의 공적을 자축하며 해로운 마비 상태로 빠져들었다. 걸프전과 구유고슬라비아 내전에도 꿈쩍하지 않았던 가사(假死) 상태로.[1]

그러나 얼마 안 가 환상에서 깨어나야 했다. 시장 경제는 애초의 약속을 지키지 못한 채 수억의 사람들을 길가에 방치하며, 보다 많은 재화의 산출이라는 단 하나의 목적을 지향하는 단순한 생산 기계로 비치게 된다. 실패로 돌아간 자본주의는 잇달은 비참한 상황들로 인해 우리에게 반발심을 불러일으키는 반면, 성공한 자본주의는 이루 말할 수 없는 추악함과 조악함으로 우리의 신경을 곤두세운다. 고삐 풀린 소비주의가 서구 문명의 궁극적인 이상이 되어 버린 듯 상품들이 쌓이고 넘쳐난다. 자기밖에 모르는 개인들은 세계와의 연대감을 상실한 채, 정치를 단지 프랑스·독일·이탈리아·스페인이라는 기업 경영에 따르는 부속물 정도로나 여기게 된다. 번영이 그저 저속한 무엇이 되어 버린 데 대해, 또 모두에게 미치지 못하는 데 대해 사람들은 분개한다. 발전의 결실들이 고루 분배되지 않을 뿐 아니라, 낭비·오염면에서도 유해하고 유독함이 드러난다. 소비에티즘이 종말을 맞은 지 어언

13년이 지나고 전체주의라는 괴물의 협박도 불가능해진 오늘날, 자본주의는 심오한 양면성을 띠게 된다. 이제 자본주의는 우리가 숨쉬는 유일한 공기라 하겠지만, 그 부정적인 양상에 어느때보다도 우려의 눈길이 쏠리는 것이다. 우리가 자본주의를 좇는 건 우리 스스로 동의하기 때문이나, 그렇다고 그 전진을 둘러싼 허황된 이야기에 집착하는 것은 아니다.

풍요로움으로부터 배제된 자들

눈부신 번영을 배경으로 빈부의 격차가 이렇게까지 두드러졌던 적은 일찍이 없었다. 개발도상국들의 급속한 경제 성장에도 불구하고 세계 60억 인구 가운데 20퍼센트가 하루 1달러 미만으로 생계를 유지하며, 후진국에서는 4명당 1명꼴로 어린아이들이 영양실조에 걸려 있다. 기술 발전으로 기아와 몇몇 불치병이 정복되고, 인간의 수명이 연장되었으며, "지난 20세기 후반 50년에 걸친 빈곤의 감소가 그 이전 5백 년, 아니 5천 년 동안의 감소율보다도 높았던 게 사실이다."[2] 그렇긴 해도 아프리카의 1인당 평균 소득은 60년대 이후 급격히 떨어졌다. 세계은행의 보고에 따르면 6억 인구가 일정한 주거 없이 지내며, 이러한 현상이 2010년까지 그대로 이어질 경우 14억이 넘는 인구가 식수 및 하수도 직결식 수세 장치 없이 지낼 것이다. 1998년에는 세계 최부유층 3백50명이 전세계 인구의 절반이 벌어들인 연수입을 웃도는 자산을 소유했다고 한다.[3]

선진국에서도 마찬가지의 빈부 차가 드러난다. 1969년 레몽 아롱은 오스트리아 출신의 미국 경제학자 조지프 슘페터의 예측을 빌려, 50년 이내로 최하층 20-30퍼센트의 인구가 경제 성장에 힘입어 빈곤으로부터 탈피하리라고 보았다.[4] 하지만 90년대 들어 영국에서 GDP는 20퍼센트 이상 증가했지만 상대적 빈곤자들 (즉 생활 수준에 비례하여)의 수는 같은 시기 1백만이나 늘어났다. "80년대말 미국의 노동자들은 그때까지 30년 동안 누려 왔던 번영의 혜택을 더 이상 기대할 수 없게 되었다. 그들의 봉급으로 가능한 구매력은 60년대초 수준으로 떨어졌다."[5](다니엘 코헨) 1998년에는 미국의 부유층 2백70만 명이 1억 빈곤층에 맞먹는 부를 소유했다.[6] 그렇지만 이 격차를 줄일 수 있는 가능성은 전무하다. 인터넷 덕분에 가능해진 계산에 따르면, 최저임금 생활자가 최고액 봉급자의 1년간 봉급을 모으려면 수 세기를 살아야 한다는 결론에 이른다.[7] 경영계의 대가인 피터 드러커가 수 년 전 발표한 연구 결과에 따르면 용납 가능한 임금 격차는 1-20이다. 하지만 오늘날 일부 기업에서는 이 격차가 1-150을 오가기 때문에, 기독교 저술가들의 말대로 인류 공동체의 의미가 무색해질 위기를 맞고 있다. 시장 역시 그 기반을 이루는 중산층을 밀어낼 태세다. 실제로 유럽과 미국의 중산층은 그들 계층의 빈곤화를 걱정하며 공포에 찬 마음으로 추락의 광경을 그려 보는 것이다.[8]

금융 시장의 새로운 주도권 및 기술 혁명, 그리고 경영자본주의에서 자산자본주의(봉급생활자들에게 피해를 주며 주주들이 제멋대로 행동하는)로의 전환, 이것들로 대부분의 상황이 설명될 수 있을 것이다. 근로 소득의 정체 현상, 경제 성장과 주가 변동의 불일치, 사회 이동의 정지가 이로 말미암아 초래되었다. 1945년 이후 체결되어 개인 저마다에게 취업 보장 및 공권력의 보호를 약속해 주었던 계약의 종말도 마찬가지다. 제2차 세계대전 이후 획득된 일체가 무로 돌아가며, 약자들에게 냉정하고 적대적이며 부자들에게 미소짓는 사회가 들어선다. 원점으로, 노동·노조 운동의 초기 단계로 되돌아가는 듯싶다. 과격파들과 선동가들을 부추겨 댔던 모든 환상이 제거된 채. 한편 쓸모없는 이들에게 냉혹하고 무정한 자본주의가 회귀하여 저임금·비숙련 고용이 늘어난다. 미래에 개선되리라는 희망을 가져 볼 수도 없기에 더더욱 야만적인 시스템이라 아니할 수 없다. 부자와 빈자의 소득 격차 역시 점차 19세기 때처럼 거의 추상적인 차원으로까지 벌어져 구원받을 자와 버림받을 자를 갈라 놓는 가차없는 신학을 닮게 된다……. 모더니티는 원칙적으로 모든 사람을 출신으로부터 해방시키며 계층·성·종족·출생에 기인한 제약을 무효화하지만, 이제 돈의 장벽이 불가피한 계급의 장벽을 다시 일으켜 세운다. 봉급생활자들에게는 절약과 내핍이 요구되고, 특권층에게는 세금 감면과 관용이 허락된다. 2000년 11월 조지 부시 공화당 후보가 8년간 지속된 민주당 행정부를 종식시키고 백악관에 취임한 것도 같은 맥락에서다. 10년에 걸친 1조 3천5백억 달러의 세금 감면, 그 중 40퍼센트의 혜택을 미국의 최부유층 1퍼센트가 누리도록 되어 있는 제도를 그는 약속했던 것이다.

기득권을 지닌 귀족 계급

대부호들을 동정할 일이다. 이들은 우리 시대의 왕들처럼 행세한다. 통상적인 법을 비웃고, 엄청난 권력과 특권을 누리며, 마음대로 살 수만 있다면 어떤 체제든 상관없이 받아들인다. 쇼 비즈니스에 종사하든, 스포츠나 금융 분야에 종사하든 그들은 **월리쉬**(wallish, 즉 월스트리트 영어)라는 새로운 국제어를 말하는 초국가적 엘리트 계급을 형성하여 부와 환락에 젖은 매혹적인 왕국에 거주한다. 일부 앵글로색슨 국가에서 볼 수 있듯이 처참한 궁핍, 공익 사업의 부재와 나란히 상상도 안 가는 개인적인 안락을 누리면서 말이다. "한 사람 한 사람이 원칙적으로 똑같이 중요한" (제러미 벤담) 다수를 위한 행복이라는 옛 공리주의 원칙의 이름으로 이 모두가 자행된다. '빵 부스러기' 이론에 따르면, 부자들의 식탁에서 떨어지는 노다지 조각들이 간접적으로나마 가난한 사람들의 운명을 개선하는 데 기여한다고 되어 있다. 그래도 양자간의 격차는 점점 더 벌어진다. 여기서 문제는 경제가 아니라 정치다. 소득 분배는 항상 권력의 분배에 종속되기 때문이다.(존 K. 갤브레이스)

고소득의 상대적 투명성이 프랑스에서는 민주 발전으로 간주된다. '영향력 있는' 인물일 경우 그 사실을 자랑스럽게 떠벌이는 미국인들 사이에서도 이 투명성은 원칙이 되어 있지만, 결과적으로 약자들은 중역들이 받는 엄청난 보수 앞에서 압도당한다. 예전에는, 특히 가톨릭 문화권에서는 지배층 사이에 아직 도덕적 거리낌이 남아 있어 신중하게 혹은 위선적으로 다루어지던 것이, 이제 와선 공공연한 과시의 영역이 되고 말았다. 더 이상 자신을 숨길 필요가 없게 된 것이다. 즉 신들을 세상——능력이나 성과에 따라 꼭 보상이 주어진다고는 할 수 없는——으로부터 분리시키는 거리에 사람들은 익숙해져야 한다는 말이다. (우리네 기업주들이 소득의 누설을 꺼린다면, 그건 조심성 때문이 아니다. 오히려 자신들보다 고소득을 올리는 앵글로색슨 기업주들 앞에서 웃음거리가 되기 싫어서다.) 기업 경영의 원칙대로라면[9] 이 선택받은 자들은 주주들의 통제를 받지만, 그래도 사장들의 왕정은 요지부동이며 침묵의 계율이 엄수된다. 정실자본주의가 유럽과 일본 도처에서 기승을 부린다. 미국도 예외가 아니어서, 부유한 개인과 영향력 있는 정치가 사이에서 로비 활동이나 서비스 교환이 이루어진다. 자본가들의 조직망 속으로 점차 영입된 정치가는 결국 자본가들의 관심과 눈을 통해서밖에는 세상을 보지 못하게 된다.[10] 따라서 자격에 따라 사람들에게 보수가 주어지리라고는 전혀 기대할 수 없게 되는 것이다. "시장이 원칙대로 규율을 적용한다면 열심히 일하는 사람들이 가난하거나, 투기가들이 대체로 부유한 현상은 일어나지 않을 것"(제임스 K. 갤브레이스)[11]인데 말이다. 돈은 응당 주어져야 할 사람에게 돌아가지 않고 권력과 욕구에게로 돌아간다. 욕구를 포착하는 이가 자본 역시 손에 넣게 된다. 애덤 스미스는 불쾌하고 위험한 일에 더 많은 보수가 돌아가야 한다고 주장했다. 프랑스의 유토피아주의자 샤를 푸리에에 의하면, 보수는 노동의 재미에 반비례하여 주어져야 한다. 즉 고된 노동에는 높은 보수가, 흥미진진한 노동에는 낮은 보수가 주어져야 한다는 것이다. 하지만 우리는 분명 그들의 충고를 따르지 않았다. 사장의 월급이 고용인 평균 월급의 5백 배에 달하거나, 멕시코 노동자 1만 5천 명의 월급을 사장 1인이 받는다면(제너럴 일렉트릭사(社)의 전 사장 잭 웰치를 두고 2001년 봄, **AFL-CIO**의 의장 존 스위니가 분개했던 것처럼) 단순한 기업 논리는 옛날에 외면당하고, 우리는 봉건 형태의 관계 속에 들어와 있다고 할 수 있다.[12] 사드의 명제가 이렇게까지 확연히 증명되었던 적도 없다. 즉 부자란 무엇보다 다른 이들이 가지지 못한 걸 갖고 즐기며, 많은 이들이 가질 수 없는 걸 갖고 좋아하는 사람임을 말이다. 다시 말해 자신을 위해 축적한다기보다 타인에게서 갈취하는 것이다. 실제로 돈은 사회적인 격차를 사들여서는 이 격차를 보다 두드러져 보이도록 하는 데 소용된다. 그렇다면 부자는 자신이 멀리하는 것에 여전히 매여 있다고 하겠다. 이 하층 계급에 속하지 않았음을 기뻐하려면 이 계급의 혐오스런 광경이 필요할 테니까. 지배 계급은 자신이 표방하는 규율을 스스로 어기며, 자신의 기득권을 지키기 위해 보호 정책을 남용한다. 그러므로 그들에게 비판을 가한다면, 그건 그들이 가볍게 무시해 버리는 자유주의 신조 및 시장의 원칙을 지키도록 하기 위해서이다.[13] 끊임없이 자체의 법을 어기고, 경쟁 운운하면서 독점 기업들을 산출해 내고, 투명성을 강조하면서 조세 회피지를 눈감아 주는(국가간 무역에서 이를 고무하지는 않는다 해도) 그런 시스템을 마주하고는 너나없이 심기가 불편해지게 마련이다.

그렇다면 이 시스템에 반대해야 할까? 가난한 사람들의 수입이 늘어난다면야 빈부 차가 벌어진들 뭐 대수겠는가? 그러나 전반적인 부의 증대가 늘 더 큰 불평등으로 귀결되는 이유는 뭘까? '영광의 30년'(제2차 세계대전 이후 프랑스가 번영을 누렸던 30년간)은 모두에게 생활 수준의 급속한 향상을 꿈꾸도록 했으며, 그후 빈부 차에 대한 참을성도 줄어들었다. 국가·국민·계층간의 비교가 쉴새없이 이루어짐으로써 만사가 순식간에 알려지고 참을 수 없게 되었다. 생활 수준의 차가 더한층 잔인하게 느껴진다. **우리에게 이득이 없다면 게임을 해서 무슨 소용인가?** 라고 묻게 된다. 이미 성취된 것이, 오늘 우리가 잃어버린 것이나 내일 이루어야 할 것을 더 끔찍한 무엇으로 만들어 놓는다. 생활 수준의 향상 가능성이 없다면 민주주의도, 사회 평화도 헛공론이 되어 버리기 때문이다. 소부르주아 계층이 프롤레타리아화를 두려워하고 중산층이 지위의 하락을 두려워한다면, 그건 사회 계약 전체가 파기되고 만 것이다. 물론 오늘날의 빈곤층은 1세기 전이나 혹은 일부 후진국의 빈곤층보다는 훨씬 덜 가난하다. 그렇다고 위안이 되지는 않는다. 이들은 위쪽을, 더 부유한 층을 바라보기 때문이다. 일정한 수준에 이르면, 아무리 소득률이 적당해 보여도 가난은 노예 상태와도 흡사한 무엇이 되고 만다. 가난은 사회적 관계라서, 통계학의 대상이기 이전에 상징적인 무엇이기 때문이다. 그걸 오로지 GNP를 따져 계산하려 든다면 오류를 범하게 된다. 빈곤은 '가능성의 박탈'(아마르트야 센)이므로 무엇보다 자유의 박탈이다.[14] 결과적으로 굴욕이 뒤따르고, 자신을 돌보거나 아이들을 교육시키기 어렵게 되며, 미래가 불투명해지고, 사람들 앞에 나서기가 꺼려지며, 결국 익명이나 무명의 상태로 떨어지게 된다. 그런데 과거, 혹은 지리적으로 다른 환경과 견주어 상대적인 이 가난이 당사자에게는 절대적인 것으로 느껴질 수도 있다. 부자들은 그만한 부를 축적할 만한 자격이 있고, 그들의 오만은 그들 특유의 재능 때문임을 우리가 인정한다손 치자. 그렇다고 가난한 자들의 가난은 그들 자신의 책임이라고 단정지을 수 있을까? 1천5백 유로도 안 되는 월급을 받는다면 부적응자, 시대에 뒤떨어진 자, 무능한 자일 수밖에 없는 것일까?

자본주의의 신탁(神託)

1891년에 발표된 에밀 졸라의 소설 《돈》은 증권 시장이라는 부패한 세계와 그곳의 영웅, 사기꾼, 얼간이 군상을 무대에 올린다. 거기서 졸라는 "까까머리 붉은 얼굴의 뚱뚱한 사내" 아마디외라는 아둔한 부자를 생생히 묘사해 놓는다. 이 남자는 '운 좋은 무식꾼의 고집'을 밀고 나가 바닷가를 친 광산 주식에 전재산을 쏟아붓는다. 그런데 진짜로 엄청난 광맥이 발견되는 바람에 1천5백만 프랑이 대번에 굴러 들어온다. 감옥행이 될 수도 있었을 이 어리석은 행동 덕분에 그는 금융계 수뇌 집단의 일원으로 승격된다. 사람들이 사방에서 그의 자문을 구하러 온다. 그러나 매번 질문이 던져질 때마다 그는 그저 찡그린 표정을 지을 뿐, 결국 질문자는 그의 침묵을 저 나름대로 해석할 수밖에 없다. 고독한 괴짜 천재의 후광을 두른 이 몽상가는 피티아(아폴론 신의 신탁을 받은 여사제)의 자세를 취하게 된 것이다. 투덜거리든지 입을 다물든지 하며.

이런 희화화가 우리로선 못마땅하게 여겨질지도 모른다. 하지만 오늘날 경영자·전문가(이들의 명령은 종종 고객들을 파멸로 이끈다) 집단에 얼마나 많은 아마디외가 존재하는 걸까? 조심스레 포착된 소문을 근거로 《월스트리트 저널》이 행한 실험이 증명하는 바도 이것이다. 즉 믿음직한 금융 기관을 통해 관리된 유가 증권과 일간지 편집자들이 다트놀이를 벌인 유가 증권, 이 둘이 1년 뒤엔 비슷한 수익을 가져다 준다는 사실! 그렇다면 금융분석가들은 무엇에 소용되는가? 예측 불능의 사태를 합리적으로 설명하고, 이 모든 혼란에 논리적 외관을 부여하는 데 소용될 것이다. 불확실성의 과학인 경제학은 생도들에게 신탁의 언어를 가르쳐야 할 것이다. 예스라고도 노라고도 안하고, 뭐 하나 명시하거나 부인하지 않으며, 각각의 제안마다 구원의 연막을 치는 기술을. 앨런 그린스펀이 기자들에게 던진 다음의 말은 무엇을 시사하는가? "내가 방금 한 말을 당신네들이 이해했다면, 그건 내가 하고자 했던 말을 제대로 못했다는 증거요!"

자유로운 대기 속에 유폐된 상태

자신감에 빛나는 서구 사회 어디를 가나 전례 없는 풍요 한가운데 자리잡은 빈곤의 환영이 되돌아오고 있다.[15] 젊은 세대의 머릿속에는 이제 생활비를 벌기 위해서가 아니라 생존을 위해 일한다는 생각이 뿌리박고 있다. 80년대 중반까지 복지 국가가 제공했던 어떤 보장도 부재한 가운데 말이다. 주주들의 변덕으로 당장에라도 해고당할지 모른다면, 또 하찮은 보수를 받고 힘든 일을 해야 하는데다 상황은 점점 악화되기만 한다면 어떻게 자기 회사에 충실할 수 있겠는가? 전체 노동계가 몇 가지 변혁을 맞았다. 고용의 안정은 이제 존재하지 않는다. 정보의 다기능으로 새로운 스타하노프 운동[소련에서 이루어진 노동자 주도의 생산성 향상 운동]이 생겨나 공백 시간을 몰아내고, 동일인에게 업무가 집중되며, 고용인들은 긴장 상태에서 일하게 되었다.[16] 얼마 안 가 중역과 간부의 역할이 불필요해질 게 불 보듯 뻔한 사실이다. 일상의 포근한 베개를 베고 존다는 건 그들에겐 치명적인 무엇이다.("시장에서는 오래 살아남지 못한다." J.-M. 메시에) 경쟁 당사자들은 너도나도 숨 돌릴 틈 없는 시간표에 따라 움직여야 하고, 곡예사처럼 새로운 여건들에 적응해야 한다. 고참의 자리는 핸디캡으로 작용할 수 있으며, 일부 첨단 분야에서는 종사자가 역량을 발휘할 수 있는 기간이 톱모델이나 직업 운동 선수와 맞먹는다. 모든 것을, 우선 자신들의 사생활을 희생할 각오가 된 자만이 이런 운명을 피해 갈 수 있다. 이런 현실에서 더 많은 유럽인들이(미국은 아니다)[17] 다른 형태의 충족감을 구하며 노동 시간 감축안에 마음이 끌린다 해도 놀랄 일이 아니다. 사무실·작업장·공장이 공동

생활의 영역으로 남아 있긴 하지만, 커리어와 졸업장을 연결짓는 시각은 점점 사라져 간다. 노동은 자아의 완만한 성숙과 변형의 과정이며, 한 분야에서 최고가 되기 위해 시간과 조화롭게 협력하는 것이라는 노동에 대한 전통적인 관점도 마찬가지다. 이제 사람들은 노동을 일회용 상품처럼 여기면서 작은 일자리를 찾았다가는 미련 없이 떠나곤 한다. 직업이 마치 삶의 부차적인 일부가 되었거나, 노동력이 그저 갖다 끼워맞추는 변수에 지나지 않는다는 듯이 말이다. 여기서 모순이 발견된다. 노동자층에서는 더 많은 여가를 갈망하게 된 반면, 고위층은 필사적으로 일에 몰두하며 과로를 권력의 표징처럼 과시하는 것이다. 21세기의 초두에서 대중은 노동에 대해 점차 귀족적인 경멸감을 드러내는 반면, 엘리트들은 일찍이 천민의 영역이었던 고된 노역을 기꺼이 감수하는 듯싶다. 여기엔 분명 위험이 도사리고 있다. 즉 주인들이 노동을 가로채 국가의 운명 역시 자기 것으로 삼으며, 결국 한눈파는 노예 상태로 전락한 다른 이들을 부양하게 되리라는 것이다.

거기다 주식 시장의 흥분된 분위기를 가세시켜 보자. 매번 '지방질 제거'가 있을 때마다 분위기는 다시 고조되며 나스닥이나 니케이 지수의 변동에 따라 기분이 좌우된다. 그래서 사람들은 "어떻게 지내?" 하고 묻는 대신 "주가가 어때?"라고 물으면서, 전반적인 불안감이 자신들을 지배하고 있음을 이해한다. 사람들이 '세계화'라는 모호한 용어(오늘날 알맹이 없이 잘난 체하는 말이 되어 버린)로 부르는 것이 아마도 이것이다.[18] 명백히 정의되지도 않은 채 아무한테나 적용되는 어떤 임금 철칙에 매여 있다는 느낌. 여기서 그 대부분이 허상에 불과하다는 사실은 중요치 않다. (세계화는 제1차 세계대전 직전에도 왕성했으며, 오히려 지금보다 더 왕성했을 수도 있다고 역사가들은 말한다.)[19] 그릇된 인식도 수천만

명이 공유하면 진실이 되어 버리니 말이다. 우리 자신이 운명의 주인이 아니라는 느낌. 그리고 실제하든 환상의 산물이든 어떤 막강한 힘들의 노리개가 되어, 이 힘들로부터 벗어나지 못한 채 버둥대고 있다는 느낌. 이런 느낌이 지배적이다. 한편 신기술로 말미암아 시간·공간이 단축되면서 우리를 보호해 주던 거리가 소멸되고, 외부로부터의 침범에 대한 대처가 불가능해졌다. 세계화는 무엇보다 규모와 강도·속도의 변화이다. 이 역사적인 시대를 맞아 이제 지구는 한계를 자각하고, 사람들은 자신들이 절대적인 의존 관계에 있음을 깨닫게 되었다. 세계는 이제 교류의 공간이 아니라 그들이 서로에게 가하는 고통의 장소가 되었다. 병 속에 갇힌 말벌들처럼 살아남기 위해선 서로를 찔러댈 수밖에 없는 것이다. 모든 것이 연결되어 있다. 몇 시간의 비행기·기차 여행을 제하면 그 무엇도 사람들을 갈라 놓지 못하기에, 무릇 관계를 맺는 데 필요한 거리를 더 이상 유지하기가 불가능해졌다. 각자가 자기 자리를 찾으려면 사이와 간격을 두어야 하는데, 지구촌에서는 참기 힘든 근접 속에서 살아야 한다. 마침내 어느 누구도 안전한 곳에 피신해 있을 수 없게 된 것이다. 가장 미더운 곳, 후미진 곳까지도 이미 오염되어 있다. 환경, 핵, 화학 물질, 테러의 재앙이 매순간 위협해 오며 사방에서 우리를 덮치려 한다. 타인들에 대해 충분한 지식을 지닌 우리는 그들을 경계하거나 웃음거리로 만들지만, 그들을 사랑하거나 그들의 시련에 연대감을 느낄 만큼 많이 알지는 못한다. 모더니티에 의해 약속된 개방, 즉 지역 사회·가족·고향으로부터 벗어난다는 놀라운 가능성은 새로운 유폐로 귀결된다. 시야의 확대가 아니라 시야가 울타리로 이해되는 것이다. 이제 우리는 60억 인류와 지구를 공유해야 할 운명인데 말이다.

세계화란 우선 그 혜택에 대한 의구심의 세계화다. 세계화는 전광석화의 속도로 확산되는 무의식적 모방을 초래하며, 좋은 소식·나쁜 소식을 마구잡이로 퍼뜨린다. 복지의 혜택은 우선 특권층에게 돌아가는 반면, 재앙의 여파는 모든 나라를 두루 강타한다. 바야흐로 우리는 모호한 심리적 요구들 속에서 허덕이게 된 것이다. 현대화될 것, 해방될 것, 경쟁에서 우위를 차지하기 위해 습관과 타성에서 벗어날 것 등등. 큰 고통을 대가로 '세계화'가 우리에게 가해 오는 명령은 한둘이 아니다. 세계화를 한마디로 정의한다면 **운명 공동체 없는 생활 조건의 동질화**라고나 할까. 전 세계 10퍼센트도 안 되는 인구가 70퍼센트의 상품과 용역을 생산·소비한다는 사실을 우리는 안다. 2000년에는 65퍼센트의 인류가 전화 없이, 40퍼센트가 전기 없이 지냈다. 정보 분야의 격차는 언급할 필요도 없이 미국에서는 3명당 1명꼴로 인터넷을 사용하는 반면, 아프리카 사하라 이남 지역은 2천 명당 1명꼴이다. 그렇다면 세계화에서 '세계'는 어불성설이 되고 말 것인가? 지구상의 인류 대다수가 이처럼 잊혀지고 있으니 말이다. 마찬가지로 세계화에 대한 새로운 비판(모호하기에 오히려 다채로워 보이는) 역시 불확실한 성격을 띤다. 겉보기와는 달리 이 운동은 세계화에 맞서 싸우는 대신 세계화의 실현을 지향하기 때문이다. 적을 다른 곳으로 유도하려 하면서 적과 같은 무기를 사용하고, 적이 표방하는 보편의 흉내와는 상관없이 적의 목표를 완성시키며, 급기야는 계몽주의자들이 꿈꾸었던 인류의 단합을 성취하려는 것이다.

쾌활한 운명주의

베를린 장벽의 붕괴와 함께 구체화되었던 기막힌 역사적 기회는 수포로 돌아갔다. 세상을 더 인간적이고 살기 좋은 곳으로 만들겠다는 가능성이 손 닿는 곳에 있었는데 말이다. 정치적·군사적 장벽이 일제히 걷히면서 가능성의 영역이 무한히 확대된 듯싶기도 했었다. 그런데 주도권을 잡았다는 생각에 도취되어 있던 우리 사회는 치명적인 자만에 빠져, 당시에 이미 거론되었던 중대한 사실을 잊고 있었다. 즉 공산주의의 종말은 민주주의의 승리가 아니라 민주주의의 적들 가운데 하나의 패배라는 사실이다.

그후로 바보들이 우글대는 근사한 시장이라는 개념이 득세하게 되었다. 사람들이 꿈꾸던 에덴 동산은 연옥의 모습을 빼닮고 있었으며, 멋진 미래는 후기 전체주의의 좌절로 돌아선다. 부자들은 부를 유지하며 가난한 자들은 부자가 된다는, 솔깃한 자유주의 신조는 낙오자들을 양산해 냈다. **우리가 속고 만 것이다.** 무자비한 신인 부(富)는 자신의 몫으로 희생자들을 요구하는 것만 같다. 익명의 추상적 메커니즘의 대상. 그 누구의 책임도 아닌 '정직한 희생자들'이 경제의 영역에는 늘 존재하니 말이다.[20]

이런 전반적인 분위기에 신경제(新經濟)가 도래하여 우호적인 터지를 가미히게 되었다. (사람들이 그 번성을 좀 성급히 가로막긴 했지만.) 이 신경제는 주주들의 공화국을 표방하면서(프랑스 가정의 12퍼센트, 미국 가정의 70퍼센트)[21] 자율과 공생을 중시했던 것이다. 경제 공황이 닥치기 전 신경제는 자유 기업의 궁극적인 단계를 구현하고자 했다. 위기의 가능성이 깡그리 제거된 안정된 경기 사이클과 무한 성장이 인터넷 덕분에 가능해지기 시작했다.

그것은 재미나고 상냥하며 유쾌한 무엇이 되고 싶어했으며, 일과 놀이, 삶의 리듬을 화해시키는 일종의 **펑키 비즈니스**의 출발점이 되었다. 미소와 유머가 판매 전략에 들어가는 '쿨(cool)'한 새 기업들. 거기서는 봉급은 적어도 사장과 터놓고 대화할 수 있고, 청바지 차림에 스케이트 보드로 출근해도 무방하다.[22] 그러나 최근 들어 좌절로 역전된 이 도취감에는 최후 통첩과도 같은 무엇이 들어 있다. 우리를 따르든지 꺼져 버리든지 하라는. 역사는 결정났으니 이제 적응해야 한다는, 불가피한 현실의 테러. 새로운 분할선은 시대의 낙오자들과 혁신자들을, 유행에 발빠른 자들과 무능력자들을, 인터넷 사용자들과 비사용자들을 대치시킨다. 인터넷 망과 사이버 공간의 약속된 땅으로부터 소외된 자들이 분명 내일의 프롤레타리아가 될 것이다.

재화의 생산보다는 컨셉을 특징으로 하는 신경제(다니엘 코헨)도 과거의 경제처럼 승자와 패자를 나누며, 그저 다른 방식으로 재분배하는 데 그치기 때문이다. 신경제는 '전자 매체 특권 계급'과 새파란 젊은이들이 '반짝 부자'(2001년 여름 인터넷 분야의 주가가 폭락하면서 8만 명 이상이 이미 사라졌다)가 되는 데 한몫 거드는 한편, 혁신을 추진하기도 한다. 그러나 매번 자본주의에 변화가 일 때마다 그렇듯이 신경제 역시 희생자들을──불행한 얼굴의 미래를 예측할 수밖에 없게 된──양산하는 게 사실이다. 자신은 무엇보다 하나의 신앙 행위임을 증명하며, 경제 '과학'의 비합리성을 강조하면서 말이다. 이런 상황에선 전문가들의 동요가 가장 우려된다. 그들이 아무리 도덕·정치·철학에서 그럴듯한 원리를 찾아내 우리가 현재 겪는 대혼란에 의미를 부여코자 해도, 결국은 무지와 자만의 묘한 혼합이 드러나게 마련이다. 경기 이해에 관한 한 부적격자로서 무식꾼처럼 주가 등락에 우왕좌왕

하는 치들. 그들은 모르는 게 없지만 아무것도 예측하지 못하고, 걸핏하면 실수를 범하면서도 손해 배상과는 거리가 멀다. 그들의 달콤한 횡설수설이 그런데도 진지하게 받아들여지는 건 판처(독일군 전차)의 권위와 엄숙한 어조로 강요되기 때문이다. 경건한 기원과 속죄의 기도문을 늘어놓는 대사제들의 강복을 받고 안개 속으로 무작정 돌진하는 미치광이 차량. 세계 경제가 그런 모습이다. (월스트리트의 일부 브로커들은 '그들 장소에서 불길한 세력을 몰아내기 위해' 여사제의 역할을 떠맡는다.) **쾌활한 운명주의**라는 현대의 파토스(페이소스)가 여기서 비롯된다. 즉 시장의 고차원의 질서를 받아들여야 하며, 이 질서를 가로막는 어떤 행동도 해서는 안 된다는 것. 첫눈엔 불쾌해 보일지 모르지만, 그것만이 우리 자신한테 무엇이 이로운지를 알기 때문이다. 거기서 유발되는 재앙은 어김없이 선으로 귀결된다. 그거야말로 성서의 거룩한 계명이다!

우리네 사회는 자체의 과오나 불완전을 정당화하려고 공산주의 체제들처럼 변명을 끌어대지는 않는다. 대신 자신이 척도로 삼는 이상과 대면해야만 하게 되었다. 그런데 세계는 자신이 세워둔 원칙들 앞에서 부적격자로 남는다. 미래의 쟁점이 바로 이것이다. 우리가 지지하는 조건들을 자본주의 스스로 파기한다면, 또 묘연하기만 한 자유와 복지를 자본주의가 우리에게 약속하면서 자체의 가지들과 갈등을 벌인다면 그것은 자신을 지원하여 권좌에 오르게 한 계층을 잃게 된다는 말이다. 다시 말해 오늘날 서구 사회의 다수 계급을 이루는 부르주아를 잃게 된다. 그렇게 되면 길 잃은 자본주의는 민주 체제를 고스란히 위험에 빠뜨릴 수도 있다. 또 경제에 대해 이랬다저랬다 일관성 없는 판단으로 히스테릭한 지복(至福)과 의기소침 사이를 오간다면 대중의 공감을 끌어내지도 못할 것이다.[23] 영광의 30년의 성과를 통해 유럽인들, 특히 프랑스인들이 자본주의와 맺게 된 사랑의 짧은 역사(그건 미테랑이 1983년부터 좌파와 기업을 화해시키면서 구체화시킨 역사이기도 하다)는 1989년 이후로 차차 식어 가고 있다. 물론 자본주의는 현재 운용되는 유일한 체제지만, 그래도 우리의 감탄의 대상이 되기에는 어림도 없다. 주어진 처방을 달게 받아 마시려고 우리가 쏟는 노력이야 어떻든, 그건 적응의 노력이지 결코 좋아서 하는 건 아니다. 그렇다고 혐오라 할 수도 없는, 그저 환상 없이 받아들이기로 한 각오이다. 새롭게 탄생한 급진적 경향들도 이같은 각성에 근거해야 하지 않을까. '바로 그날'(무정부주의 공산주의자들이 기다리는 사회 혁명이 성취되는 날)의 차마 믿을 수 없는 무대 장면을 재연하기보다는 말이다.

제2장

새로운 저항을 향하여?

"자본주의는 이미 호주머니 속에 사형 선고장을 움켜쥔 판사들 앞에서 자신을 변론해야 한다. 변호인들의 진술에 상관없이 판사는 이 선고장을 읽을 채비를 한다. 고로 반론의 여지없는 변호로 성공을 거두려면 기소장을 변경시키는 도리밖에 없다."

조지프 슘페터,
《자본주의, 사회주의, 민주주의》

시애틀이 개시하고 포르토 알레그레가 한바탕 소동을 일으키며 새롭게 열린 반란의 시대를 현 상황에서 어떻게 피해 갈 수 있을까? 이 항의들은 다른 세계에 대한 도식을 그려 보이지 못한 채 끝없이 이어지는 비판 외에는 아무 해결책도 제시하지 않는다. 벽을 통과하기 위한 문을 낼 수 없자 거기다 머리를 부딪쳐 허물려는 사람과도 흡사하다. "어떻게 사람들은 반자본주의자가 되는가?"라고, 1997년 한 진지한 잡지에서 질문이 제기된 적이 있었다. 그것이 그리 간단치 않은 문제임을 증명해 주는 대목이기도 하다.[1] 소비에티즘의 추악한 면모들에 대한 기억이 희미해져 가면서 자본주의 체제를 향한 적대감의 골도 깊어져 간다. 하지만 신뢰할 만한 대안이 없는 마당에 이 체제는 세계의 미래에 일종의 숙명처럼 압박을 가해 온다. 우리는 그것이 어떤 혜택을 가져다 주리라고 믿지 못하면서 모든 악을 이 제도의 탓으로 돌린다. 그러나 우리가 꼬치꼬치 책임을 따져 물으며 비난하는 이 레비아탄은 어느 모로 보나 하나의 추상물에 지나지 않는다. 그런데도 우리는 이 거북한 감정에 이름을 붙이려 하면서('세계화'라는 말은 그럴듯한 적의 모습을 하고 있지 않으므로) 걸핏하면 최상급을 대며 비난을 퍼붓는다. 초자유주의, 초부르주아, 초테러리즘, 초강대국 미국…… 하는 식으로. 이렇게 접두사를 갖다붙이기만 하면 문제가 해결되고, 그런 이름을 붙여 준 대상은 괴물의 범주로 밀어넣을 수 있다는 듯한 태도다. 그렇지만 '초(super)'라든지 '후기(post)'라는 말 다음에 생명이 올 수 있을까? 오늘날 사람들은 일정한 계층이나 사람에 대해서뿐 아니라 MAI, G8, IMF, WTO, GMO, World Bank 같은 얼굴 없는 약어들에 대고 항의한다. 이는 어쩌면 더 심각한 일일 수도 있다. 자신이 직면해 있는 악을 분간할 수도, 이름지을 수도 없다면 고통은 가중될 테니까. 그렇게 되면 그 악으로부터 거리를 둘 수 없을 테니 말이다.

파문당한 자의 난관

이렇게 해서 극우파의 경우처럼 좌파에서 좌파로 고삐 풀린 망아지처럼 비난의 소리가 위세를 떨친다. 어떤 구체적인 결과에도 이르지 못하면서, 흔히는 혐오의 대상과 부질없이 대면하여 역정을 내며 끝나고 말기에 그건 일종의 독주(毒酒)다. 지금 당장엔

'반세계화'가 악한 대상들을 퇴치하고 쫓아내기 위한 주문이랄 수 있다. 하지만 구체적인 제안들은 여전히 초보 단계에 있다. 지구상 어디선가 세력가들이 회동을 가질 때마다 으레 시위 호소가 터져 나오긴 하지만 말이다. 종교에서 희망의 차원이 제거된 채 저주의 차원만 남은 듯싶기도 하다. 이제 신성 모독의 대상이 사라지고 만 속화된 세상을 짓밟으며, 사람들은 현대판 지옥의 우울한 회계사가 되기를 자청한다. 1989년 이후 레몽 아롱의 뒤늦은 영향력이 프랑스를 지배하면서 지적 담화에서 황금률로 작용했던 엄격성과 절제는 과거지사가 되고 말았다. 쓰라린 경험을 일소할 작정인 양, 사람들은 이 사회의 악에 대해 떠들 수 있는 행복에 현기증나도록 탐닉한다. 그리고 대화가 달릴 때마다 이용해 먹는 반파시스트라는 무기를 다시 꺼내든다. 사르트르 식으로 표현하면, 우리는 이제 바보짓거리에 다시 발을 들여 놓은 것이다.

이 분야에서는 비비안 포레스테의 공로가 크다. 그녀는 '경제적 공포'를 제2차 세계대전 당시의 강제수용소에 비유함으로써, 또 세상의 주인들 편에서 '당장 실행에 옮길 수 있는 집단 학살'[2]을 예측함으로써 '상식'이라는 중대한 빗장을 벗겼다고 할 수 있다. 나치즘의 쌍둥이 형제인 자본주의는, 나치즘이 실패로 돌아가고 50년이 지나서 이 분신의 멸종 계획을 마침내 실현시키게 된 것이다. 터진 틈으로 나치의 메타포가 들어와 가지를 치며 동·서가 충돌했던 치아익 시기들로 우리를 데려다 놓는다. 《프랑스의 고통》이라는 저술을 통해 수정주의 역사에 한 획을 그은 이는 정신의학자 크리스토프 드주르다. 그는 고용인들을 억압하기 위해 고용주 편에 서는 '협력자'들과 기업 간부들을 유대인 말살에 공조한 수많은 독일인들과 동일시해 놓았다![3] 한편 공산주의라는 전체주의가 사라지면서 더 끔찍한 재앙이 찾아들었다고 말한 사람은 다니엘르 미테랑이었다. 비로드 혁명(1989) 10주년 기념일을 맞아 프라하를 찾았던 그녀가 언급한 이 재앙이란 다름 아닌 전 세계를 장악한 '자유전체주의'다.[4] 농부협회는 '무국적의 다국적 기업들'이 '파시스트 철학'을 유포하지 않나 의심한다. 한편 부사령관 마르코스(멕시코의 반군 지도자)는 '자유주의 파시즘'을 공격한다.(《르 몽드 디플로마티크》, 2000년 8월) (이 사상의 계승자는 누구 하나 그의 편을 들지 않으며, 옥타비오 파스 같은 이는 보란 듯이 그를 비난했다.) 미디어라는 게릴라전의 이 천재는 알랭 들롱처럼 자신을 3인칭으로 일컫는데, 그에게 세계화는 '신자유주의 시장에 봉사하는 제4차 세계대전'이다. 그런가 하면 선동자임을 자처하는 한 인기 작가 역시 조롱과 댄디즘의 흔적이 뚜렷한("나는 시스템에 속지도, 또 시스템에 대한 나의 거부에 속지도 않는다") 한 소설 속에서 차분한 어조로 광고를 괴벨스의 선전에 비유해 놓았다.[5] 늘 그렇듯이 상징적이고 난해한 언급은 설명과 행동을 불필요하게 만든다. 더 이상 현실을 파고들지 않을 때 비난은 더욱 격렬해지며, 극단의 과장은 소극적인 반응을 끌어내기 일쑤다. 터무니없음과 무감각은 서로 일치하는 것이다. 극단론은 숙명론과 어깨를 나란히 한다. 우리가 철창 안에서 질식당한다면 과격한 경향과 폭언으로 피신할 수밖에 없을 테니 말이다. 언어의 속박들을 피해 가려는 순간 우리는 생각 자체를 멈춘다고 니체도 말한 바 있다.

대자본과 그 자본의 '이데올로기적 군단'에 대한 공격(수잔 조지), 이것이 프랑스에서는 무엇보다 내부 불화를 종결짓고 국내 문제를 세계 차원으로까지 확대시키는 행동으로 간주된다. 그러기 위해 우선 치욕스런 자유주의와 타협하며, 개혁주의의 범죄를 저지른 공식적인 좌파를 고발한다. 또 미디어의 자심(磁心) 속에 널려 있는 '집 지키는 새로운 개들'[6]을 격렬히 비난하는데, 그건 오로지 경계를 긋기 위함이다. 즉 썩고 타락한 그들과 순수하고 참된 우리 사이에. (소위 '자유롭다'는 언론이 그 소유주들, 그리고 커뮤니케이션 대그룹들과 맺는 의존 관계 및 그에 따른 검열의 위험은 마땅히 지적되어야 한다. 또 진리의 최악의 적은 '거짓이 아니라 확신'(니체)이라는 사실을 잊지 말도록 하자. 여러 과격파 혹은 극좌파 신문이 더없이 추잡한 이유는, 편집자들이 자신들의 확신(이데올로기)과 어긋나는 현실의 양상들을 종종 은폐할 수밖에 없기 때문이다.)

1968년 세대에 맞서 우스꽝스럽게도 1968년이 되돌아오고 있다는 아주 특이한 현상을 주목하자. 자체로서 또 다른 역사적 사건들의 흉내에 지나지 않았던 것, 그리고 그것을 코미디로 재연하기엔 너무 늦게 태어난 이들이 갖게 된 선망이라고나 할까. 앵무새 시대의 승리. 이 시대는 선임자들, 즉 진정한 상속자들이자 새로운 저항의 주동자들이 스스로의 이상을 배반했음을 꾸짖으며 원망한다. 60-70년을 놓친 이들에게 **급진적인 태도**가 또다시 지상 명령이 되어 반자본주의를 새로운 기치처럼 휘두른다. 반자본주의는 소련과 그의 인공위성이라는 고약한 반(反)모델로부터의 위협이 제거된 만큼 더한층 주가를 올린다. 여기서는 믿음이 실패에 저항하는 게 아니라, 사회주의의 실질적인 붕괴가 새로운 믿음 ―미신쩍은 체제들에 대해 한 치의 양보도 없는――을 부추긴다. 이렇게 해서 자신들의 이데올로기를 마음대로 바꿔치우는 이들이 다시 속속 배출되고 있다. 원래는 좌파였다가 레이건 행정부에서 자유주의로 전향해서는 만년에 이르러 다시 젊은 시절의 반자본주의로 돌아와 새로운 출발을 준비하는 자들. 차후의 변절을 기다리면서 요리조리 옷을 뒤집어 입는 데 선수인 자들.

이런 반항자의 형상에 특히 예술가·저널리스트·지성인·작가·정치가들이 매혹당하고 있으니 묘한 일이다. 개인과 집단이 합의를 보아 모두 평준화되고 흡사해진 시대에, 여기엔 분명 현대판 나르시시즘의 안전 증권들 가운데 하나가 들어 있다. 뿐만 아니라 작가·화가·지식인·음악가들이 기존 권력과의 갈등 속에서 돋보이던 시대에 대한 노스탤지어 역시 내포되어 있다. 고독한 천재는 동시대인들의 우둔함에 맞서서 만인의 지탄을 받으며 걸작을 탄생시켰던 것이다. 그들의 대담한 이론들은 지하에서 핍박을 받으며 터져 나오곤 했었다. 창조란 언제나 세상의 질서에 대한 침해였으며, 진부한 언어·표상·조화를 파기하고, 확신에 찬 세상에 균열을 만들어 놓는 것이었다. "민중의 고집스런 마차가 굴러가도록 하기 위하여."(칸딘스키)

반항자에게서는 숭고한 두 이미지가 조화를 이룬다. 즉 대중 위에 우뚝 솟은 예외적인 인간의 이미지와, 타인을 섬기는 데 자신의 재능을 사용하고 타인의 행복을 위해 희생하는 선한 인간의 이미지. 그 안에서 정예주의와 성스러움이 접합되며, 강력한 개성의 인내는 인류 전체에게 바쳐진 봉헌물로 변모된다. 진정한 모반자가 그토록 드문 것도 그 때문이다. 비방과 지탄·경멸·투옥을 견뎌내야 하는데, 이런 강인함이 누구에게나 주어지는 것은 아니니 말이다. 그러려면 반쯤 미치광이가 되어야 하며, 세상 전체에 맞서 자신이 옳다는 오만한 확신이 있어야 한다. 그런데 모더니티가 이 불복종의 종교를 황금률로 치켜세우게 되었다. 그 초석이랄 수 있는 사건인 1789년의 대혁명이 옛것과 새것간의 근본적인 단절을 가져다 주었기 때문이다. 공인된 진리를 거부하는 순교자 지식인으로부터 자신의 예술에 전대미문의 길을 열어 가는 굶주린 예술가에 이르기까지, 전복적인 행동은 조롱과 야유를 받는 가운데서도 새로움과 진정함의 보증이 되어 주었다.

독재 정치나 군주제와는 반대로 민주주의는 자신의 적들로부터——그 때문에 죽을 수도 있다는 각오로——양분을 취하는 체제다. 그것이 운용되는 한복판에 비판이 자리한다. 그러므로 거기선 항의가 하나의 봉사이자 거의 반사적인 행동이며, 가장 정당한 보완물이다. 부르주아지는 그들을 전복시키려는 움직임을 자신들의 생활 방식에 통합시키며, 그리하여 수많은 사람들이 반항자라는 그럴듯한 명칭으로 불리기를 요구하게 된다. 이렇게 해서 그들은 존재감을 확인하고, 정체성을 갖게 되며, 단조로운 일상으로부터 탈출한다. 저주받은 자는 이제 기업과 국가라는 후원자의 아첨과 자금을 조달받는 예술가가 아니고 바로 부르주아다. 그런데 우리 시대는 저주받은 자의 형상을 마지못해 찬양하면서, 다른 한편으로는 이 형상을 공개적으로 모욕하는 이들을 받들어 모신다. 그렇다고 이것이 순전한 마조히즘의 소산은 아니며, 어쩌면 이 모순에서 시대의 변모를 위한 원동력을 발견하기 때문인지도 모른다. **맞서는 것이 예의니까.**

구두쇠, 방탕한 자, 탐욕자

인색이 소유의 병이라면 방탕은 낭비의 병이다. 인색은 일체의 목적을 초월하는 절대적인 수단으로서 돈을 사랑함이다. 어떤 환락도 돈과 맞먹을 수는 없다. 돈은 이 모두를 잠재적으로 내포하기 때문이다. 구두쇠가 지폐와 금화를 모으는 건 오로지 그 혜택을 누리지 않기 위해서다. 이렇게 저축해 숨겨둔 돈은 그 추상적 성격 자체로 인해 절대로 그를 실망시키거나 하지 않는다.(게오르크 짐멜) 거기에서 한푼이라도 축낸다면 그건 그의 팔다리를 자르고 산 채로 살가죽을 벗기는 것과 다를 바 없다. 그는 재산을 소유한다기보다 재산 자체며, 그의 재산은 그의 존재와 온전히 한 몸을 이룬다.

반대로 방탕한 자는 매일 미친 듯이 소비하면서 자신이 돈에 얼마나 무관심한지를 끊임없이 드러내 보인다. 날이면 날마다 잔치와 연회와 값비싼 구매가 이어진다. 창 밖으로 돈을 던지는 순간, 그는 자신을 너그러운 사람이라고 넋을 잃고 칭송하는 이들의 감탄어린 눈길을 몰래 살핀다. 자신은 천한 종잇장에는 냉담하다는 사실을 증명하려 하며, 돈에 대한 동료들의 비좁은 소견과 쩨쩨함을 나무란다. 하지만 대귀족처럼 돈을 물 쓰듯 써도 이 경멸의 대상으로부터 완전히 자유롭지는 못하다는 사실을 스스로 증명할 따름이다. 그 자신이 거짓 신과 끝장을 보지 못한 만큼 그의 후한 인심도 착각에 불과하다. 구두쇠와 방탕한 자는 모순된 형제이다. 게오르크 짐멜이 훌륭히 지적해 내었듯이, 둘은 동전의 양면으로서 똑같이 돈을 신격화한다. 전자는 돈을 쌓아두고, 후자는 낭비함으로써. 절약가든 도락가든 그들은 같은 아비의 자식들이다.

탐욕가로 치면 그 부정적인 이미지에도 불구하고 그는 자본주의의 진정한 영웅이다. 방법론적이고 이성적으로 그는 자신의 소득을 관리한다. 만족할 줄 모르는 인간일 수도 있으나, 그래도 단 하나의 열정을 지닌 항구적이고 예측 가능한 인간이다. 그는 숫자를 탐내며, 합계가 치솟을 때면 흥분과 환희에 빠져든다. 주식 거래, 주식의 공개 매입, 인수, 합병……. 그는 아드레날린의 분비 리듬에 따라 열광의 상태에서 산다. 그의 눈에 돈은 메마르지 않는 생식 능력을 지닌 자궁이자 세상을 뒤흔들며 거대미(巨大美)에 접근하는 요체다. 정해진 한도가 없기 때문에 그의 열정과 노고도 다할 줄 모른다. 있을 법하지 않은 무엇을 좇는 그는 시세·시가와 열에 들뜬 로맨스를 이어 가며 그 안에 잠재된 거액을 감지한다. 그리고 매번 위험을 무릅쓸 때마다 추락, 아니면 영광의 짜릿한 쾌락을 맛본다.

구두쇠는 정체된 경제의 인물이며, 방탕한 자는 과시적인 경제의 인물이고, 탐욕자는 번창하는 경제의 인물이다. 우리는 어찌 보면 이 세 인물 모두다. 몇 푼 안 되는 액수로 인색하게 굴 때가 있는가 하면, 불쑥 기분이 내키면 큰돈을 걸고, 인정사정 없는 탐욕으로 돈을 긁어모으기도 한다. 다행히 금송아지에 초연한 다른 관계들도 존재하지만 말이다. 그러나 돈은 그 찬미자들에게 단순히 선을 행하는 악이나, 악을 행하는 선에 그치지는 않는다. (졸라가 사용한 이미지를 빌리면, 돈은 그 위에 문명의 꽃이 피어나는 오물이다.) 돈은 또한 놀라운 위로가 되어 주기도 하는 것이다. 그것을 벌기 위해, 갖기 위해, 쓰기 위해 사람들은 모든 에너지를 쏟아부으며, 그러면서 자신들의 삶에 온전한 의미를 부여하며 만족한다. 그것은 막강한 힘을 지닌 터라 어떤 경쟁자도 불허한다. 교회도 알다시피 그것만이 신의 유일한 경쟁자로서, 다양한 인간을 규합하여 한계를 모르고 영역을 넓혀 간다. 실제로 그것은 정신적인 힘이며, 상대주의 시대에 우리가 용인하는 유일한 절대자이기도 하다.

배부른 천민들

이렇게 해서 획일화한 위반들이 확산되어 나간다. 광고에 의한 광고 비판, 미디어에 의한 미디어 비판(아, TV 화면상에서 TV를 헐뜯기란 얼마나 신나는 일인가!), 공연에 의한 공연 비판 등등. 자기 편에 대한 트집잡기는 특별히 벌이가 좋은 수단이 되었다. 판매를 목적으로 하는 상품은 모두 사용법과 나란히 자가 비판을 포함해야 하는 것이다. 그리하여 더없이 적나라한 선동의 문화가 공식적인 문화가 될 만큼 전복(顚覆)의 아카데미즘이 확산되어 간다. 소외 집단, 패륜아, 괴짜, 유행에 민감한 자들이 이득의 훌륭한 원천으로 간주됨으로써 적어도 말로나마 그 위상이 높아지게 된 것이다. 이렇게 해서 반세계화를 표방하는 독설들이, 프랑스에서는 극좌파에서 극우파에 이르기까지 저마다 기분나는 대로 읊어대는 일종의 엉터리 혼성어가 되어 버렸다. ('자유주의'라는 말은 파문을 선고받고 오늘날 금기시되고 있음을 잊지 말자. 그러나 엄격히 말해 프랑스는 자유 국가가 아니라 자유화 도상에 있는 국가이다. 국가 부의 절반 가량을 여전히 국가가 관리하니 말이다.)

전문적인 반항자라는 말은 모순된다. 이례적인 상태가 진부한 무엇이 되어 버리기 때문이다. 누구나 독특한 존재가 되고 싶어 하는 사회에서 그건 말하자면 훌륭한 자기 격상의 메커니즘이다. 스스로를 추방자로 자처함으로써 한껏 돋보이도록 하며, 가능한 한 위험에 처하지 않으면서 저주받은 자의 어두운 후광이 자신에게 내리도록 하는 것이다. (그러나 진정 저주받은 자들이라면 빛을 발하기는커녕 딱하고 때론 혐오스런 존재들이다. 그들의 고집은 미친 짓에 가까우며, 그들과 함께하기는 조금도 유쾌한 일이 아니다.) 너무도 많은 문인·저널리스트·대학교수·정치가들이 배교자인 양 처신한다. 프랑스에서는 예의가 바르려면 스스로 예의 없음을 자처해야 하는 것이다. 한 발은 안쪽에, 또 다른 한 발은 바깥쪽에 둔 채 자신이 철저히 외부에 머무른다고 믿으며 전체 영역에 침투하기 위한 방법이랄까. 그러면서 그는 확고한 지위와 명성이 가져다 주는 온갖 혜택을 누린다. 숨어서 망을 보는 급진주의자들. 게릴라병의 너덜한 옷 밑으로 프티부르주아가 되살아나고 있다. 반항은 대중 소비의 산물이자 어찌 보면 유행의 보완물이 되었다. 일찍이 소외·악습·범죄로 여겨졌던 태도들에까지 순응주의가 세력을 확장하여 어딜 가나 순응주의(반항도 그 이형(異形)이다)와 마주치게 되었다. (18세기로 거슬러 올라가면 이와 흡사한 도식이 발견된다. 변호론적 규탄, 즉 미덕을 옹호한다는 구실로 흐뭇해하며 난잡한 행위를 과시하기가 그것이다. 사람들은 포르노그래피·폭력·섹스 관광을 고발하는 척하면서 그것밖에 말하지 않는다. 퇴치하겠다는 몸짓으로 오히려 인정한다고나 할까.)

많은 정신과 의사들이 다음의 사실을 주목했다. 즉 나르시시즘·우울증·기권·포기 같은 오늘날 만연해 있는 자아의 병들이 어제는 반항의 행위, 즉 생명력의 해방, 고집 센 개인의 저항, 무리에 맞선 자아 예찬이었다는 것. 그러나 친지들의 적대감을 오랫동안 견뎌낼 수 있는 사람은 드물기에 불복종의 속물 근성은 영예와 마음의 평안을 화해시킨다. 이 사회를 혐오하면서, 매일 저녁 집에 돌아와 포근한 침대에서 잠드는 것이다. 이렇게 해서 학술원 회원은 새로운 경력을 쌓아 나간다. 반란의 포스트모던 미학에서는 대단한 상징적 혜택이 반란자의 이미지에 부여된다. 감히 넘볼 수 없는 호사가들이 쇄도하며 스스로를 가난한 자, 소외된 자로 규정한다. 대중의 끔찍한 노예 상태를 폭로하는 배부른 천민의 새로운 소규가 탄생하여 이런 추방 상태에서 한가롭게 번성한다. 바야흐로 부화뇌동하는 무리들이 적기(혁명)와 흑기(무정부주의)를 쳐들게 된 것이다.

물론 반항은 언제까지나 끊이지 않을 것이다. 위기에 처한 소수 집단과 개인 각자에게는 저항의 불가침권이 주어진다. 모욕을 당하거나 짓밟힌 사람들이 실추된 명예와 존엄성의 회복을 요구해 올 때 그들의 행동은 존중되어야 한다. 그런데 반항자는 적어도 네 가지 운명을 맞게 된다. 우선 독재자나 마약 밀매인이 되어, 핍박당하는 자의 누더기를 벗어던지고 폭군의 옷을 입는 것이다. 둘째는 손에 무기를 든 채 죽어 사람들의 기억 속에 순교자로 남는 것이다. 최고로 근사한 혁명은 자신의 순수함을 살육으로 더럽히지 않아도 되는 실패한 혁명일 테니까. 세번째는 살롱의 무정부주의자로 늙어 가며 비타협적인 태도로 경력을 쌓고, 나이가 들면서 분개한 코미디언으로 변해 가는 것이다. 때맞춰 전략적인 분노를 터뜨린다든지 주도면밀한 계산하에 고함을 쳐대어 자신을 치장할 줄 아는 많은 술책가들이 성공을 거두는 협잡이기도 하다. 마지막 남은 운명은 그보다 덜 영광스럽지만 발전 가능성이 더 많은 길이다. 즉 새로운 당을 만들어 필요시엔 폭력까지 사용하면서 사회에 강요하기. 그때까지 사회로부터 경멸당하거나 착취당한 이들의 목소리를 듣도록 말이다. 민족주의 지도자들, 조합을 이끄는 자들, 소수파의 수장들, 이들은 모두 국가나 자기 정체성을 위한 사회 투쟁을 벌이는 자들로 인정받고자, 혹은 합법성을 보장받고자 한다. (그들은 합법성을 확장시키려 하지 파괴하려 들지 않는다.) 요컨대 일체의 성공한 반란 다음에는 압력 단체가 생겨 자기 이익의 옹호를 위해 압력을 가하게 마련이다. 이것은 영원한 혁명, 정화의 불길보다 덜 낭만적이지만 대신 훨씬 효율적이다. 같은 맥락에서 예전의 과격파들이 수익성 높은 기업을 창출해 내고(68년 세대를 보라), 상업망 속에 반(反)문화를 끌어들이는 재량을 발휘하는 모습을 보면 놀라지 않을 수 없다. 미국의 모르몬교, 인도의 자이나교, 세네갈의 무리드교처럼 더없이 엄격한 교파들이 엄청난 부의 축적 능력을 지닌 걸 보아도 알 수 있다. 금욕주의 이상과 추상적인 화폐라는 두 세계 사이에는 심오한 유사성이 존재하는 듯싶다.

20세기에 변화가 있었다면, 그건 반항이 순진함을 잃어버렸다는 점이다. 이제 반항은 스스로 정당성을 주장할 수 없게 되었으며, 모든 권리를 부여받지도 못한다. 맹위를 떨치는 동안 자신이 예견하는 세계의 정당성을 제시함과 동시에, 끔찍한 원한이 서린 복수심의 부추김을 받고 있지 않음을 증명해야 한다.[7] 사람들이 반기를 드는 데는 늘 이유가 있게 마련이지만, 그렇다고 반기를 드는 것이 언제나 옳다고는 할 수 없다. 지상의 버림받은 자들의 이름으로 행해지는 불의·범죄·테러 행위, 그 무엇도 정당화될 수 없는 것이다. 2000년 가을 프랑스에서 이민자 집단의 젊은이들이 유대교 회당을 덮쳐 유대 신앙을 가진 자들을 공격하고 모욕한 사건이 있었다. 그렇게 하면서 그들은 팔레스타인 점령지에서 다시 불붙은 인티파다에 자신들도 동참하고 있다고 진심으로 믿었는지 모른다. 이스라엘군으로부터 가혹 행위를 당하는 팔레스타인 형제들을 옹호한다는 이름으로 그들은 또한 유대인 박해와 '얼굴색이 다른 자들에 대한 추방'을 재감행했다.[8] (소수 집단이 모여 사는 일부 교외 지역에서는, 극우파의 전통적인 반유대주의와 확장일로의 아랍계 반유대주의간에 결탁이 이루어지고 있다. 이런 결탁은 성 차별, 동성애 혐오, 인종 차별 같은 제반 양상에서도 찾아진다.) 일찍이 목숨을 걸고 프랑코 독재 정권에 용감하게 맞서 싸웠던 바스크 독립 운동 ETA 역시 스페인이 민주 국가가 된 이후로 테러와 살인·협잡이 지배하는 전체주의 체제로 변모하고 말았다. 요컨대 새롭게 등장한 파시즘은 반파시즘을 표방한다는 사실을 주목해야 한다. 파시스트라는 해충에 항거한다는 그럴듯한 옷을 걸치고, 사실은 이 해충이 굳건히 영속될 수 있도록 돕는 것이다. (밀로셰비치의 경우를 상기하자. 또 인종 차별 반대를 위해

2001년에 열린 더반 회담을 보자. 이 회담은 '유대인들에게 죽음을'이라는 구호와, 아프리카인들의 노예화에 대한 아랍의 책임을 완전히 은폐한 채 막을 내렸다.) 과거에 핍박받던 자들은 천진함을 잃고 말았다. 구원과 대속을 가져다 주리라 기대되었던 장본인들이야말로 차후에 정의와 해방이라는 미명하에 더한층 가혹한 독재정치를 실시할 수 있는 자들이다.

모든 봉기는 필연적으로 기존 질서에 통합될 운명에 있다. 즉 성공을 거둘 경우 새로운 우파로, 전대미문의 가능성들로 탈바꿈할 운명에 있는 것이다. 그러고도 투쟁은 끝나지 않을 것이다. 반항은 어쩌면 인류의 출발점이지, 종착지는 아닐는지 모른다. 그렇다면 이 잠정적인 혼돈은 언젠가는 종결되어야 하며, 폭력을 거부하여 일정한 형태의 합법성을 수립해야 한다. (그렇지 않으면 국가 전체를 파괴의 악순환으로 밀어넣을 수 있다.) 혹 사회에 이의를 제기하려 한다면, 그건 오로지 인간 공동체의 토대를 확장시키고 불행한 자들이 처한 상황을 개선하기 위해서여야 한다. 버림받은 자들이 대중의 계몽을 열망하는 건 다른 이들처럼 인간으로 대접받기 위해서지 특별한 혜택을 누리기 위함이 아니다. 그렇다면 '절대 불복종'의 열의나 소요의 어두운 상징주의와는 거리가 멀다고 하겠다. 한편 신중한 정권이라면 거리의 데모를 가차없이 짓밟기보다는 수용의 태도를 취하는 편이 나음을 안다. 봉기나 대파업에는 영웅주의가 깃들어 있지만 노사 대표들의 합의, 조합원들의 협상, 정부의 승인을 통해 그들이 받게 될 혜택이 현금으로 환산되는 것은 진부한 과정이다. 해방은 장엄한 서사시에 속하지만, 그렇게 해서 얻은 자유는 대부분의 경우 평범하기 그지없는 것이다. 기존 질서를 파기하는 일체의 요소가 이 질서의 요소로 통합될 때는 말이다. 그걸 한탄하거나 말거나, 세상 이치가 그런 걸 어쩌겠는가. 일부 '전복자들'의 때 묻지 않은 순진무구는 역사에 대한 완전한 무지를 드러낼 따름이다. 사람들은 언제나 더 나은 생존 조건을 위해 투쟁할 뿐이다. 또 요구를 관철시킨다는 건 조금도 부끄러운 일이 아니다. **권리의 회복은 모든 투쟁의 명시된 욕구이기 때문이다.**

"당신네들도 결국은 공증인(notaires)이나 되고 말 거요." 이것은 68년 5월 파리의 시위 참가자들에게 마르셀 주앙도가 한 말이다. 이 예측은 엇비슷하게 맞아들어 그들은 모두 유력자들(notables)이 되었다. 경쾌하고 활기찬 급진 좌파의 젊은이들도 언젠가는 장관이나 관료·사장·학술원 회원으로 자리잡게 될 것이다. "우리가 68년 5월 운동을 일으킨 건, 그때까지 우리가 되어 있던 것이 되지 않기 위해서였다"고, 조르주 볼린스키는 진지한 어조로 말했다. 이 말에 눈살을 찌푸릴 이유는 없다. 각각의 세대는 제한된 역사적 사명을 질 뿐이며, 종국에는 자신의 행위들이 자신을 배반하고 엉뚱한 방향으로 나아갔음을 깨닫게 되는 것이다. 프롤레타리아가 미래의 부르주아가 될 운명이었듯이(노동자들은 아직 남아 있지만 노동 계급은 더 이상 존재하지 않는다), 폭도들도 필경 체제의 일원이나 조합의 우두머리가 될 것이다. 어쨌거나 볼리비아의 정글에서 개처럼 죽음을 당한 체 게바라보다는 멕시코에서 비센테 폭스 대통령의 영접을 받은 마르코스 부사령관이 낫지 않은가. 그리스도의 유격병 이미지를 지칠 줄 모르고 팔아먹는 광고는 그렇게 생각지 않을지 모르지만 말이다. (벌써부터 사람들은 빈 라덴의 모습을 담은 티셔츠를 입고 다닌다. 체제에 대항한 모든 적들처럼 그 역시 디즈니의 허수아비로 끝나고 말 것이다.)

촉진제가 되는 불평등, 견디기 어려운 불평등

평등은 우리 사회의 원동력이자 상징적 지평이다. 이보다 더 자명한 사실은 없다. 위계 질서는 이제 전통의 기반에서 벗어나 우발적인 무엇이 되었기 때문이다. 마르크스에서 하예크에 이르기까지, 좌파에서 우파에 이르기까지 모든 진영이 나름대로 평등의 에토스를 받아들이고 있으며, 개개인에게 공평한 가능성을 부여코자 한다. 법의 영역, 혹은 기회나 재원의 영역을 망라해서. 오늘날 일체의 불평등은 실질적인 평등을 토대로 자신의 무죄를 증명하지 않으면 안 된다.(아마르트야 센)

예컨대 자유주의자들이 국가의 간섭을 거부하는 까닭은 경쟁의 부재가 특권층을 보호하여 불평등을 부추긴다고 생각하기 때문이다. 그런데 방법면에서만 차이가 나는 상반되는 이데올로기들이 종국에는 모두 일치하고 마는 건 왜일까? 질병·기아·죽음 앞에서의 불평등은 실질적인 자유가 없음을 말해 준다. 어쩌면 이러한 불평등이 자유로부터 그 도구를 박탈하여 이 말을 한낱 빈 껍데기에 지나지 않게 만들어 버렸을 수도 있다. 그렇게 되면 인간은 자기 실현에 방해를 받고 공포와 결핍 속에 지내야 하며, 삶의 다양한 양식들간의 선택도 불가능해진다. 긍정적인 불균등이 있어 오히려 자주적 행동을 촉발하는 반면, 용기를 꺾어 놓는 너무도 많은 불평등이 있는 것이다. 이것들은 순리로 각인되어 꿈쩍도 하지 않을 듯이 보인다. 그렇긴 해도 사회의 바퀴가 굴러가려면 최상층과 최하층의 격차가 도저히 극복 불가능한 것처럼 보여서는 안 된다. 미생물과 항성을 갈라 놓는 거리처럼 여겨져서는 안 된다. 경쟁의 소신을 꺾어 놓고 공동 생활의 의미를 무시해 버리는, 견디기 어려운 불균형이 되어서는 안 된다는 말이다.

'좋은 사회'란 모두의 기회를 증진시키고, 사람들이 너무 엄격한 제도 때문에 허리가 휘는 일 없이 재능과 의도를 마음껏 펼칠 수 있는 사회다. 그런 사회는 조심스러워 잘 드러나지도 않고, 시민들에게 부담으로 작용하지도 않는다는 바로 그 점에서 좋은 사회다. 국가나 개인이나 그 누구도 지속적으로 1등을 차지할 수는 없으며, 게임이 계속 이루어지기 위해선 끊임없이 주사위가 던져져야 한다. (무엇보다 세금과 조세가 이에 한몫한다.) 민주주의라 하면서 그 원칙과 실천간의 단절을 언제까지나 인정할 수는 없다. 그렇게 되면 원칙이라는 게 순전히 빈말이 되고 말 테니 말이다. 수구주의를 낳을 수도 있는 관념적인 평등주의가 사라진 이제 계급과 엘리트, 개인들의 이동이 있는지, 또 이 소용돌이를 방해하는 어떤 응결이나 마비 상태는 없는지 확인해야 한다. 죽은 자들조차도 동요를 겪고 있다. 과거의 위대한 예술가·작가·음악가에 대한 재평가가 끊임없이 이루어지기 때문이다. 스포츠가 주는 놀라운 교훈도 그것이다. 경기나 승부가 진행되는 동안 운명이라 불리는 추락과 부활이 무대 위에서 교체되는 것이다. 자유인들에겐 마지막 순간까지 경기가 끝난 게 아니라는 사실을, 그것은 우리에게 일깨워 준다.

제3장

지성의 혼란

"현대인은 '만일을 생각해서' 이로운 자성을 띤 지역에 집을 짓도록 하고, 해로운 파장을 막기 위해 조심스레 침대의 위치를 정한다. 대통령이라면 만일의 경우를 생각해서 점성가나 점쟁이의 조언을 듣는다. 또 과학도라면 기꺼이 코르도바에서 물리학의 도(道)에 대해 명상한다. 육신의 증발이라든지 윤회를 믿으니 말이다. 혹 골키퍼라면 페널티킥의 순간에 성호를 그어 불안감을 진정시킨다. 청소년기에는 환생에 관심을 갖고 정령들이나 악마들을 쫓거나 길들이는 데 열중한다. 어른이 되어서는 탱탱의 추억⋯⋯ 등, 유치한 이름의 종파를 만들어 낸다.

에티엔 바리에,
《새로운 몽매주의에 맞서서》

언어의 범람은 적의 파악을 어렵게 만든다. 우리 시대가 느끼는 현기증은 명확한 분류와 등급이 온통 흔들린 데 기인한다. 우리도 모르는 새에 경기의 규칙이 바뀌었으며, 기존의 규칙들은 미처 배우기도 전에 구닥다리가 되고 만다. 현재의 명료함을 그

복합성에 대한 존중과 어떻게 조화시킬 수 있을까? 마르크스의 그 유명한 공리와는 반대로 우리 시대의 긴급한 문제는 세상을 바꾸는 것이 아니라 이해하는 것인데 말이다. 권력자건 평범한 시민이건 하나같이 혼란에 빠져 있다. 앨리스와 붉은 여왕처럼 아무리 달려도 제자리걸음이어서, 배후의 풍경은 바뀌지 않는다. 자본주의는 너무도 복잡하고 불안정한 기계라 그 찬미자들까지도 곤혹감에 빠뜨린다. 그러나 마르크스도 인정했듯이, 자본주의만이 탁월한 혁명적 힘이다. 사회나 삶의 변화를 꾀할 필요가 전혀 없다. 자본주의는 그 일을 훌륭히 감당해 내니 말이다. "부르주아지는 생산 도구들을 지속적으로 혁신시키지 않고는 존재할 수 없다. (…) 전통으로 굳어진 일체의 사회 관계는 존경할 만한 예전의 온갖 감정 및 사고들과 함께 해체된다. 이들을 대체한 관계들 역시 단단해지기도 전에 모두 퇴락하고 만다."(《공산당 선언》) 오직 자본만이 '반자본주의적'이라고 주장할 수도 있겠다. 조지프 슘페터가 '창조적인 파괴의 지속적인 태풍'이라고 부른 그것에 의해 자본은 자신의 이전 조건을 바꾸어 놓기 위해 작동하기 때문이다. 그리하여 기존의 가치들이 무효화되면서 새로운 가치들이 탄생한다.

매트릭스와 악마

바야흐로 모든 질서가 뒤집히고 자본주의가 그 비방자들은 물론 찬미자들까지 훨씬 앞지르게 된 지금, 자본주의를 위한 엄청난 동상을 세우겠다든지, 아니면 이 시대의 온갖 불행의 책임을 자본주의한테 뒤집어씌우겠다는 유혹이 크다. 자본주의는 일체의 변화를 계산하고 모든 공격을 막아낼 수 있는 냉철한 시야를 지닌 실체로서 언급된다. 사람들은 그것이 악마의 직감을 지닌 전능한 무엇이라 믿는다. 그것의 이름은 무명이지만 어딜 가나 폭력을 낳고, 그것이 꾸미는 음모는 한도 끝도 없다. 그것은 조용한 지지와 감언이설로 일을 처리해 나간다. 피로가 우리를 짓누르고, 우리의 사랑이 시들해진다면 영락없이 그의 책임이다. 질병이 퍼지고 재앙이 우리를 갈가리 찢어 놓아도 역시 그의 책임이다. 가장 내밀한 부분에서 명약관화한 부분에 이르기까지, 존재하는 모든 것을 타락시키는 사악한 재능을 지닌 것. 그것은 가차없는 방식으로 우리의 운명을 주관한다.

레이디 Di〔영국의 다이애나빈〕의 죽음, 광우병, 자연 재해, 혹은 에이즈의 확산(아프리카인, 동성애자, 약물 중독자들을 제거하기 위한 고의적인 조작이라고 일부에서는 주장하는). 이런 불투명한 상황에서 음모설이 활개치는 걸 보며 뭐 놀랄 필요가 있을까. 1998년 말레이시아 수상은 링기트화의 평가 절하를 유대인들의 음모로 돌렸다. 그런가 하면 2001년 봄에 발생한 프랑스 솜 만(灣)의 범람을 파리 시(市)의 악의로 해석하는 이들이 많다. 피카르디 주민들을 괴롭히기 위해 마치 욕조를 비우듯이 고의적으로 센 강의 물을 '비웠다'는 것이다. 그런데 미디어·문학·영화를 통해 음모의 강박관념이 고조되고 있는 곳은 다름 아닌 자본주의의 바빌론 한복판, 미국이다. 미국은 자멸(自滅)의 강박관념에 사로잡혀 있는 것만 같다. 할리우드 B급 영화에서 볼 수 있는 광적인 파괴욕. 온갖 우상을 쳐부수고, 자동차·집·소유물을 박살내며 맛보는 쾌감. 이것들은 환각성 자기 파괴의 환상을 잘 드러내 준다. 9·11 사태는 이런 환상의 훌륭한 실현이었다고 할 수 있다. 뉴욕을 강타한 이 테러 행위는 진정한 음모의 열매로서, 무엇보다 우리가 지난 수 년 동안 파괴적인 영화들에서 보아 왔던 망상들과 닮아 있다. 미국이 겁을 주기 위해, 또 자국의 난공불락을 확인하기 위해 희열에 차 소비하는 영화들. 이런 유의 기분 전환할 거리를 열심히 찾아다니는 자들을 엄습하는 '이미 본 것'이라는 끔찍한 느낌도 그렇게 해서 생긴다! 일부 아랍계 기관지들은 쌍둥이 빌딩의 파괴가 모사드〔이스라엘 비밀 정보 기관〕의 소행이라고 주장한다. 모사드는 이 빌딩에 근무하던 4천 명의 유대인 개개인에게 9월 11일 사무실에 나오지 말도록 당부하는 편지를 보냈다는 것이다! 중요한 관계들이 모호하면 할수록 편집광도 쉽사리 머리를 쳐들어 모든 착란이 지혜와 명석의 외양을 띠게 된다. 그건 이성의 무기로 반박할 수도 없기에 더욱더 강압적인 메커니즘이다.

가시적인 억압들이 종말을 고한 서구에서는 고독으로 얼빠진 자유가 자신의 존재를 확인키 위해 정신적인 억압들을 고안해 내는 듯싶다. 대중 문화의 차원에서 워쇼스키 형제의 《매트릭스》(1999) 같은 영화가 거둔 성공을 생각해 보자. 이 영화는 등장 인물들의 괴로운 체험을 통해 우리라는 존재가 순전히 고등 기계의 산물임을 이야기한다. 이 '매트릭스'가 우리를 인도하고, 우리에게 강요해 오며, 때론 어떤 쾌락을 제공하기도 하는 것이다. 우리는 《매트릭스》를 자본·종교·종파·테크노 권력 따위의 온갖 가능한 메타포로 삼을 수 있다. 아무튼 이 영화의 성공이 입증하듯이 매트릭스는 우리에게 말을 걸어온다. 매트릭스와 함께라면 여하한 일탈도 정당화된다. 소수의 권력자들이 꾸민 비밀 계획을 알고 있는 자는 그 자신도 그들 동아리에 속해 있음을 증명하는 셈이다. 그들의 비밀들을 꿰뚫어 보았기 때문이다. 권력의 톱니바퀴를 분해하고, 심지어 통치자 대신 스스로 통치자가 될 수 있음을 확인하기 위해 권력에게 몇몇 전략을 사전에 제시하는 데는 본질적으로 극좌파적인 도취가 있다……. '세상의 주인들'을 비난하는 자는 누구나 그들 중 하나가 되고 싶어하는 자다. 이 지체 높으신 양반들은 자신들이 거주하는 유리성의 폐쇄된 외관 뒤편에서 대대적인 음모를 꾸민다. 그들은 우리가 무엇을 입고 숨쉬며 마실지를 결정하고, 우리의 뇌와 정서를 조작하고, 우리에게 끔찍한 질병들을 퍼뜨리고는 잇달아 치료해 주겠다고 나선다. 또 세련되고 피상적인 꿈들을 주입시켜서는 그 실현을 돕겠다고 자청한다. 이 모두는 우리를 그들 손아귀에 넣고 우리의 고통과 갈망으로 배를 채우기 위함이다. 이같은 음모의 논리에서는 어김없이 박탈감이 드러난다. 스스로 운명을 제어할 수 없게 되었을 때, 우리는 어떤 불가사의한 힘이 우리를 파멸시키기 위해 어둠 속에서 작업한다고 믿고 싶어지는 것이다. 예나 다름없이 관세 및 여러 장벽이 버티고 선 우리 시대에 순수한 의미의 자유 무역은 현실적으로 아무 데도 존재하지 않는다. 뿐만 아니라 사람들은 세계 독점 대기업들이 일관된 논리, 마키아벨리주의를 고수한다고 착각한다. 실제로 이 대기업들은 자체의 영역에서 막강한 힘을 행사할 수도 있지만, 그렇다고 그들이 전능한 것은 아니다. 시애틀·다보스·포르투알레그레 혹은 남아프리카에서(에이즈 환자들에게 약품 사용을 허용하는 문제를 두고) 여론이 맞서 그들의 독과점 행태에 봉기를 들 때마다 그들이 느껴야 했던 당혹감과, 또 그들의 후퇴가 증명해 주듯이 말이다. 사람들은 이 다국적 기업들의 힘을 과장하여 스스로 어떤 초인적인 적과 맞서 싸운다고 믿고 싶은 유혹을 느낀다. 하지만 약품·화학·식품·석유 분야의 이 대기업들 역시 단호한 반대 세력이 길을 차단할 때에는 이상하게도 민감하고 다치기 쉽다는 사실을 알 수 있다.

풍요에 의한 구원

소비주의란 무엇인가? 그것은 기분 전환의 유토피아, 순진하고도 처량한 사상이다. 즉 사람들이 물건을 교환하고 구매하는 동안에는 서로 전쟁을 하지 않으며, 자신들의 공격적인 충동을 슈퍼마켓이나 대형 상점으로 돌린다는 생각이다. 중국인은 물론 아랍인·힌두인·아프리카인에게도 이 말은 해당된다. 쟁취하고 팔아먹고 하는 동안 이들은 서로에게 싸움을 걸 시간적 여유가 없다는 것이다. 환상에서 깨어난 지혜라고나 할까. 지상의 평화를 기계적이고 반복적인 행위의 일반화 속에서 찾고 있으니 말이다. 여기에는 정신의 고양 따위는 포함되지 않으며, 인간의 삶은 소비와 물건 사기라는 유일한 몸짓으로 축소된다. 또 광고의 미소야말로 인간 불화의 유일한 해결책을 드디어 찾아낸 신의 미소며, 미친 듯한 구매 충동이야말로 문화의 완성이다. 이렇게 본다면 우리 서구 사회는 소유를 옹호하는 대신 상품의 축적과 파괴·혁신을 존재 방식으로 삼는다 할 수 있다. 우리가 차나 가구를 소유하고 그걸로 만족한다면 금세 재고가 넘쳐나고, 시스템이 마비될 테니 말이다. 소비주의는 말하자면 어느 누구도 무엇을 꾸준히 갖고 있지 못하도록 하는 금지다. 자극·쇄신·모방을 통해 탐욕의 새로운 틈새를 늘 개척해야 하고, 몇 사람의 일시적인 충동이 만인의 필요성으로 자리잡도록 해야 한다. 이 영역에서 우리의 잘못은 너무 많이가 아니라 너무 적게 원함이다. 그렇다고 유토피아가 확실히 보장되지는 않는다. 다른 사람들의 소유물을 탐내거나, 질투가 적대감으로 변질될 수도 있으니 말이다. 물건들을 차지하고 뿌듯한 환희를 맛본다 해도 그것이 오래 가지는 못한다. 이 물건들은 얼마 안 가 낡은 것이 되어 버릴 테니까. 욕구의 즉각적인 충족은 놀라운 일인 동시에 실망을 안겨 주기도 한다. 우리에게 저항해 오는 것만이 가치를 지니기 때문이다. 어떤 작품이나 풍광이 감동으로 와닿는 이유는 그것들이 전부 포착되었다고 할 수 없기 때문이다. 깊이 파고 들어갈수록 그 풍요로움은 더해 간다. 그러나 영원히 거리가 남을 수밖에 없다는 사실이야말로 그것들이 참으로 위대하다는 증거다. 소비주의는 그러므로 하향 평준화다. 다른 열정들과 균형을 이룬다면 위험하지 않지만, 일단 삶의 양식으로 타락하여 우리의 행동과 가치관을 좌우하게 되면 유해하다. 위대한 문명들을 맥도널드·디즈니·코카 콜라·MTV 따위의 초라한 대중화로 대치시키면서, 그것은 인간을 어느 모로 보나 획일적인, 꼬질꼬질하고 품위 없는 존재로 만들어 놓는다. 슈퍼마켓이나 유원지에서 오가는 미적지근한 친분으로 염세주의자와 광신자의 격정을 결코 가라앉힐 수는 없을 것이다.

도처에 널린 보이지 않는 손

조예 깊은 분석가들·철학자들·사회학자들에게서 사고의 동일한 메커니즘을 발견하게 되는데, 이는 더 놀라운 일이다. 그들은 개혁반대주의·종파·마피아·범죄 등의 회귀를 보면서 시장의 보이지 않는 손을 간파한다.[1] 구유고슬라비아의 인종 청소, 알제리 내전, 리베리아와 시에라리온에서의 살육,[2] 자이르의 분쟁, 이것들은 오직 이 메커니즘의 책임이라고 보는 것이다. 2000년 10월에 열린 비아리츠 정상 회담에서 바스크의 분리 독립을 주장한 한 대변인도 밝혔듯이, 이 메커니즘은 각 국가의 자치권에도 제동을 건다. 거대 자본은 4,50년 전처럼 다시 절대적인 저주가 되어, 적(敵)은 철두철미 사악한 존재라고 사람들은 믿으려 한다. 그러나 그건 잘못된 생각이며, 개별적인 상황을 고려하지 않는 정신의 게으름을 드러낼 따름이다. 그렇다면 이 경우 문제시되고 있는 것은 무엇인가? 부르주아와 이윤 추구에 반대하는 거창한 연설을 늘어놓겠다는 건가? 마치 20세기에 아무 일도 일어나지 않았다는 듯이 말이다. 실질적으로 사회주의가 붕괴된 지 10년이 지난 지금, 자본주의의 불행과 임금노동자의 곤경에 대한 전면적인 해결책을 우리가 다시 쥐고 있다는 듯이 말이다. 어떤 이들이 메시아의 도래를 기다리듯이 시장의 붕괴를 기다리는 이들의 무리가 다시 불어나고 있다.

여기서 좀체로 연구의 대상이 되지 못했던 한 가지 현상을 고려해야 한다. 즉 인간과 개념을 모두 좀먹는 피로다. 어떤 이론이 유혹해 오려면 명백한 새로움을 지녀야 한다. 그러나 감탄을 자아냈던 이 이론도 곧 싫증이 나게 마련이고, 사람들은 잇달아 새로운 독트린을 갈망하게 된다. 사상의 대극장에서 관객들은 늙은 배우들을 무대 뒤로 내쫓고 새로운 배우들의 도래에 갈채를 보내지만 이들 역시 자기 차례가 오면 쫓겨난다. 사실 반자본주의는 20년 전 이미 상투화되어 있던 구호다. 그것이 최근 들어 다시 현실의 이슈가 되어 과거의 광휘를 되찾고 사람들을 유인하게 되었다. 그러나 예전의 의견이 회귀할 때에는 또 다른 기능을 완수하기 위해서임을 알아야 한다. 나중에 다시 언급하게 되겠지만, 애초의 내용과는 다른 무엇을 드러내고자 한다는 것이다.

사회학자 피에르 부르디외는 유럽에서 일고 있는 새로운 사회운동을 정당한 이유를 제시하며 지지했다. 그는 부자들의 '보이지 않는 손'을 환기시키면서, 어둠 속에서 형성된 일부 법-정치

메커니즘은 일종의 보이지 않는 세계 정부의 도래를 준비한다고 주장했다.[3] 그리고 이 정부는 경제 강국들, 즉 미국을 섬길 것이라고 보았다. 그러나 그의 이런 주장은 우리를 난감하게 만든다. 이 세계 정부가 정말로 '보이지 않는다'(이 단어는 텍스트 속에서 여러 차례 반복된다)면 그것을 알아보기 위해 부르디외는 어떻게 한 걸까? 우리 평범한 독자들에게는 없는 어떤 지적인 무기를 그는 가졌던 걸까? 마찬가지로 이그나시오 라모네[4] 역시 영화·광고·텔레비전 같은 새로운 대중 매체들의 엄청난 영향력을 비판한다. 그리고 영상과 슬로건 아래 숨어 사람들의 뇌를 능욕하는 어마어마한 조작의 비법들을 간파해 낸다. 하지만 라모네 자신은 그런 여론의 조작을 어떻게 피해 갈 수 있었던 걸까? 탐정물, 대형 사고를 다룬 영화, 이탈리아식 서부극이 그의 잠재 의식에 흔적을 남기지 않았다면 어떤 기적으로 그게 가능했던 걸까? '새로운 최면술사들'에 대한 그의 분석 하나하나는 참으로 흥미롭다. 그러나 거기에서 어떤 이데올로기를, 즉 교만한 승리자 서구의 의기양양한 신자유주의 이데올로기를 도출해 낼라치면 미심쩍은 무엇이 되고 만다. 의혹의 철학이 갖는 한계가 바로 이것이다. 그것은 누구나 아는 자명한 것을 감추어진 무엇이라고 하면서 그것을 찾아낸 영예를 자신에게 돌리는 것이다. 무엇을 찾아낼지를 미리 예측하면서 문화적·경제적 대상들을 돌멩이처럼 들추어 본다. 그 밑에 그 자신이 숨겨둔 신비를 끄집어 내보이기 위하여. 하지만 이런 사고는 오히려 그 용의주도함 때문에 도그마로 전락하고 만다. 그것이 잊고 있는 게 한 가지 있다. 즉 신앙만큼이나 맹목적인 자신의 의심을 경계해야 한다는 사실이다.

사람들이 그들에게 보내지는 메시지에 속아 넘어간다고 생각하면 오산이다. 메시지의 의도가 분명한 경우에는 더더욱 그렇다.

광고는 절대 권력을 행사한다는 믿음이 보편화되어 있지만, 실제로는 그렇지도 못하다. 우선 실패로 돌아간 캠페인이 수없이 많다는 사실을 간과해선 안 된다. 한 개인을 스쳐가는 구호가 공중화장실까지 합쳐 하루 7천 개가 된다고 하자. 수많은 네트워크가 우리에게서 돈을 뜯어내기 위해 우리 존재를 포위하고 있다고 하자. 이 경우엔 수가 넘쳐 오히려 무효가 되며, 우리는 더욱 단단한 껍질로 무장하게 된다. 우리는 요람에서부터 CM의 주입을 받아 모두 면역이 되어 있다. 따라서 우리를 위협해 오는 건 교화보다는 무감각과 우둔화다. 그렇기 때문에 규제되지 않은 광고는 참을 수 없는 사생활 침해다. 특히 어린아이가 태어나기 무섭게 공격의 과녁이 될 경우에 그렇다. 미국의 공상과학 소설가인 필립 K. 딕의 소설에는 살아 움직이는 광고 전단들이 등장한다. 집집마다 들어가 장광설을 늘어놓는 그것들은 결국 해충처럼 총으로 쏴죽일 수밖에 없는 무엇이 되고 만다.

광고는 그 자체 외에 아무것도 팔지 않으며, 또 무한히 재생된다. 광고는 서구 사회를 지배하는 정신, 즉 개인의 쾌락주의를 퍼뜨려 옹호하는 걸로 만족한다. 광고에는 이데올로기도 없으며, 짤막한 노래나 저속한 시구들로 한 가지 사실을 말할 뿐이다. 즉 자신의 존재를 집요하게 유지해 나가 문화와 생활 방식이 되고 싶다는 것. (일부 포스터는 멋진 디자인과 유머로 감탄을 자아내며 예술 작품의 수준에까지 이르기도 하지만.) 한편 잠재 의식을 겨냥한 그 유명한 연설들, 예를 들어 이그나시오 라모네가 탐정물 《코작》과 《콜롬보》[5]에서 간파했다고 믿는 그것들은 누구나 알 수 있는 상투적인 사실이어서, 광고들마저 조롱삼아 자신의 아류로 삼았을 정도다. 권력의 연설은 우리에게 아무것도 숨기지 않으며, 부르주아지는 늘 자신이 행한 바를 말하고 말한 바를 행한다는 편이 더 정확할 것이다. 자본의 굵직한 전략들은 경제 잡지나 경영지에서 공공연히 언급된다. 말하려는 내용이 그토록 명백한데 그 전략들에 가면을 씌우는 건 가소로운 행동인 게 사실이다.

이렇게 해서 '자유주의 세계화'(무거운 신조어가 아닐 수 없다)는 지상의 모든 악의 책임을 뒤집어쓴다. 테러리즘 역시 여기서 비롯되었다고 믿어진다. 그러니 이 자유주의 세계화에 대항해 싸우노라면 잔혹한 테러리즘에 대한 해결책도 제시하게 되는 것이다.[6] 전능한 '세계 급진적 자유주의 압력 단체'(세르주 라투슈), 이 '얼굴 없는 거대 기계'[7]야말로 시민 정신의 몰락, 정치의 위기, 전쟁을 설명해 주는 동시에 일과 세금명세서들로 지치고 텔레비전 오락으로 멍청해진 개인의 좌절을 설명해 주는 것이다. 그러나 모든 걸 증명하려다 보면 프레베르 식의 목록 속에서 길을 잃게 되며, 자본주의는 막스 브라더스(미국의 코미디언)의 그 유명한 방——무엇이든 다 들어오게 할 수 있는 바닥 없는 공간——처럼 되어 버린다. 자본주의의 기능도 그와 같아서, 모든 걸 단순화시키는 이 혼란의 도발자는 뭐든 설명해 주는 듯싶지만 실상은 무엇 하나 해명해 주지 않는다. 사람들은 각각의 좌절·갈등·억압 뒤편에 숨은 이윤 추구의 부정한 손, 월스트리트나 시티의 돈벌이에 혈안이 된 이들의 갈퀴손을 간파해 내려 한다. 그러나 그 과정에서 과도한 단순화를 감행함으로써 문제를 해명하기보다는 오히려 암중모색하게 만든다……. 열렬한 반세계화의 지지자들에게는 미안한 말이지만, 20세기말의 가장 참혹한 학살들(보스니아·르완다·알제리·체체니아·티모르)은 금융·경제의 문제들보다는 종족·종교·정체성·제국주의적 광신에서 비롯된 것들이다. 복제·우생학·광우병·생명공학 같은 문제들은 금전욕만으로는 이해가 되지 않는다. (설령 모든 걸 악화시켜 놓는 데 금전욕이 상당 부분 책임이 있다 하더라도.) 그것들은 프로메테우스적인 **교만(ubris)**, 즉 생명체를 조작하고자 하는 의지 및 마찬가지로 염려스러운 도덕 부재의 개인주의를 드러낸다.

좌절감에서 유일한 원인을 찾는 것은 진보주의 사상의 악습이다. 하나의 기치 아래 모든 불만을 끌어모으기 위해 한편에 지배자들과 그들의 음모를, 다른 한편에 피지배자들과 그들의 옹호자들을 배치하는 것 역시 마찬가지다. 이런 어리석은 종합은 유명무실한 이론을 낳을 뿐이다. 모든 걸 포괄하려다가 결국 바람을 잡으려는 꼴이 되고 만다. 흔히 말하듯이 한편에 대자본의 힘이 있고 다른 한편에 사람들의 양심이 자리한다면,[8] 그렇기만 하다면 오죽 좋으랴! 그러나 우리가 잊고 있는 부분이 있다. 야만은 복수(複數)며, 오로지 인간의 잔인성으로 말미암아 머리를 쳐들 수 있다는 사실, 그리고 인간의 고통이 모두 같은 기원을 갖는 건 아니라는 사실이다. 인간 불행의 기원을 단 하나의 무엇에 돌릴 수 없듯이, 다른 모두를 대표하는 상징적인 희생자도 있을 수 없다. 부사령관 마르코스가 전세계에 대고 "마르코스는 샌프란시스코에서는 동성애자고, 남아프리카에서는 흑인이며, 산크리스토발의 거리에서는 원주민이고, 독일에서는 유대인이며, 보스니아에서는 평화주의자고, 안데스 지방에서는 마푸체 인디언이다"(1994)라고 외친다면, 그는 고결한 동시에 애매모호한 주장을 하고 있는 것이다. 모든 노예 상태가 하나의 형상 속에——설령 이 형상이 방한모 속에 얼굴을 숨기고 있다 할지라도——뒤섞이지는 않는다. 프롤레타리아가 세계의 비참을 짊어질 수 있었던 시대는 끝났다. 홀로 이 세상의 고통을 구현하는 선한 대속자도 이젠 존재하지 않는다. 일정 형태의 경제 구조에 맞서 싸운다고, 만사를 이런 식으로 요약하도록 부추길 수도 없다. 이원론적인 사고의 손쉬운 방법에 안주하지 않도록 해야 한다. 귀가 솔깃해지는 방법임엔 틀림없지만 상당히 초보적인 해명밖에는 제공해 주지 못하기 때문이다. 시장을 열렬히 찬양하면서 지상의 행복의 확실한 도구, 나아가 신의 의지를 거기서 찾는 이들과,[9] 반대로 시장을 모든 불행의 원천이라 비난하며 경멸하는 자들, 양자 중 누가 더 우상 숭배자인가? 한편에서는 자비를 보며 다른 한편에서는 타락을 본다 해도, 실은 양편 모두 동일한 전제에 갇혀 있다고 할 수 있다. 이 전제에 의하면 경제가 지휘자의 자리에서 나머지 모든 것을 결정짓는다. 그것을 넘어서서는 구원도 없다!

냉전에 대한 노스탤지어

공산주의의 붕괴를 참지 못하고 완벽한 적을 잃었다고 못내 애석해하는 일체의 사고에 대해 다음과 같은 사실의 증명이 필수불가결한 것 같다. 즉 우리는 예나 다름없이 압제적인 사회에서 살고 있으며, "빅 브라더가 이미 거기서 우리가 무엇을 먹고 마시고 생각할지를 결정짓는다는 것. 그가 커뮤니케이션 및 문화 상품 생산을 포함한 모든 권력을 집결시키고 우리에게 자신의 세계관을 강요한다는 것."[10] 그런데 왜 이런 추론들이 나오게 되는 걸까? 이유는 그것들이 우리를 안심시키고, 명료함을 애타게 갈구하는 우리의 욕구를 만족시켜 주기 때문이다. 누가 악마의 역을 맡고 누가 비열한 작자의 역을 맡고 있는지, 이제 우리는 알고 있는 것이다. 그래서 우리에게 적을 넘겨 달라고 외친다. 실지로 우리는 오랫동안 세상을 두 편으로 갈라 놓고 있었다. 주인과 노예, 농노와 영주, 프롤레타리아와 부르주아, 사회주의와 자본주의 등으로. 그런데 전체주의와 민주주의를 나누던 구분이 사라지자 우리는 이제까지 아주 유용하게 써먹었던 대치의 논리를 잃고 만다. 시시각각 의심의 그림자의 위협을 받는 사고에 흑백 논리는 이상적인 버팀대가 되어 주는데 말이다.

그런데 이런 유의 기계적인 사고를 도처에서 만나게 됨은 놀라운 일이다. 극좌파가 보기에 프랑스는 '세계 신(新)질서'의 민주주의 군청 소재지가 되었다. "소리 없이 짓밟고 기아 상태로 몰아넣기 위해 신중을 기하거나 하지도 않는 시장의 보이지 않는 손에 휘둘려 프랑스는 나가떨어진 듯싶다."[11] 우리는 모두 '엄한 감시'를 받고 있으며(이그나시오 라모네), 원격 감시와 전자 스파이 행위의 희생자가 되어 버렸다는 것이다.[12] 철학자 장 보드리야르 역시 같은 생각을 피력한다. 즉 9·11 사태 이후 우리 사회에는 심리적인 억압이 너무도 팽배하여 '최근 새롭게 등장한 관념, 자유의 관념'이 사람들의 품행과 의식으로부터 지워져 간다는 것. 또한 자유주의 세계화는 애초의 목표와는 정반대의 형태로, 다시 말해 경찰의 세계화, 완전 통제, 공공의 안전을 위한 공포 정치의 형태로 실현되고 있다는 것이다. 규제의 완화가 결국에는 근본주의 사회와 맞먹는 엄청난 구속과 제한으로 끝나게 되었다고 그는 본다.[13] 우리는 '비인간적인 부패한 세계'에 살며, "기아에 허덕이게 하고, 이용해 먹으며, 억압하고, 또 수많은 사람들이 최악의 상태에서 생존토록 하는 제도"에 우리 역시 부분적으로는 동참하고 있다는 것이다.[14] 그러고 보면 우리 시대는 《1984년》의 흉측한 유토피아를 실현시킨 건지도 모른다. 한편 여러 자유주의자들 역시 근본적으로 다른 전제들에서 출발해 비슷한 진단에 이르고 있다. "국가 관리라는 바이러스에 대한 면역 체계를 결한 프랑스 사회는 오늘날 진정한 전체주의(확연히 드러나지는 않지만)의 지배하에 있다"[15]고, 프랑스의 경제학자 자크 가렐로는 말한다. 그의 생각에 의하면 "중국과 나란히 프랑스는 오늘날 유일한 공산주의 대국이다."[16] 그는 또 다음과 같이 쓰고 있다. "'프롤레타리아의 독재'라고 마르크스는 말했다. 우리가 딱 그 꼴이다. 우리는 진정한 지적 테러리즘, 조합과 법의 테러리즘에 이르렀다. (…) 그것은 기업이 기업 활동을 하지 못하도록, 고용주들이 해고를 하지 못하도록, 주주들이 배당금을 받지 못하도록, 퇴직금이 존재하지 않도록, 경쟁자들이 경쟁을 하지 못하도록 막는다. (…) 사회주의자들의 법령은 프랑스를 경제적인 불모지로 만들고, 거리와 주택단지, 사람들의 정신 상태를 전쟁터로 만들 것이다. 5년 이내로 모든 것이 쑥대밭이 되고, 완전한 혼돈 상태로 빠져들 것이다."[17] 자유공화주의자 알랭-제라르 슬라마 역시 현대 도덕 질서에 대한 탁월한 저술을 통해, 국가가 사회에 가하는 일정 형태의 통제――비시 정부의 통제와도 흡사한――를 논한다.[18] 벌점 부과제 운전면허와 자동차 안에서의 안전벨트 착용의 제도화, 그리고 아동을 위한 플러그 보호 조처 등이 그렇다고 보았다. 그런가 하면 경제학자 파스칼 살랭은 한 증보판 저술에서 나치즘·스탈리니즘·사회-민주주의, 이 셋을 통제된 노예화의 형태들로서 동일시해 놓았다![19] 이처럼 선과 악을 싹둑 가르는 철저한 대치의 개념은 한없는 위로가 되어 주기에 그 사례를 얼마든지 나열할 수 있다. 이런 일정한 틀을 잃으면 우리는 단순함이라는 으뜸패를 상실한 채, 일관성이 결여된 불투명한 세계 속에서 방황하게 된다. 파시즘이나 소비에티즘의 망령이 제거된 마당에 이제 쉬지 않고 사방에서 그 망령들을 되살리며 새로운 사회 운동을 벌이고, 지고한 공포와 맞서 싸우며 전율을 느끼지 않으면 안 된다고나 할까. 이 숭고한 프로그램에 반대하는 자는 누구나 괴물과 협정을 맺었다는 의심을 받게 마련이다. 요컨대 히틀러와 스탈린이 변장을 하고 지금도 예나 다름없이 거리를 활보하고 있는 것이다. 온정과 배려가 깃든 짐짓 상냥한 연설 아래 몸을 숨겼기에 더한층 기만적인 모습으로 말이다.

제4장

큰 사탄

"아무도 우릴 사랑하지 않지만, 이유는 알 수 없네.
우린 완벽하지 않을지 몰라도, 그래도 노력하는 것만은 분명해.
사방에서, 오랜 지기들까지 우릴 비방한다.
큰 폭탄을 던지고, 무슨 일이 벌어지나 지켜볼까.
아시아는 너무 번잡하고, 유럽은 너무 늙었다.
아프리카는 너무 덥고, 캐나다는 너무 춥다.
남아메리카는 우리 이름을 훔쳐 갔어.
큰 폭탄을 던져 볼까.
우릴 비방하는 자 하나도 남지 않도록."

랜디 뉴먼(팝 가수), 《정치과학》, 1970.

"북아메리카 세계가 그 광휘로 우리 눈을 멀게 한다. 우리가 오로지 그 세계만 보도록, 그래서 우리 자신을 못 보도록 막는다."

카를로스 푸엔테스

"햄버거를 먹어야 하느니 적군(赤軍)의 속박을 당하는 게 낫겠다."

알랭 드 브누아

상황이 이렇다면 반미주의가 주변에서 꾸준히 성공을 거두고 있음을 알 수 있다. 그리하여 문화와 경제 체제라는, 자본주의의 치욕스런 두 얼굴의 구현이 가능해진다. 사탄은 성조기와 달러화를 들고 있으며, 선과 미덕의 모습으로 소개된다. 미국 하면 시장 경제가 떠오를 지경이니, 마치 미국이 그것을 발명해 낸 장본인처럼 보인다. 개척 정신과 창의력, 그리고 무정부주의에 가까운 철저한 개인주의가 그곳에 모두 집중되어 있는 것이다. "미국이 하는 일(affaire)은 사업(affaires)이다"라고 쿨리지 대통령(1923-1929)이 이미 말한 바 있다.

양키의 악폐

그러나 무엇보다 서구 사회가 느끼는 모든 죄책감의 징후를 미국이 내포하고 있는 듯싶다. 부유한 만큼 불평등하고, 위압적이고 교만하며 퇴폐적인 나라. 인디언에 대한 집단 학살과 흑인들의 노예화라는 이중의 범죄를 기반으로 세워지고, 대포와 위협을 수단으로 번창하는 나라. 국제 기구들에 무관심하며, 차마 그것들을 거부할 수는 없어 마지못해 지지하는 나라. 달러화는 이 물질주의 국가의 유일한 종교가 되어 온 마음으로 섬김을 받는다. 다방면에서 마르크스 이론을 예증하는(가진 자와 못 가진 자의 격차, 돈과 로비 활동과 이윤의 중요성, 명백한 제국주의) 이상한 나라이면서도 공산주의와 사회주의가 잔류성의 영향력밖에는 미치지 못했던 나라. (미국의 공산당은 FBI 요원들로 구성된다는 농담도 있다.) 노동 계급을 포함해 전체 미국 국민이 자유 기업의 도그마를 신봉한다는 사실은 유럽인이나 남미인들로서는 이해하기 힘든 점이다. 그러나 모순되게도 '반세계화' 문학이 번성하고 있는 것도 또한 이곳이다. 이 도그마의 폐단을 묘사하기 위해 극단주의자들과 환경보호론자들·변호사들이 행동을 개시할 준비가 되어 있는 것이다. (하지만 그들에겐 우리네 행동주의자들에게 종종 결여된 실용적인 감각이 있다.) 케인스 이론을 신봉하는 미국의 노벨상 수상자 제임스 토빈에게서 아타크(Attac; 프랑스의 외환 거래 과세 운동 단체)도 영감을 받았으며(토빈 자신은 이들과의 연관성을 부인하지만), 상표에 대한 보이콧이나 시민 불복종 운동은 미국을 그대로 본뜬 것이다.

각 대륙마다 그들 나름의 반미주의가 있는데, 가장 극단적인 형태의 반미주의가 이론적·실용적·실질적인 삼중의 격려를 보내며 전세계적인 해석의 원칙으로 자리잡고 있다. 이 반미주의는 단일 인과론을 그럴싸하게 구현하여, 더 이상 이성이 제 기능을 발휘하지 못하게 되었을 때 최종적으로 기댈 수 있는 증명 수단이 되어 준다. 그러니 미국이 존재하지 않는다면 발명해 내기라도 해야 할 것이다. 그렇지 않으면 어떤 편리한 희생양을 내세워 우리 죄를 씻고, 우리의 오물을 뒤집어씌우겠는가? 지상의 모든 악을 떠맡기기 위한, 그런 범죄의 표백소를 어디서 찾아내겠는가 말이다. 치욕과 피로 물든 유럽의 옛 제국들조차도 그에게 책임을 전가시킨 다음 순결을 되찾는다. 어떤 독재자나 테러 단체가 미국으로부터 추격당하고 손가락질받는다면 오히려 그들에겐 행운이랄 수 있다. 큰 동정과 호의를 끌어낼 수도 있을 테니 말이다. "현시대에 유일하게 용납되는 인종 차별은 반미 감정"(크리스토퍼 패튼)이라고 믿는 이들에게서.

9월 11일, 제국주의 공화국이 무릎을 꿇었을 때 많은 이들이 이를 동정하기보다는 기뻐했다. 고소하다고 생각하면서. 그들은 이제 노획물을 나누어 가질 수 있을 거라고, 또 힘이 과시된 만큼 쟁탈전도 격화될 거라 믿었다. 제3세계와의 연대를 주창해 온 이들(젊거나 나이가 들었거나)은 이 사건을 '해석'하기 위해 수많은 상투적 표현들을 다시 끄집어 냈다. 즉 사건을 자신들의 선입관에 끼워맞춰, 소위 말하는 균형 이론에 의거해 제시하려고 말이다. 미국 정부는 스스로 처치하겠다고 나선 '야만인들'의 정확한 복사물이라고 그들은 설명했다.

2001년 가을 이탈리아의 철학자 토니 네그리는 '달러화를 보유한 탈리반들과 석유를 보유한 탈리반들'을 모두 거부한다고 공표했다. 또 인도계 영국 작가 아룬다티 로이는 '불변의 자유' 정책에서 '미국식 생활 방식의 장려'를 간파하고, 부시와 빈 라덴을 이데올로기의 쌍둥이자 한 '뱀의 머리'의 양면이라고 본다. 귄터 그라스와 보토 슈트라우스는 무너지는 무역 센터를 통해 절단된 금융의 저주의 손길을 목격했으며, 아프가니스탄에 파견된 병력을 '악인들에 대항한 악인들의 전쟁'으로 보았다. 테러 행위의 '환희에 찬' 심미성에 매료된 듯싶은 장 보드리야르는 두 적대 세력 모두에게 등을 돌린다. 한 체제가 지나치게 권력을 독점하고 모든 기능을 떠맡아, 테러분자들 역시 결정적이고도 충격적인 행위로 대처할 수밖에 없었다는 것. "테러에 대한 테러일 따름이지, 이 모든 것의 배후엔 어떤 이데올로기도 존재하지 않는다"[1]는 것이다.

살육 행위를 저질렀다 해도 미국의 적이라면 전적으로 나쁠 수는 없다고 사람들은 믿는다. 1944년 6월의 노르망디 상륙이 오늘날 일어난다면 아돌프 아저씨는 수많은 극좌파 인사들과 애국자들의 동정심을 끌어낼 게 틀림없다. 샘 아저씨가 그를 해치우려 한다는 이유에서 말이다. 반대로 한 민족이 미국 아닌 다른 세력에 의해 말살당한다면 큰 악운이 아닐 수 없다. 이들에 대한 말살은 전반적인 무관심 속에서 진행되기 때문이다. (체체니아인들은 이 말이 무얼 의미하는지 안다.) 한 지역의 소폭군, 광신자의 어떤 범죄도 미국인들의 근본적인 범죄——그저 존재한다는 범죄——와는 비교가 안 된다. **미국의 죄는 어떤 행위로 말미암은 게 아니고, 존재한다는 자체가 죄다.** 미국은 두 가지 중죄를, 즉 시장과 패권, 경제적 공포와 제국주의적 공포라는 죄를 범하고 있는 것이다. 유럽의 불명예스런 자식인 미국은 유럽을 추월하고 배반했다. 그것은 무슨 수를 써서라도 떼어내야 할, 머릿속에 또아리를 튼 암종이다. 반미주의는 그러므로 우연의 소산이나 쓸데없는 무엇이 아니며, 많은 이들에게 정치적 반성의 유일한 기반이 되어 준다. 소위 말하는 이성적인 담화 속에 숨은 무분별한 악마화. 우리의 지식인들이 비신자이고 환상에서 깨어나 있을수록, 그들은 미국이라는 악마를 필요로 하며 온 힘을 바쳐 이 악마를 믿는다. 국가-사회주의 악마론에서 유대인들이 떠맡았던 역할을 사르트르의 상상력 속에서는 미국이 떠맡고 있었다고, 아롱도 이미 언급한 바 있다.

맹목적인 반양키주의는 가장 분별력 있는 자들의 판단력마저 흐려 놓았는데, 코소보 사태가 그 증거다. 1999년 봄 NATO가 세르비아에 전쟁을 포고했을 때 야기된 수많은 논란은 하나의 사고 방식을 훌륭히 해명해 준다 "미국의 대외 정책을 정의하면 이렇다. 즉 내 궁둥이에 입맞추어라, 안 그러면 얼굴을 걷어차 버리겠다. 그런데 밀로셰비치가 미국의 궁둥이에 입맞추기를 거절하자 클린턴이 세르비아 민족의 얼굴을 짓이겨 놓았다"(《리베라시옹》, 1999년 4월 9일)고, 영국의 극작가 해럴드 핀터는 밝혔다. 프랑스의 철학자이자 트로츠키주의자인 다니엘 벤사이드도 밀로셰비치와 NATO를 한통속으로 보며 거절한다. "현대의 야만을 대표하는, 완벽한 쌍을 이룬 동시대의 두 형태"라고 말하면서. 파리의 피카소 미술관 관장 장 클레르는 벨그라드를 게르니카에, 미국 비행사들을 주민들을 무차별 살상하는 나치 조종사들에 비유한다. 시민 운동 담당 비서관 디디에 모찬은 또 이렇게 말한다. "미국은 필요시엔 원한과 피바다를 이루고서라도 코소보 분쟁을 이용해 먹으려 한다. 러시아를 다른 유럽 국가들로부터 갈라 놓기 위해."(《르 몽드》, 1999년 4월 6일) 프랑스의 사회학자 드니 뒤클로는 미국의 개입이 두 가지 목적을 갖는다고 믿는다. 즉 "유럽을 내려치고, 서서히 부상하는 세계 민주화의 길을 차단하기."(《르 몽드》, 1999년 4월 22일) 발칸 문제에 대한 한 자칭 전문가는 세르비아의 비호 아래 이 지역에서 8일간의 보도를 작성한 뒤 시라크 대통령에게 공개 서한을 보내 NATO군에 참여하지 말도록 당부했다. '셈족 우월주의와 저항 정신이 투철한 민족인 세르비아인들'은 불굴의 전사들이며, 자신들의 땅을 수호하기 위해서라면 어떤 대가도 치를 준비가 되어 있음을 경고하면서. 그는 "문제는 벨그라드가 아닌 코소보의 거리와 카페·식료품점에 있다. (…) 이 사람들이 안심하고 기댈 곳이 아무 데도 없음이 사실이다"라고 밝혔다.[2]

엄격히 인류애에 기초한 목표와 사상자 제로의 명목으로 지상군 개입을 거부하는 NATO이기에, 이번 작전은 많은 논란을 불러일으켰다. 르노 지라르 기자의 의미심장한 표현을 빌리면 그건 '범죄에 선행한 벌'이었다. 어쩌면 여러 해 동안 견지했던 기회주의와, 부코바르·사라예보·스레브레니카에서 아무것도 하지 않았다는 후회로 말미암은 행동일 수도 있다고. 그러나 과격한 표현

('코소보인 인종 청소')의 사용이나 KLA(코소보 해방군)의 알바니아 게릴라(극단적인 민족주의라는 점에서 세르비아의 과격파들과 맞먹는)와의 미심쩍은 연합에도 불구하고 이 개입에는 이중의 공로가 돌아간다. 즉 코소보의 알바니아인들을 구제했다는 사실과, 1년 뒤 밀로셰비치의 하야를 부추겨 민주 국가들의 연합을 도왔다는 점이다. 하나된 유럽의 기치 아래 병력이 파견되었다고 달라진 것이 있었을까? 폭탄이 더 부드러우며, 죽은 자들이 덜 죽고, 쌍방의 파괴 양상이 달라졌을까? 오늘날 미국에게 화가 나 있는 회교도들에게 다음의 사실을 일깨워 주고 싶다. 보스니아와 코소보의 그들 형제들을 구한 건 이집트도, 알제리도, 터키나 사우디아라비아도 아니고, 부족한 유럽 병력을 보충하러 온 큰 사탄 미국이라는 사실을. 또 아프가니스탄 국민이 탈리반 체제로부터 벗어나게 해준 것도 미국이었다. 위기의 상황이 닥치면 미국인들은 혼자 곤란한 일을 떠맡아 손을 더럽히고 흙탕을 뒤집어쓰지만, 결국엔 모든 책임을 덮어쓰고 야유를 받는 것이다.

반동분자, 아니면 진보주의자?

단호한 흑백 논리는 우리를 양자택일 앞에 세우고 싶어한다. 당신은 자유주의자인가 아닌가를 물으며. 이것 아니면 저것이지, 절충 지대는 없다. 하지만 이런 최후 통첩에 화답하지 않는 다른 논리로의 저항도 가능하다. 폴란드의 철학자 레셰크 콜라코프스키가 주목했듯이 우리 각자는 동시에 '사회주의자·보수주의자·자유주의자'일 수 있으며, 불평등을 제한코자 하면서 전통을 보존하고, 창의력과 경쟁력을 높이 살 수도 있다. "위의 세 경향은 이제 서로를 배제하지 않는 선택 사항이다."

여기선 자유주의의 재생을, 저기선 보수주의나 사회주의의 쾌거를 믿는다면 오산이다! 분산과 끼워맞추기 경향이 지배적인 마당에, 구원에 이르려면 오직 하나의 길밖에 없다는 생각은 배척당한다. 우리는 여전히 이런저런 정당을 택하지만, 주도적인 경향 내부에서 각자의 선택은 상대적인 것이 되고 만다. 구태의연한 논쟁들에는 무관심한 금세기 초두의 시민은 상반된 이데올로기 속에서 장을 보고, 자기 입맛에 맞는 것을 쪼아먹는다. 그는 더 많은 자유와 동시에 더 많은 국가의 통제를 요구하며, 관료주의에 반발하면서도 정부로부터 다양한 복지 정책을 기대한다. 현대인은 어떤 사람일까? 그를 빚어 만든 모든 투쟁들의 총화. 진보주의자와 반동분자, 민족주의자와 세계주의자, 모순된 행동을 하는 불가지론자와 신자, 이 모두의 명랑한 불협화음. 일시적인 도취나 불안정한 확신을 전부 거친 뒤 모든 걸, 또 그 반대를 갈망하게 된 상반된 생각들의 작은 카오스. 신조들을 갖고 노는 공중 곡예사. 다양한 각도에서 텍스트를 해석하는 사람. 과거의 주의주장들에 대해 제한된 믿음만 허락하는 그는 어쩌면 변덕스럽다기보다는 신중한 사람인지도 모른다. 이 변종은 자신의 내부에서 벌어지는 내전을 종식시킬 줄 모른다. 그의 내면에 자리잡은 적들의 이 열띤 대화를 떨쳐 버릴 수 없는 것이다. 일체를 단순화시키는 광신을 피하기 위한 유일한 조건인 이 파열된 세계에 남는 건 분열된 정신이다.

상냥한 독재 정치

미국의 힘은 그러니까 은밀한 방식으로 우리를 식민지화하고, '비밀리의 설득'(밴스 패커드의 유명한 책 제목을 빌리면)으로 우리의 뇌를 정복하는 데 있다. 우리 모두의 머릿속엔 미국이 들어 있다. 자유롭게 말하고 결정한다고 믿는 이들도 실은 다른 누군가가 조종하는 줄에 의해 움직이는 꼭두각시나 복화술사일 따름이다. "CNN과 함께 세계가 미국으로 들어오며, 프랑스 본국의 대외 정치는 마침내 국내 정치와 통합된다. 맥도널드의 세계(McWorld) 내부에서 미국은 크고 작은 화면을 통해 모두에게 음향과 영상을 제공하면서, 외곽 지대의 젊은이들에게서 행정 기관에 이르기까지 집단 무의식을 채운다."[3] 요컨대 "미국은 이제 지배자가 될 필요조차 없게 되었다. 그것은 우리가 거부할 수 없는 무엇으로 내면화되었기 때문이다."[4] 그것은 현대 이미지들의 스타일과 리듬을 포맷하므로 "우리의 눈을 통해 스며든다."[5] 영화나 연속극이 프랑스제건 독일제건 이탈리아제건 중국제건 상관없이 그것들은 모두 양키의 미학에 점령당해 있다. "사람들의 정신이 너무도 미국화되어, 일부에서는 이제 그것에 대한 비난이 점점 용납될 수 없는 무엇이 되어간다고 믿는다. 그걸 포기하려면 수다한 문화적 관행들(의복·스포츠·놀이·오락·언어·영양)에 등을 돌려야 하기 때문이다. 어려서부터 우리 몸에 배고, 우리 생활의 일부로 자리한 이것들에 말이다. 많은 유럽 시민이 바야흐로 문화를 초월하여 유럽인이면서 미국의 정신을 소유한, 물과 기름의 혼합물이 되어 버렸다.[6]

일부에서는 미국을 원수 취급하지만, 이 불구대천의 원수는 한편 우리가 가담해 있는 세력이기도 하다. 미국은 그 깃발 아래 우리를 모으고, 우리도 모르게 자신의 확신을 주입시켜 놓는다. (급진 이슬람주의가 공산주의를 대체하는 일은 없을 것이다. 이슬람주의는 그 영향권을 넘어서는 그 누구도 유혹할 수 없으니까.) 식민주의의 현상을 묘사하기 위해 서인도 제도의 정신분석학자 프란츠 파농이 60년대에 사용한 메타포 '검은 피부, 흰 가면'을 우리는 기억한다. 즉 식민 지배자의 사고 방식이 피지배자의 머릿속으로 뚫고 들어와 그의 세계관을 변질시키며, 그가 주인과 타협하게 만든다는 것이다. 미국의 경우도 마찬가지다. 그것은 우리의 내면 한가운데 자리잡고 우리를 다스린다. 우리가 동의하건 말건 우리는 완전 마취 상태에서 거인 US의 '내통자'가 되어 통제 조작된다. 이그나시오 라모네의 주장은 냉전의 긴장이 팽배해 있던 50년대에 큰 성공을 거둔 미국의 연속극《침입자들》(보통 사람들의 피부 속으로 스며 들어와 지구 침략을 준비하는 우주인들을 다룬)을 묘하게 떠올린다. 이 침입자들은 만인(萬人; Mr. Everyone)을 닮은 터라 사람들 각자가 잠재적인 혐의자가 된다. 모든 미국 시민이 활동중인 '빨갱이'의 은폐자라는 의심을 받을 수 있었듯이 말이다. 라모네는 이제 정치 분석을 하는 게 아니라 구마식을 베푸는 격이다. 마귀에 들린 자(즉 우리 자신)를 해방시키러 온 극좌파의 성자, 마법을 푸는 자의 역할을 바로 라모네가 맡는다. 그에 따르면 정신 분석에서 일체의 저항이 억압의 표징이듯이, 미국의 패권에 대한 일체의 반론은 그것의 존재를 확인시켜 줄 따름이다. 우리가 미국에 종속되어 있다는 증거는, 바로 우리가 그 사실을 인정할 수 없다는 데 있다. 진짜 노예는 자신이 자유롭다고 믿는 자니까. 소수의 현자들과 선택된 자들만이 이런 집단 중독을 면한다.

이같은 추론은 어느 면에서 사태를 정확히 파악하고 있다. 그러나 반미주의가 그토록 신랄한 어조를 띨 수 있는 건 미국이 지닌 매혹적인 요소를 상당 부분 덮어두기 때문이다. 실지로 **미국은 더없이 혐오스런 무엇임과 동시에 크나큰 유혹으로 다가온다.** 미국은 신경을 거스르는 동시에 마음을 사로잡는다. 그 최악과 최선의 양상 모두가 모더니티를 구현하기 때문이다. 다소간의 이성의 결여와 지나침까지 미국을 둘도 없는 무엇이 되게 한다. 꿈과 법을 결합시키고, 백지의 유토피아를 세심한 법률 만능주의에, 관용의 약속을 개척자의 의지주의에 결합시킬 수 있었다는 데 그 독자성이 있다. 미국의 야심은 '뭐든 가능하다'는 약속을 기초로 역사를 재개하는 것이다. "세계의 경험에 미국이 첨가한 가장 중요한 점은 오직 미국이라는 놀라운 사실 자체다. 우리는 인류를 미래에 닥칠 모든 놀라운 일들에 대비시키는 데 기여했다."(다니엘 J. 부어스틴)

이 특별하고도 선택받은 땅. 보통 사회가 겪는 혼돈을 악착스레 피하려 하는 이 땅은 다른 국민들에게 새로운 지평을 열어 놓았다. 평범한 것조차 그것은 필요 이상으로 크게 만든다. 슈퍼마켓에 진열된 과일과 야채도 너무 크고 반들거린다. 레스토랑에서 나오는 식사 역시 지나치게 풍성하다. 심지어는 결점들마저도 유럽 부르주아의 결점인 저속성과 쩨쩨함에 그치지 않고 엄청난 크기로 다가온다. 어리석음이 그곳에서 터져 나올 땐 어마어마한 무엇, 태풍처럼 무자비한 것이 된다. 추악함이 특히 유쾌한 모습으로 달콤한 감상의 옷을 걸치고 드러날 땐 혐오스럽다. 이 다혈질의 사회는 영양 과다, 비만, 거대화, 과잉 공급으로부터 늘 자신을 보호해야 한다. 그런 이 사회가 부추기는 광란 속으로 경악과 감탄·질투가 들어온다. 성조기를 불사르는 장본인들이 너나없이 **패스트푸드점**을 찾고, **미제**(made in USA) 영화만 본다. 1999년 4-5월 벨그라드에서 **NATO**의 폭격에 반대하는 록 콘서트를 열었던 젊은이들은 **시카고 불스**의 캡을 쓰고 있었다. 알카에다 조직의 요원들 역시 할리우드의 조악한 시나리오에서 영감을 받고 쌍둥이 빌딩을 공격했던 것이다.

19세기 지배층들의 영국 심취를 상기시키는 이 도취에는 어딘지 어리석은 구석이 있다. 뉴욕의 한 영화 감독의 번뜩이는 재치, 브롱스나 몬타나의 작가가 휘갈겨댄 글은 유럽, 특히 좌파로부터 발작에 가까운 감탄을 끌어낸다. 반면 같은 책이나 영화라 할지라도 브레스트나 피렌체에서 나왔다면 그만한 환영을 못 받을 것이다. 아메리카 찬미는 흔히 '반체제' 미국인들(반문화를 표방하며 자진하여 고국에 대한 비판자가 되고자 하는)을 통해 이루어진다. 허다한 가수·아티스트·소설가들이 이미 오래 전부터 아메리칸 드림의 종말을 예고하지 않았던가! 하지만 아메리칸 드림은 설사 그것이 악몽을 닮았다 해도 여전히 사람들을 꿈꾸게 만들고, 모든 예상을 뒤엎고 잔존한다. 일부 미국 시민들이 반감을 통해 미국을 찬미함은 가장 견고한 형태의 애착임에 틀림없다.

평민들의 공화국. 새로운 부를 자랑하는, 기교도 예의도 없는 미국은 저속함과 화려한 겉치레의 귀감으로서, 심지어 그 비방자들에게까지 이례적인 찬사를 불러일으킨다. 수 세기와 수 세대, 여러 파벌을 거쳐 이어져 온 이 증오는 가히 특권으로 내세울 만하다. 오늘날 어떤 제국도 그렇게까지 평가 절하되고, 명예를 훼손당하진 않았기 때문이다. 라모네의 경우가 이 사실을 시사해 준다. 라모네의 설명에 따르면, 미국인들은 우리가 세계의 문제점들을 그들 자신의 말로 발설하지 않을 수 없게끔 만든다고 한다. 그들 자신이 어휘와 개념·의미를 통제할 수 있다고 확신하면서 '달콤한 독재 정치, 상냥한 억압'을 행하고자 한다는 것이다. 그러나 이렇게 말하는 라모네는 결국 그 자신이 종속된 인간이며, '제국'의 목소리들 중 하나임을 우리에게 암시한다. 그가 탐정물 《콜롬보》·《코작》이나 대형 사고를 다룬 영화들을 꼼꼼히 분석할 때에도 의심이 머리를 쳐든다. 그처럼 열정을 기울이는 모습이 오히려 그의 책은 우선 미국 영화에 대한 **저지당한 사랑의 외침**임을 증명해 주기 때문이다. 비록 책의 말미에, 전투 영화가 그를 얼마나 짜증나게 하는지 털어놓긴 하지만 말이다. 아무튼 이같은 경향을 그의 정치적 확신과 화해시키고 양자간의 큰 격차를 극복하기 위해, 라모네는 해석의 비판적 재능에 몰두해야만 했다. 이렇게 해서 그는 우리가 흠뻑 젖어 있는 고요한 선전 문구보다는 불행한 굴종의 역사를 우리에게 들려 준다. 즉 양키 문화에 대한 자신의 반감을. 그러나 신랄한 비난도 열광적인 찬미를 감추지는 못한다. 그건 몹시도 불공평한 여주인을 여전히 사랑하는 데 대한 자책의 행동이다.

지탄의 얼굴들

그러니까 미국을 혐오하게 만드는 수많은 이유가 있다. 도도한 경제적 성공, 비대한 힘, 지속적인 거리두기, 야만적인 수감 제도 등등. 또 **거대 사업체**(Big Business)의 탐욕과 냉소적 태도를 한몫 거드는 애처로운 이상주의와 사회적 불평등도 있다. 특히 다음의 사실에서는 믿기지 않는 오만을 엿볼 수 있다. 우선 걸프전 당시 조지 부시 대통령(아버지)은 "미국인의 생활 양식은 흥정의 대상이 될 수 없다"고 말한 바 있었다. 그리고 2001년 5월 17일에는 아들의 대변인으로서 교토 의정서에 대한 거부를 표명했다. "상당 수준의 에너지 소비는 미국인의 생활 양식과 상응하며, 지도자들의 역할 가운데 하나는 이 미국의 생활 양식을 보호하는 것이다. 이것이 대통령의 생각이다. 미국의 생활 양식은 축복받은 것이다"[7]라고 말하며. 우리는 미국의 외교 정책에 대한 위선을 나

무랄 수 있다. 야만인들을 관리하고, 그들에게 보조금을 지불하며, 그들을 부인하기도 하는——뒤돌아 덤벼드는 괴물들을 낳을 각오로——뻔뻔함을 꾸짖을 수도 있다. ("노리에가〔파나마의 전 실력자〕는 개새끼다. 그러나 그는 바로 우리의 개새끼다"라고 군(軍)의 한 상관은 말했다.) 또 자신들의 이권이 개입되어 있을 때에는 국민들의 뜻을 무시하고 그들의 라틴 아메리카 뒤뜰 리오그란데 남쪽에서 '큰 몽둥이(Big Stick)'를 휘두르는 경향. 또 그들 스스로도 실천하지 않는 모범을 제시해 놓고는, 군비·우주 탐험·문화·자동차 등 주요 분야에서 보호주의나 적극적인 간섭으로 그들 자신의 자유주의 신조를 위반하는 이중성. 뿐만 아니라 유럽의 이 탈선한 자손들은 1917년, 1942년, 1947년, 이렇게 세 차례나 유럽을 그의 악마들로부터 구해 준 데 대해서도 대가를 치러야 한다. 그런 빚은 불명예라 할 만한 것이니까. 요컨대 그들의 어느 구석을 들여다보아도 옳은 데는 하나도 없다는 말이다. 그들에 대해선 선택이 곤란할 만큼 여러 견해가 가능하다. 그들은 설계도와도 같은 치밀함으로, 민주주의의 이상과 그 구체적 결과들을 가르는 심연을 구현하기 때문이다. 특히나 이 이상이 큰 패권과 연결될 때 그렇다. 도덕주의적인 미사여구로 잔뜩 배가 부른 이 '제국'은 자신의 약속들을 지키지 못하는 것이다.

실제로 미국은 엄청난 우월성을 과시하며 도살자와 희생자라는 이중의 역할을 맡는다. 현재 신뢰할 만한 방어 체제를 구축하지 못하고 있는 유럽의 부재 상태에서, 미국은 평화와 '자유 세계'의 제일가는 보증인 노릇을 한다. 그런데 이 보호자에게서 오류의 가능성이 발견되고, 그가 단 수십 명의 항공기 납치범들에 의해 흔들릴 수도 있다는 놀라운 사실이 드러난 것이다. 그러나 인류의 죄악이 씻겨 나간 새 예루살렘을 구축하기 위해 '선택받았다'는 미국인들의 확신이 한바탕의 광기로 화할 수도 있는 만큼 누구나 두려움을 갖지 않을 수 없다. 백악관이나 국무성의 닥터 스트레인지러브〔스탠리 큐브릭 감독의 영화에 나오는, 정치적·군사적 광증을 희화화한 인물〕같은 자가 극단적인 결정을 내려, 악에 대항한 십자군의 명목으로 복잡한 인간사를 단순한 원자 폭탄의 논리로 축소시켜 버릴지도 모르니 말이다. 한편 구대륙〔유럽〕과 신대륙〔아메리카〕을 대치시키는 중대한 분쟁들도 생각해 볼 수 있다. 상업적인 문제들, 문화의 헤게모니, 복지 정책은 물론[8] 돈의 우상화, 섹스 전쟁, 존속하는 청교도 정신 등등. 복지 국가의 대명사 미국은 지구상의 모든 핍박받는 이들을 포용해야 하는 풍요의 나팔임이 사실이다. 그러나 국가의 원조가 없는 완전 고용(미국)이나 원조를 받는 실업(유럽)은 비슷한 불평등의 배경을 지니고 있음 역시 사실이다.[9] 어쨌거나 1789년 이후 프랑스 공화국도 자매 미국처럼 스스로를 보편의 이름으로 칭했다. 전인류를 위한 새로운 권리를 선포하면서 말이다. 그래서 20세기 중반 미국은 유럽의 위기를 대조적으로 부각시키면서 번성하는 반(反)모델, 탁월한 경쟁자가 되었다. 그러나 프랑스인들은 노동 경영 공업 생산 분야에서 미국의 방식을 채택하면 할수록 미국식 가치를 기피해야 한다고 믿는다. (얼마 전까지만 해도 우리 정부의 사회주의자들이 미국의 성공에 얼마나 깊이 매료되었었는지 우리는 알지만.) 모방은 오직 거부의 양태로만 이루어지는 것이다.

강한 약자의 전략

패권을 쥔 미국은 사람들의 정신을 빚어 만들어 그 자신을 경배하도록 유도한다. 하지만 이런 식으로 미국이 행사하는 매력을 설명한다면 그건 동어 반복이 될 것이다. 즉 미국이 우리를 주도하는 건 주도권을 가졌기 때문이라는 식으로 말이다. 혹독한 비판이 이제 균형을 잃고 흔들리는 순간이 왔다. 일부에서 주장하듯이 미국이 지옥이고, 그곳에서 빈자·이민자·흑인들이 전체주의 국가에서나 있을 법한 고문을 당한다면, 그렇다면 왜 그곳 주민들은 베트남이나 중국의 보트피플처럼 떼지어 그 나라를 떠나지 않는 걸까? 이 끔찍한 탄압자가 동시에 탄압받는 사람들의 이상이며, 전세계 수많은 남녀들이 그곳으로 이민 가 살기를 꿈꾼다는 사실을 어떻게 설명할 텐가? 필요한 고찰 대신에 비방이 난무하여 이제 하나도 믿지 못하게 된 순간이 온 것이다. 실제로 그곳에서는 민주주의가 활기차게 실천되고 있으며, 어찌 보면 모범적이라고까지 할 만하다. 미국의 체제야말로 20세기 들어 파시스트와 스탈린 추종자들의 유혹을 물리칠 수 있었던 드문 예다. 뿐만 아니라 미국 문화에서는 각자의 가슴에 호소하는 창의력과 역동성, 때로는 숭고하기까지 한 위대함이 발견되는 것이 사실이다. (뉴욕·시카고·샌프란시스코를 보라.) 그러므로 그것을 천민들의 기분 전환, 카우보이의 원초적인 오락쯤으로 깎아내린다면, 그건 느긋한 심정으로 우리 자신의 탁월성에 대해 안심하기 위함이다. 프랑스에선 흔히 지성과 통찰력의 베일 아래 원한이 가려져 있곤 한다. 하지만 재능은 포토맥이나 허드슨 강변이든 센 강변이든 똑같이 드물고 소중한 것임을 알아야 한다. 그러므로 이런 광휘를 깎아내리고, 투쟁과 폭력과 어리석음의 낙인을 찍어 이 문명을 우스꽝스런 무엇으로 만들어 버린대도 우리로선 덕볼 게 하나도 없다.

이성은 우리더러 친유럽이 되라고 하지 반미가 되라고 하지는 않는다는, 이 분명한 사실을 명심해야 한다. 힘을 저지하려면 스스로 힘을 갖추어야 한다. 이 힘이 상대의 힘에서 영감을 받고 공동의 가치에 기반을 둔다면 상대와 균형을 이룰 것이다. 미국과 경쟁하려면 유럽은 어떤 식으로든 미국을 닮아야 한다. 언젠가는 우리에게 제기될 문제들을 미국은 이미 어느 정도 성공적으로 대처하고 있기 때문이다. 그들의 해결책에 반박의 여지가 있다 해도 무턱대고 비난하기보다는 보다 심도 있는 관찰의 자세로 임할 필요가 있다. (프랑스에서도 마그리브인·흑인·아시아인들이 미디어·행정부·정치·기업에서 여전히 발붙일 자리를 찾지 못하는 만큼 명백한 차별에 대한 험구를 피해 갈 수는 없을 것이다.) 공동체 상호간의 긴장에도 불구하고 USA는 세계 최초의 다종족 사회, 혼혈 사회다. 이민을 상처가 아니라 부(富)로 여기는, 현재로선 유일한 사회다. 덕분에 미국의 대도시는 다양한 야심과 인물군, 언어의 잡동사니를 이루게 되었다. 알프레도 G. A. 발라다오의 표현을 빌리면 "누구나 미국인이 될 수 있다. 미국은 이미 모두이니까."[10] 개인 각자가 출신 성별에 상관없이 누구한테나 열려 있는 성공의 꿈을 추구하는 나라. 물론 이 "보편성을 생산해 내는 거대 기계"(발라다오)에 이의를 제기하며 인류의 미래를 꼭 그 안에서 보지 않을 수도 있다. 그렇다 해도 그것에 질책 아닌 다른 것으로 맞서야 한다. 사회 정의와 인류 공존을 위한 최상의 모범이 구축될 수 있도록 말이다.

그러려면 두 가지 모방간에 선택을 해야 한다. **미국식 생활**(american way of life)을 앵무새처럼 기계적으로 반복하는 데 만족할 것인지, 아니면 그것을 보다 잘 피해 가기 위해 그것에 가담하는 강한 약자가 될 것인지 하는. 전자는 젊은이 차림으로 패스트푸드점을 찾는 이들의 우스꽝스런 원숭이 시늉으로 요약될 수 있다.

우리네 광고와 기업주·저널리스트들이 비장하게 써먹는 프랑글레(franglais, 프랑스어식 영어) 역시 마찬가지다. 종잡기 어려운 이 새 유행어는 양 언어의 정수에 정면으로 맞서며, 한쪽 언어에 대한 몰이해는 종종 다른 한쪽 언어에 대한 무지를 악화시킨다. 그럼에도 불구하고 그 언어를 섣불리 내뱉는 이들은 민족이라는 제한된 영역에서 해방된다는 환상에 빠진다. 이 서투른 흉내는 청소년들에게서 더욱 의미심장한 양상을 띤다. 그들은 현대의 바티칸 미국이 지닌 최상의 것들이 빠져 나가도록 내버려둔다. 도전과 기동성의 문화, 경험주의, 실패를 교훈으로 삼는 기능, 불요불굴의 열의, 엄격한 애국주의 등등. (미국이 우리에게 한 가지 가르침을 준다면, 그건 진정한 산업 정책과 국가의 의미의 재발견이다.) 미국=모든 이들의 행복+역사에 대한 낙관. 프랑스=쾌락의 문화+이성적인 회의주의. 이런 방정식을 만들어 볼 수 있겠는데, 간혹 전자는 무분별한 시도로, 후자는 마비 상태로 타락하기도 한다.

정복자의 자취를 좇는다는 또 다른 방법이 있다. 즉 정복자의 손아귀에서 해방되기 위해 그의 비밀을 훔쳐내는 방법이다. 그를 고무하는 정신을 찾아내고, 그를 더 쉽게 전복시키기 위해 그의 연기를 따라 하기. 지배자의 사고 방식을 자기 것으로 삼는 자체가 이미 미세한 절연의 길을 개척하여 이 지배자를 그의 영토에서 물리치기 위한 수단을 갖추는 것이다. 노예적인 종속과 마찬가지로 단순한 무지 역시 자살 행위다. 하지만 모순된 추종, 계산된 모험의 길이 있다. 스스로를 보편적인 기준으로 자처하는 미국인들은 "우리처럼 하라"고 말한다. 그렇다면 몇몇 영역에서 그들처럼 행함으로써 차차 그들 없이도 해낼 수 있게 될 것이다. 해마다 미국으로 떠나는 수많은 프랑스·이탈리아·스페인 학생들은 **벗어나기 위해 배운다**. 새로운 관행을 자신들에게 유리한 쪽으로 재통합하기 위해 우선 그것에 발을 들여놓는 것이다. 그렇게 되면 당장은 단절감을 느낄지 모르나 잇달아 콤플렉스에서 벗어나면서 새로운 차원을 습득해 풍요로워진 자신을 되찾게 된다. 흉내 또한 매혹적인 본보기를 길들여 다른 데로 데려가기 위한 방법이다. 어쩌면 우리는 이 과정 한복판에 있는지도 모른다. 미국에 대한 모방은 굴복임과 동시에, 지배적인 문화와의 접촉으로 인한 해방·쇄신이기도 한 것이다. 그러려면 한편으론 스펀지의 관용이, 다른 한편으론 현시점의 주인들의 전략을 꾸준히 재구성하는 훌륭한 통합의 지성이 필요하다. 미국의 영향권에서 벗어나려면 우선 미국을 연구하고, 베끼며, 그 규칙들에 익숙해져야 한다. 나중에 돌아서서 반격하기 위하여. 미국 문화는 그 안에서 우리 각자의 개성이 상실됨 없이 재정의될 수 있는 '보편화의 실행자'[11]가 된 것이다.

미국은 제국이 되기 위한 수단을 갖추지 않았다

미국의 지휘봉 아래 하나된 세계가 내포하는 위험은 순전히 환상에 불과하다. 전세계 인구의 20퍼센트가 사용하는(전문가들의 주장에 따르면) 영어는 현재 의사 소통의 수단이 되긴 했지만, 그래도 그 중요성이 분명 과대 평가되고 있다. 게다가 확산 추세에 있는 영어, 이 **변칙 영어**(broken english)는 차츰 퍼져 나가며 빈곤해지는 경향이 있다. 제대로 알지도 못하는 이 언어를 너나없이 어름거리며, 최소한의 어휘로 막연한 의사 전달을 시도한다. 요컨대 그것은 확장을 통해 얻은 것을 그 깊이나 질에 있어 상실하고 있는지도 모른다.[12] 일부 지도자들이 어떤 환상을 갖고 있는지는 모르나, 그래도 미국이 절대 권위를 행사하는 왕국이 될 가능성은 희박하다. 그런 야망이 실현되려면 희생이 요구되는데, 쾌락주의적이고 개인주의적인 이 사회는 그런 희생을 감수할 준비가 전혀 되어 있지 않기 때문이다. 미국은 분명 제국주의적 면모를 지녔지만, 그렇다고 그런 위상을 과시할 만한 정치적·인류학적 영향력을 미치지는 못한다. 즉 그같은 시도에 나설 역량을 제대로 갖추지 못한 것이다. 세상을 '문명화'할 작정으로 신자유주의 이데올로기를 신봉하며 시장에 대표단을 보냈던 미국은 잇달아 대실패를 경험했다. 거인 북아메리카의 역량과 그 주민들의 사고 방식 사이에는 엄청난 간극이 존재한다. 굳은 단결의 순간들과 끊임없는 애국심의 분발을 체험하는 주민들이라 해도 지구를 지휘할 그릇이 되지는 못하며, 앞으로도 그럴 수 없을 것이다. 미국의 '메시지'는 개인의 성취와 삶에 대한 사랑이기 때문이다. 따라서 **미국의 리더십보다는 미국이 견지하는 신중함이 오히려 우려된다. 이 쇠퇴일로의 경찰 스스로가 자신에게 부여된 사명을 감당해 낼 수 없다고 느끼는 것이다.** 1989년 이후로 정권을 잡았던 여러 행정부가 세계의 새로운 질서를 떠맡을 수 없었다는 게 그 증거다. 자기 몫 이상으로 욕심을 내다 첫술에 싫증나 버리는 어린아이처럼.[13] 자신의 물질적·문화적·경제적 성공에 도취한 미국은 '성공의 최악의 적은 성공 자체'[14]라는 사실을 잊고 있었다. 미국이 자만하는 그 힘이 실제로는 그의 어깨에 지워진 무거운 짐이라는 사실을 망각하고 있었던 것이다. 미국은 베트남의 붕괴와 함께 이미 순진함을 잃어버렸다. 그러니 이제 무사태평과 눈부신 자기 만족에서 벗어나 지상권을 나누어 갖고 국제 기구들에 복종해야 한다. 그렇지 않으면 점점 더 고립될지도 모르는 일이다.

그러므로 이제 미국의 막중한 과업을 덜어 주어야 할 시기가 왔다. 유럽은 피터팬 콤플렉스에서 해방되어 성장하고, 모든 면에서 자신의 운명을 감당하며, 자체의 방어를 더 이상 NATO에 맡기지 않도록 해야 한다. 미국은 단연코 겸손을 배워야 한다. 지상에 자기들만 존재하는 게 아님을 알고 동맹국들과 책임을 분담함이 바람직하다. 그렇다고 그들의 사고 방식이 근본적으로 개조되기를 기대함은 어리석은 짓이다. 4세기 동안의 역사를 통해 형성된 것이 한 세대만에 해체될 수는 없을 테니 말이다. 거리낌 없는 양심,[15] 선량한 동정심, 다른 국민들에 대한 철저한 무관심(그들의 상표라 할 만한)이라는 이 놀랍도록 혼합된 양상을 그들은 앞으로도 오랫동안 견지할 것이다. 그러니 변화되어야 할 것은 그들이 아닌 우리다. 가련하게도 양키 사촌의 거울에 우리 자신을 비춰볼 게 아니라 우리의 에너지를 새로운 방향으로 이끌어야 한다.[16] 경쟁심은 우리를 미국에 묶어두며, 섣불리 미국을 모방하거나 저주를 퍼붓도록 부추긴다. 김빠진 공존은 우리를 유럽의 이웃들로부터 떼어 놓고 멀어지게 한다. 그렇다면 이제는 이 경쟁심을 건전한 대항 의식으로 전환시켜야 할 때다. 지혜와 용기면에서 서로 많은 걸 배워야 하는 가깝고도 상이한 두 진영간의 긍정적인 경합이 될 수 있도록 말이다. 하지만 우리 자신의 무기력은 덮어 두고, 오로지 미국을 책망할 수도 있다. 이 경우엔 스스로를 최고로 생각하는 이들이 패배주의자로 규정될 수밖에 없다. 유럽 연합과 그 관료들을 저주하면서, 또 일체의 연맹과 동맹을 거부하면서 그들은 북아메리카의 지상권에 대항하기 위한 정치적 수단들을 배제하기 때문이다. **그들은 행동보다는 불평을 늘어놓기 좋아한다.** 실지로 '반제국주의'를 표방하는 비난들은 오히려 혐오의 대상을 존속시키는 허울 좋은 무엇이다. 그것들은 상대방을 죽이는 게 아니라 보존하기 위한 비난들이며, 안심하고 계속 비난하기 위한 수사적 문구들에 지나지 않는다. 이런 혐오는 특수한 포기의 양상을 띤다. 현 상황을 체념할 때 사람들은 그런 양상으로 빠져드는 것이다. 여기에는 무시무시한 도깨비 US에 대한 집착이 들어 있다. 그것이야말로 유일하게 감지되는 믿을 만한 무엇이자, 온갖 혐오스런 양상들을 두루 갖춘 이상적인 적이기 때문이다.

미국의 주도권도, 유럽의 위축도 숙명이라 할 수는 없다. 유럽 연합이 무능력한 자들의 결집이 아닌 무엇, 그리고 신뢰할 만한 새로운 정치적·군사적 도구의 대장간이 되기만 한다면(특히나 혁신되고 재고된 유럽 사회의 모델이 되기로 합의를 본다면) 말이다. 선택은 우리한테 달렸다. 우리 스스로 견제 세력으로 자리잡든지, 아니면 우리 자신의 동의하에 예속 상태로 들어가 저항과 반대라는 단순한 논리에 갇힌 채 쓸데없이 분주하든지. 그러므로 우리는 대서양 건너편의 사촌 미국을 헐뜯기보다는 우리 자신의 힘을 강화해야 한다. 그렇다고 오랜 공동의 역사를 통해 형성된 우애와 단결·경합의 관계에 누를 끼치지는 않을 것이다. 현재 구상 단계에 있는 유럽과, 아직 단일성을 구축하지 못한 라틴 아메리카, 이들의 유치한 질병인 반미주의는 우리가 매번 문제에 봉착할 때마다 미국의 허락을 구하거나 의사를 묻지 않아도 되는 날 치유될 것이다. 그날이 오면 우리는 마침내 미국 없이도 세계의 주요 안건들을 처리할 수 있을 것이다. 요컨대 그들의 정치적·문화적 특색들을 구속이 아닌 대비로서 보게 되는 날.

제5장

해묵은 증오의 뜨거운 동조 속에서

> "자본주의는 인간에 의한 인간 착취다. 사회주의는 그 반대다."
>
> 공산주의 시대
> 동유럽 반체제 인사들의 격언

자본주의. 허다한 논쟁으로 닳고 닳은 이 말은 무엇인가? 역사상 제일가는 부의 창출자라고 마르크스는 말하며, 그것에 거의 메시아적인 사명을 부여했다. 유럽에서 태어나 해방자의 역할을 담당했던 현대적 현상. 이 자본주의는 시장의 구축을 상호 이득이 되는 교류의 영역으로 간주한다. 그것은 '공식적으로 인정된 이익 획득의 기회'를 증진시키는 사업 윤리(막스 베버)지만, 결코 '탐욕에 대한 변호'로 귀착될 수는 없는 윤리(아마르트야 센)다. 또 노동에 대한 흥미와 신뢰감 및 기업가층이 주도하는 지속적인 쇄신에 기초한 윤리다. 동시에 그것은 하나의 문화로서, 방법론적인 새로운 인간형(막스 베버)——계산적이고 체계적인 이욕과 '합리적인 에고이즘'(조지프 슘페터)에 따라 움직이는 주도면밀한 인간——의 발명이기도 하다.

중세에 그랬듯이 분산되고 제한적인, 자본주의 없는 시장이 있을 수 있다. 그런가 하면 "정치 세력이 공모자로 보수를 받으며 개인을 경쟁으로부터 보호해 주는"[1] 시장 없는 자본주의도 있다. 그러나 자본주의는 무엇보다 경쟁력을 자율적인 과학——일체의 종교 윤리 정치 담론으로부터 분리되어 개인주의의 대두 및 승리라는 동시대의 맥락을 같이하는(루이 뒤몽)——으로 끌어올린다. 자본주의와 더불어 인간은 자신의 소유자, 자기 삶의 기획자, 자기 이익의 관리자가 되었을 뿐 아니라 자신의 운명의 주인이 되어 이 운명이 점차 개선되도록 노력한다. 경제의 논리가 차차 다른 활동 분야에 막강한 권리를 행사하게 된 건 계몽주의 시대부터다. 18세기부터 일부 신조는 도덕과 이해 관계, 기술적 진보와 정신적 진보, 장사와 미덕을 화해시키겠다는 희망을 갖게 된 것이다. 이렇게 해서 최고의 가치가 되어 버린 이 유일한 영역으로 모든 인간 질서가 송환되고 만다.

부정적인 성화(聖化)

앞서 지적되었듯이 반세계화 주창자들의 신조는 자유주의자들의 신조와 정확히 반대된다. '자발적인 질서'를 받들어 모시는 후자가 우리에게 엘도라도를 예고할 때, 전자는 지옥과 일련의 파국을 가리킨다. 여기선 구원을, 저기선 쇠락을 주장한다. 하지만 찬미자들과 저주자들로 이루어진 이 단조로운 발레 속에 등장하는 건 늘 같은 신조이다. 시장이 역사적 섭리의 열쇠 노릇을 하든, 아니면 모든 갈등의 원인이 되든 결국은 마찬가질 테니까. **매번 시장이 중심에 놓이기 때문이다.** 케인스는 경제 문제를 치아

관리의 수준으로 실추시키려 한 듯싶다. 하지만 그는 꾸준히 여러 권의 책을 써나갔으며, 그렇게 해서 명성을 획득한다. 경제가 인간을 섬기도록 하겠다는 정당한 야심을 내걸고(르네 파세) 사람들은 경제적인 접근과 가정들을 수없이 늘려 나가게 되는 것이다. 이 체계를 현장에서 때려눕히겠다는, 어찌 보면 감탄할 만한 생각을 지니고 말이다.

그런데 자본주의에 대항해 싸우기 위해서는 우선 그것이 무엇인지 알고 경험해야 한다. **자본주의는 자본주의를 경멸하는 이들이 늘 자본주의의 언어로 대답하도록 강요한다.** 예컨대 누가 브로커들이나 환중개인들을 야유하며 증시에 대해 분노를 터뜨린다면, 도리어 그가 혐오하는 이 금융가들 앞에서 허리를 굽히고 부정적인 성화를 행하는 셈이 된다. 마찬가지로 파괴 행위 역시 시장 경제의 식인귀에게 바치는 간접적인 찬미다. 이 식인귀는 일련의 물품들을 새것으로 교체시키기 위해 끊임없이 파괴를 필요로 하기 때문이다. 자동차 방화(放火)는 그 소유주를 괴롭힐 뿐만 아니라 야만적인 방법으로 자동차 생산을 가속화시키게 된다. 이렇게 볼 때 일정 형태의 항의가 지니는 한계가 드러난다. (장사라는 것도 결국은 평화로운 수단으로 행해지는 지속적인 노략질이며 약탈 행위다. 그러므로 장사는 자신의 기원에 대하여, 또 상인은 도둑에 대하여 염려를 떨쳐 버릴 수 없다. 이 도둑은 그에게 걸핏하면 안부를 전해 오는 그의 조상이자 분신이기도 한 것이다.)

프랑스에서 아타크(Attac) 그룹(아이러니컬하게도 슈퍼마켓 체인과 같은 이름인)이 제정한 토빈(Tobin)세도 마찬가지다. 이 세법은 이중의 야심을 지닌다. 즉 단기 금융 거래시 0.1-0.5퍼센트라는 세금을 부과해 국가가 통화 관리의 권위를 되찾도록 함과 동시에 환시장에서의 투기의 움직임을 저지하자는 것이다. 이 조처의 시행 가능성을 두고 뭐라 생각하든,[2] 그 옹호자들이 내건 굵직한 명목이 이 법안의 상대적으로 조촐한 양상과는 대조된다는 사실에 우선 놀라게 된다. 사실 그들에겐 이 조처가 세상의 악을 치유하기 위한 완벽한 무기(일련의 무기들 중 적어도 최초의 무기)로 보인다. "결핍으로 인한 수많은 고통을 완화시키고(물, 주거지, 유행병 퇴치)"[3] 정치가 진정한 위상을 회복하도록 해주며, 조세 회피지에 제재를 가하기 위한 무기로 여겨진다. 요컨대 숙명론에 균열을 만들어 "모두 함께 우리 세계의 미래를 다시 쟁취하자는"[4] 것이다.

하지만 이 세법이 성공을 거둘지라도, 애초의 비난의 대상——즉 이 세금의 유일한 원천인 통화 거래——이 존재하고 지속되리라는 사실에 어떻게 눈감을 수 있겠는가.[5] 이렇게 해서 그들은 폐지시키려 했던 것을 오히려 부추기게 된다. 특히나 세금에서 "서로 다른 시나리오에 따라 수백억에서 수천억 달러를 끌어내고자 할 때"[6] 그렇다. 게다가 화폐의 유통이 둔화되면 수십억이 증발하며, 그와 더불어 애초에 지향했던 목표도 물거품이 되고 마는 것이다. 제임스 토빈이 그를 표방하는 이들을 공개적으로 거부했다면, 그건 자신의 생각이 제대로 이해되지 않았다고 생각했기 때문이다. 원래 그의 발상은 일상적인 통화 거래 비용을 높임으로써 환시장에 억제 효과를 미치자는 것이었다. 반면 당사자들은 금전적인 수령을 늘리고 싶어한다. 그런데 환전상들에게 압력을 가해 투기를 억제하자는 것과, 거기서 이득을 끌어내려는 것——아무리 그 의도가 그럴싸해도——은 별개의 문제다. 전자는 자본의 불안정성을 원천 봉쇄해 주지만, 후자의 경우엔 현명한 행동을 한다는 목적으로 불안정성을 가속화시킨다. 이 벌은 어이없게도 잘못을 더욱 부추기게 된다. 금융 시장의 화근을 뿌리뽑지 못하자 오히려 그 해악을 부추기고 촉진제를 투여하는 셈이다. 그러니 국제 금융의 톱니바퀴에 낀 이 '모래알'(베르나르 카생)은 차라리 모든 거래를 원만히 해주는 윤활유라 할 만하다. 상징적인 제재는 실질적인 부추김을 어설프게 은폐할 뿐이다. 따라서 계산된 위험 부담인 투기가 시장 경제 활동의 원동력이 되어 주는 건 아닌지 하는 물음이 제기되기도 한다.[7] 설상가상으로 우리는 아타크가 유로화 창출을 지지하지 않는다는 사실에 놀라게 된다. 유로화는 대상 국가간 일체의 통화 거래를 저지하는 직접적인 효과를 지니고 있는데 말이다.[8]

현대 반자본주의의 모호함. 즉 주변의 투기 성향을 저지하기는커녕 이 성향을 바로잡는다고 뽐내면서 오히려 부추긴다는 사실. 그들은 반자본주의를 표방하면서 도리어 스스로 넘어서고자 하는 것의 논리 속에 머무르게 된다. 거액과 잔돈이 뒤섞인 똑같이 길고 복잡한 계산서, 숫자에 대한 똑같은 집착으로 말이다. 금전적인 이득보다는 국민들의 권리와 존엄성이 우선시되는 '인간 지향의 경제'를 구축하겠다는 아타크 지지자들의 의도를 신뢰할 수는 있다. 하지만 그 계획을 성취하기 위하여 그들은 우선 우리에게 경제학 강의를 하려 든다는 사실을 인정하지 않을 수 없다. 경제에 대한 종속으로부터 인간을 해방시키려 하면 할수록 경제적 접근을 더욱 늘려 나가게 되는 것이다. 그리하여 저명한 경제학자들이 이 학문을 폐지시키라고 요구하는 걸 보게 된다. 어찌 보면 도망자가 탈주를 기도하면서 우선 발에 방아쇠를 당김과 같다고나 할까. 물론 다른 형태의 자원 배분을 제안하기도 한다. 보다 철저한 규제라는, 결코 무시해 버릴 수 없는 제안. 하지만 그렇게 해서 어떻게 '시장을 철폐할 수'(이그나시오 라모네) 있는지는 알수 없다. 세금을 늘리려면 시장이 번성해야 하니 말이다. 짐승을 두고 죽여 없애겠다는 생각과 아낌없이 이득을 취하겠다는 생각 사이에서 영원히 갈등을 겪게 되는 것이다. 그렇다면 토빈세법이 갖는 의미는 뭘까? 혁명의 첫 단계, 아니면 사기가 저하된 군대를 재동원하기 위한 가짜 약? 그것도 아니면 속수무책으로 있느니 뭐라도 하겠다는 의지? 대답은 각자의 몫이다.

불의를 바로잡으려면 자본주의를 "우리가 그 내부에서 행동에 나설 수 있는 체제가 아니라 그 자체에 대해 개입할 수 있는 체제"[9]로 인식해야 한다. "오늘날 사회주의 정치는 자본주의적일 수밖에 없으며, 반대로 보수주의 정부의 정치는 사회주의 색채가 가미될 수밖에 없다"고, 지난 세기 중반에 이미 슘페터가 말한 바 있다. 비판은 불안을 안겨다 주고, 귀찮은 질문을 제기하며, 기득권을 동요시킬 수 있다. 하지만 비판의 대상인 기존 질서와 너무 많은 것을 공유하고 있어 결코 이 질서를 무너뜨릴 수는 없다. 비판은 반박하면서(contre) 바짝 기대 오는 것이다(tout contre). 이의를 제기하면서 **호모 에코노미쿠스**(생산자와 소비자의 위상으로 격하된 인간)의 여러 면모를 달리 표현하는 데 만족하기 때문이다. 그러나 수사학적 미사여구 이면에는 현 체제의 우월성에 대한 암암리의 동의가 들어 있다. 물론 그들은 이 동의에 어떤 빠져 나갈 구멍을 마련해 두고 싶어하지만 말이다. (유럽의 모든 공식적인 좌파 정부가 그렇듯이.)

변명의 문화

소위 말하는 불운한 인간들에 의해 이 땅의 어디선가 잔혹한 행위나 학살이 일어날 때마다 사람들은, 특히 좌파에서는 일종의 주문으로 대응한다. 그들은 그럴 수밖에 없었다라고. 비참한 환경과 제국주의, 굴욕의 상황에서 그들은 그렇게 할 수밖에 없었노라고. 인스턴트 커피라고 할 때처럼 인스턴트 신(新)루소주의라고나 할까. 즉 인간은 선한데 오직 사회가, 특히 자본주의가 나쁠 뿐이라고, 악은 존재하지 않는다, 사악한 환경이 존재할 따름이다라고 말이다. 그렇게 해서 이런저런 대륙에서 자행된 살육 및 모든 범법 행위가 정당화된다. 그리하여 그런 행위의 장본인이 처벌을 받기는커녕 그 행위를 가능케 한 사회 제도가 비난을 받는다. 모든 정신 나간 행동들에는 나름대로의 경제적인 이유가 있는 법이며, 야만적인 행동은 모두 불의에 뿌리를 두고 있다는 것이다. 특별히 비열한 짓, 암살 기도, 테러 행위가 일어날 때마다 우리네 고상한 정신의 소유자들은 어떻게 해야 할지를 묻는다. 그리고 사회 관계를 변화시키라, "시장 경제의 세계화에 저항하라"[10]고 진지하게 답변한다. 그렇게만 된다면 살인자들은 손에 든 칼을 내려놓고, 도살자들이 아이들을 돌보고, 살육자들이 정원사가 될 거라고.

19세기말 법에 정상 참작이라는 게 등장하면서, 각 범죄자의 상황을 고려하여 형벌을 적용하게 되었다. 각종 범죄를 하나의 척도로 처리하지 않고, 범죄자에게도 변화와 사회 복귀의 가능성을 열어두게 된 것이다. 그전에는 도둑이나 범죄자에 대한 무죄 선고는 있을 수 없는 일이었다. 그런데 사면(赦免)의 이데올로기에서는 행위는 단지 징후에 불과하며, 차(茶)에 넣는 설탕처럼 그 행위를 둘러싼 결정론 속에 용해되어 버린다. 암살자, 민병 내원, 성전 수호주의자들은 가난과 착취의 땅에 태어났다는 핑계로 절대 책임을 추궁받지 않는다. 그들은 그 땅의 산물일 따름이니까. 지상에 완전한 정의가 실현되지 않는 한 학대받는 자들은 신이나 종족·계급의 이름으로 항시 살해와 폭력·집단 학살의 유혹을 느끼리라는 것이다. 마찬가지로 국가 안보의 차원에서도 우리는 법의 의미 상실과 외적 요인에 의한 설명을 목격한다. 위법자를 순교자나 재판관 취급하고, 경찰을 사회복지사나 심리학자 취급하는 경향을 목격하는 것이다. 공화국의 기초를 이루는 '모든 이를 위한 동일한 규준'이 각자에 대한 정상 참작이라는 명목으로 철폐되었다.

변명의 문화는 무엇보다 경멸의 문화라 하겠다. 범죄자들의 오욕을 씻어 준다고 믿으면서 실은 그들을 어린아이처럼 만드는 것이다. 그들은 살인자일지 모르지만 그래도 다 같은 자녀들이며, 손댈 수 없는 대천사들이라는 것. 그들의 중죄는 우리에게 책임이 있으며, 우리의 반응은 오직 용서와 우리 자신의 회개뿐이라는 것. 지상의 버림받은 이들이 일으키는 모든 전쟁과 인륜에 거스르는 범죄는 어느 정도 우리 잘못이라는 것. 따라서 우리가 죄를 뉘우쳐야 하며, 부유한 국가에 속해 있다는 사실에 대해 끊임없이 속죄해야 한다는 것이다. 하지만 이런저런 단체나 국민, 국가의 일탈은 그들 자신의 잘못일 수밖에 없으며, 국제 정세나 불공정한 거래, 급진적 자유주의 등등에 책임을 전가할 수는 없는 순간이 닥친다. 그럼에도 불구하고 그들을 무의식적인 희생자나 꼭두각시로, 혹은 초강대국들의 피조물로 간주해 버리면 간단히 그들의 결백을 밝히는 셈이다. 그렇다면 극좌파 역시 가장 보수적인 우파 못지않게 문화적 측면에서 비관주의의 경향을 띤다 하겠다. 그것은 자유를 진작시키기는커녕 개인을 태생의 조건 속에 감금해 버린다. 후자가 개인을 유전 인자나 유산, 피부색이나 성별 속에 가두듯이 말이다. 억압당하는 자들의 친구는 자신이 보호하는 이들에 대하여 상냥한 부성애를 보여 준다. 이렇게 해서 그는 이 사람들이 스스로의 행동에 대해 책임을 지지 않도록 하며, 성숙과 자율성에 도달하지 못하도록 막는다. (설령 그들이 성공을 거둔다 해도 이 성공을 인정해 주지도 않을 것이다.) 요컨대 그는 더 이상 관여치 않겠다는 것이다. 그 자신이 이 독재자들이나 이 광적인 게릴라들의 폭력의 희생물이 될 가능성은 희박하므로 그는 제3세계와 아프가니스탄·르완다·팔레스타인 사람들을, 자신의 기벽들을 쉴새없이 휘두르기 위한 도구로 이용한다. 서구는 썩었고, 민주주의는 부패했으며, 자본주의는 비열하다고 외치면서.

결렬의 환상

앞서 말했듯이 반자본주의 투쟁은 양편이 모두 같은 말을 한다는 게 특징이다. 예전의 공산주의자들이 오늘에 이르러 대기업의 우두머리, 혹은 경영자의 직책을 떠맡고 있음은 어찌된 일인가? 프롤레타리아 윤리의 배반, 아니면 출세제일주의, 변절…… 이런 이유일까? 그럴 수도 있겠지만 그게 다는 아니다. 마르크스-레닌주의에서 신자유주의로 건너오면서 그들이 이데올로기를 바꾸거나 한 건 아니다. 그들은 여전히 마르크스주의에서 말하는 경제 구조를 숭상하며, 생산 관계라는 절대 진리로 세상을 구원할 수 있다고 굳게 믿는다. 두 경우 모두 경제는 섬김의 위치에 있지 않고 숙명적인 무엇이다. 경제는 자신의 예언자·실력자·대제사장, 또 이단자까지 두었으며, 이들 모두 그에게 동일한 숭배를 바친다. 시장을 짓밟고 그 가면을 벗겨내기 위해 노심초사하는 이들은 하나같이 환상에서 깨어난 신자들처럼——상대를 쓰러뜨리는 대신 신성 모독을 가하는——행동한다. 남미의 두 소설가 가브리엘 가르시아 마르케즈와 바르가스 요사의 경우를 보도록 하자. 한쪽은 카스트로의 독재와 민간 게릴라를 지지하며, 다른 한쪽은 최근 들어 분명한 자유주의 노선으로 전향했다. (예전에 그 자신이 공산주의자였다는 사실이 우연의 일치는 아니다.) 역사적인 물질주의 대 시장 경제의 섭리주의. 유사한 역사주의(역사의 법칙이 인간의 진리를 설명할 수 있다는 학설)의 아주 재치 넘치는 두 버전이다. 바르가스 요사로 말하면 진정한 민주주의자이지만 말이다. 따라서 진보와 더불어 작은 책방들이 문을 닫고 지원금으로 유지되는 영화관이나 소극장들이 사라질 수밖에 없다는 사실을, 그는 씁쓸한 미소를 지으며 수긍한다.

결국 우리는 이상한 원 안에 갇혀 있다. 자본주의가 말로 비난을 받으면 받을수록 실제로는 더욱 찬미받는다는 사실이다. 그 반대자들은 자신들이 존재한다고 믿으며, 이 점을 확신까지 하는 엄청난 순진성을 범한다. 이것이 자본주의의 크나큰 속임수다. 그들이 아무리 야유를 퍼붓고 혐오해 보아야 자본주의는 모두가 그 안에서 숨을 쉬는 '특별한 영기(靈氣)'로 남는다. 자본은 빈사 상태라 여겨지는 바로 거기서 재로부터 다시 태어나며, 두 세기 동안 임박한 죽음을 예고받아 왔으면서도 여전히 살아 있다. (모든 역사적 산물들과 마찬가지로 그것도 언젠가는 끝날 날이 있겠지만.) 시장 경제 체제에서 비판은 협력일 수밖에 없다. (영국인들이 그들의 반대자들을 두고 말하듯이.) 비판은 절대로 필요한 무엇이다. 이 체제도 마음대로 하도록 내버려두면 심연으로 치달을 테니 말이다. 이 체제에도 어떤 내재적 지혜가 있어 자체의 탐욕을 완화하리라는 믿음은 순진한 낙관이다. 그러나 스스로 불러일으킨 질책이 그것으로 하여금 자신을 극복하도록 하며, 가장 강력한 지탱물이 되어 준다. 요컨대 이 체제는 유도 선수처럼 적의 에너지를 자기 편에 유리하게 돌려 놓고 모순되고도 실용적인 방법으로 발전되어 나간다. 절대로 변치 않는 감탄할 만한 진리라고나 할까. 그것은 순응적인 사도보다는 영리한 라이벌이 낫다는, 널리 알려진 격언을 확증해 준다. **자본주의가 수 세기 동안이나 살아남은 건 그 지지자들뿐 아니라 적들에게 힘입은 바가 크다.**

우리 사회가 자신의 취약성을 깨달으면서 주변에 소수의 사상가 및 직업적인 선동가들을 애써 유지함도 그 때문이다. 이 사회를 비방하기로 되어 있는 자들, 즉 이 사회를 공격함으로써 재구축할 운명을 담당한 자들이라 하겠다. 그들은 이 체제를 지도상에서 말살시키기 원하면서 자신들의 의지와는 반대로 그것을 부활시키는 자들이다. 바로 이들의 교육 대상이 되기를 자청하지 않는다면, 이 체제는 자체의 승리로 말미암아 소멸할 수도 있을 것이다. 그렇다면 공산주의가 자본주의를 '구했음'이——비록 자본주의를 이길 뻔한 적도 있었지만——확실하다. 자본주의의 자리에 희화적인 모조품을 구축하는가 하면, 아픈 곳을 찔러댐으로써 자본주의에 놀라운 자생력을 부추김으로써 말이다. 이 반(反)모델이 자본주의에 가했던 위협의 종말은 이 반모델의 이완과 불평등의 회귀와도 일치한다. 그러므로 다양한 반세계화 운동은 어쩌면 향후의 자본주의를 조망해 주는지도 모른다. (이 말에는 어떤 경멸적인 의도도 들어 있지 않다.) 설령 그들이 제시하는 해결책을 우리가 받아들이지 않는다 해도 그들은 옳았고, 또 아무도 간파하지 못한 약점들을 찾아낸 게 사실이다. 하지만 그들의 경고가 무게 있게 다가오려면 세계적인 엘리트들 중에 아주 고결한 정신을 지닌 진정한 개혁자들이 존재하여 혼란에 빠진 여론을 이해하고 현 정치의 흐름을 바꿔 놓을 수 있어야 한다.[11]

이렇게 볼 때 최근에 열린 심포지엄들은 시사하는 바가 크다. 이들 심포지엄에 모인 은행가, 기업가, 결정권을 가진 자들이 예전의 거만함을 버리고 그들의 반대자들처럼 말하기 시작한 것이다. 선·후진국의 차이, 숫자상의 엄청난 격차, 빈곤 퇴치 등등. 2001년 2월 미국의 백만장자들이 조지 부시 대통령에게 올린 청원 역시 의미심장하다 못해 비장하기까지 하다. 사회의 위계 질서와 능력주의에 빗장이 걸릴 것을 우려한 그들은 상속세를 폐지시키지 않도록 촉구한 것이다. 자신의 신분을 보증받고 '살인자와 약탈자의 입장을 공공연히 포기하는'[12] 자본주의 질서의 천박한 술책일까? 어쩌면 그럴지도 모른다. 하지만 자본주의는 늘 그런 식으로 처신해 왔다. 비판을 취해 유익으로 삼고, 협조와 투명성이라는 옷을 걸치고서.[13] 자본주의의 악의 치유책은 자본주의 내부에서 찾아진다고 한다면, 이 악을 깨닫는 건 반대자들 덕분이다. 그러니 자본주의는 자신에게 암초를 경고해 주고, 난파를 면하도록 해주는 이들 망보기에 감사할 수밖에 없다. 대폭발을 불러올 메시아를 고대하는 미성년자들에 대해서가 아니라면, 비판의 소리를 전면 차단하는 게 대수는 아니다. 덕분에 올바른 길로, 즉 전체의 이익과 가장 헐벗은 자들의 운명의 개선으로 나아간다면 말이다.

결국 어떤 사회 계층도 철저히 이기적인 방식으로 처신하는 한 권력을 유지할 수 없노라는 원칙을 상기시켜야 한다. 지배층이 권좌에서 쫓겨나지 않으려면 다른 계층과 화해하는 게 이롭다는 말이다.[14] 역사가 '귀족들의 무덤'(파레토)이라면, 그건 고집과 무분별로 사멸한 자들이 많기 때문이다. 오늘날의 반자본주의 역시 오직 그런 용도로 쓰인다면, 그래서 자체의 환상 속에서 경직되고 마비된 제도를 깨어나게 한다면 그리 무용하지는 않을 것이다. 그것은 어쩌면 믿을 만한 허구로 자리잡기 위해, 또 진정한 대안들을 내놓기 위해 애쓰고 있는지 모른다. 아니면 적어도 합목적성의 물음을 다시 끌어들여 견제 세력이라는 한 가지 소임만은 다하고 있다. 그것은 좌파 성향의 상투어들만 늘어놓는 게 아니라 정의를 우려하며, 대중의 토론을 활성화시키기도 한다. 또 시민 한 사람 한 사람을 집단을 대표하는 지성인——현재의 미로 속에서 나아갈 방향을 모색하는——으로 만든다. 오늘날 젊은 세대는 지구에 대한 아주 미미한 공격조차도 그들 개인에 대한 공격으로 간주함으로써 푸리에의 천재적인 직관(우주와 인간을 한 몸체로 보아, 이 둘은 동일한 기쁨과 고통의 전율이 스치는 같은 피부라고 한)을 되찾고 있다. 그렇다면 현재의 반자본주의는 무엇보다 젊은 세대들의 이 **세계 감수성**을 드러낸다고도 할 수 있다.

영원한 결산

패자가 승자인 이 경기에서 극좌파가 지겨운 되풀이와 원한의 감정 사이에서 동요하지만 않는다면 모순되게도 위대함을 증명하게 된다. 극좌파의 연설은 대부분의 경우 주문을 외는 듯하며, 그들의 제안은 극단적이고, 실행 방식은 당파적일 뿐 아니라 전제적이기까지 하다. 그렇긴 해도 그들은 명백히 촉진제의 역할을 담당하며, 새로운 권리와 삶의 새로운 실천 양식이라는 형태로 해방을 요구한다. 그들의 힘, 현기증나는 힘은 늘 현실을 무시한 채 가능성을 두고 내기를 건다는 점이다. 그런가 하면 그들의 모순된 불안정성은, 적을 처치한다고 믿는 순간에 적에게 생명을 되돌려 준다. 콜럼버스가 신세계를 발견하고 지상의 낙원을 되찾았다고 믿었던 것처럼, 그들 역시 예기치 못한 바를 실현하고 성공을 거두기 위해선 실패할 필요가 있다.[15] 사실 그들은 불가피하게 흡수될 운명에 있지만, 그래도 강력한 요구 사항들을 통해 기존 질서의 미래상을 제시함이 그들의 몫이다. 70년대에 빗발쳤던 '기업주들의 국가'에 대한 비난 덕택에 10년 뒤 자유주의 진영에서 사기업화가 훌륭히 달성될 수 있었듯이,[16] 그들도 새로운 급진적 의견들을 제시하거나 불법 거주자나 집 없는 사람들을 옹호함으로써 오히려 자신들이 혐오하는 이 자유주의가 활짝 피어나게끔 한다.[17] 아닌 게 아니라 좌파 중의 좌파가 과거에 그들이 비방하던 국가 제도를 안간힘을 다해 방어하는 모습을 보면 놀라지 않을 수 없다. 그들은 보다 강력한 국가 주도의 계획 경제를 요구하는가 하면, 이른바 과거의 혼합 경제를 옹호하기까지 하는 것이다. 이 냉정한 괴물은 과거의 역겨운 태도를 벗어던지고, 이제 전혀 해롭지 않은 무엇이 되었다. (대개의 경우 '반세계화' 역시 보호주의의 유혹과 세계주의 신념 사이에서 갈등을 겪는가 하면, 또 경제 안정의 필요성과 공공 안전 정책에 대한 거부 사이에서 갈팡댄다.) 상황주의 논리 역시 "지금 당장에 모든 것을" 혹은 "빈 시간 없이 즐기고 구속 없이 살자"고 외치며 모든 영역으로 적용 범위를 넓히고자 하면서 저도 모르게 시장 경제의 영역에 설득력을 부여한다. **의도는 절대 자유를 지향했지만 결과는 광고가 되어 버린 것이다.** 즉 우리가 리비도보다 더 많이 해방시킨 건 무제한의 구매욕과 모든 재화를 마구잡이로 갈취하려는 욕망이라는 것. 우리는 자신의 욕구를 자랑스럽게 드러내 보이는 자유로운 남녀 군상을 만들어 낸다고 믿었지만, 실제로는 나이를 막론하고 "나는 원한다, 나는 요구한다"고 외치는 왕(王)인 고객, 소비자의 전형을 일반화시켰을 따름이다. 쇼 비즈니스 사회에 대한 드보르(프랑스의 영화 감독·에세이스트)의 분석——그 자체로서 이미 미심쩍은——을 TV 채널들은 오히려 가장 그럴듯한 구실로 삼아 그의 선언에서 톡톡히 재미를 본다. 대체적으로 신자본주의는 일찍이 우리를 해방시켜 주리라 여겨졌던 슬로건들(자율·유동성·기동성)로 우리를 억압해 온다. 이것들은 잔인한 방식으로 우리에게 반격을 가해 오는 것이다.

'혁명가들'이 경악하는 사실이 있다. 즉 스스로를 부르주아지의 묘혈을 파는 인부라 믿었던 그들이 부르주아지의 전령이 된 것이다. 백지 상태, 단절[18]의 개념에 매료된 경영진의 어휘에는 마오쩌둥과 트로츠키의 사상이 들어 있다. 부이그나 라가르데르 그룹이 공산당 기관지 《위마니테》를 살리기 위해 투자를 한다면, 그건 역사가 나름대로 이들 모두에게 술책을 걸었기 때문이다. 항의자와 고객 개척자가 일치했다고나 할까. 사실 시장을 개혁·저지·개선하기 위한 수많은 제안이 있으며, 대치를 위한 제안도 한둘이 아니다. 연대 책임의 경제, 3차 산업, 시장사회주의, 경영 참여, 노동자 자주 관리 등. 그러나 이 모두는 자본주의에 대한 총체적인 대안이라기보다는 자본주의 내부에서의 대안들이다. 차리리 대안은 이제 비판 자체에(경기 규칙들을 개선하면서 준수하기 위한 우회의 방법이자 안전판이기도 한) 존재한다. **부정은 긍정의 순간이기도 한 것이다.** 마찬가지로 우리는 자본주의에 불복하면서만 복종한다.

코르넬리우스 카스토리아디스는, 로자 룩셈부르크의 "모든 국민이 이해한다면 자본주의 체제는 24시간도 유지되지 못할 것이다"라는 말을 즐겨 인용했다. 공공연한 선전에 세뇌당해 자신의 불행을 보지 못하는 국민을 묘사한 낡은 상투어. 하지만 진실은 전혀 다르다. 즉 시장 경제가 그 가혹한 특성에도 불구하고 유지되는 건 그 제약들을 이미 내면화시킨 대다수 국민의 지지가 있기 때문이라는 사실이다. 사람들이 시장 경제를 기정 사실로 받아들임은, 진창에 빠져 악마와 머리를 맞대고 있는 극좌파와 마찬가지로 그것에 대해 앙갚음할 생각이 없기 때문이다. 요컨대 사람들에게 문제의 본질은 다른 데 있다. 그들은 열정도 원한도 없이 시장 경제를 최소의 악으로 받아들이는 것이다. 그에 대한 승인이나 비난의 정도는 각 사회와 문화에 따라 다르다. 가톨릭에다 사회주의 성향을 띤 유서 깊은 전원(田園)의 국민 프랑스인들. 그들에게 권력을 한 치도 양보하지 않으려는 전능한 국가로 인해 미성숙한 상태에 머물게 된 프랑스인들. 이들은 이 경제 구조와 파란만장한 관계를 유지한다. 그러나 이 경제 구조가 문제로 부각된다 해도, 그건 이 구조를 완전히 전복시키자는 게 아니라 부분적인 변화를 꾀하기 위해서다.

소위 말하는 개발도상국들이 세계 경제 체제에 당연한 저항을 해오는 것은, 이 체제를 파괴하기 위해서라기보다는 그 안으로 더 잘 편입되기 위해서다. 노사 갈등이 완화되리라는 믿음도 잘못이다. 피고용자들과 봉급생활자들이 일체의 환상에서 깨어나 오로지 제일 좋은 몫을 차지하고자 한다면, 이 갈등은 더한층 격화될 것이다. 이는 존엄성의 문제일지 모르지만, 어쩌면 크고 작은 금전상의 문제기도 하다. '전세계적인 봉기'의 꿈과는 턱없이 거리가 먼. 그런 꿈을 꾸는 사람들이 있다면 길을 잘못 들어선 것이다. 그러므로 토론의 기조를 바꾸고 세계화에 대한 쓸데없는 논의일랑 집어치워야 한다. 세계화가 좋은지 나쁜지 따지는 건 어리석은 질문이다. 이런 논쟁들은 아무 설득력도 갖지 못한 채 더러운 식기들처럼 개수대 양쪽에 쌓여 갈 뿐이다.[19] **우리가 벗어나야 하는 건 자본주의가 아니라 경제만능주의다.** 그런데 경제만능주의는 여러 얼굴을 지녀, 시장에 대한 광신적인 신봉자나 비난자의 모습을 하고 있다. 하지만 이들은 동일한 헌신의 그물에 걸려 얽혀 있는, 서로 적인 형제들이다.

제Ⅱ부
시장 경제의 새로운 메시아니즘

제6장

되풀이되는 과오

"2주 동안 나는 방에 들어박혀 당시 유행하던 책들을 읽었다. (…) 말하자면 24시간 이내로 사람들을 행복하고 지혜롭고 부유하게 만들어 주는 기술을 다룬 책들이었다. 나는 이 모든 신통찮은 역작들을 이렇게 해서 소화시켰다. (아니, 집어삼켰다고 해도 좋으리라.) 공공의 행복을 기도하는 자들, 혹은 모든 가난한 사람들에게 노예가 되라고 충고하고, 그들 모두가 권좌에서 쫓겨난 왕임을 납득시키려는 자들이 쓴 책들을."

샤를 보들레르, 《파리의 우울》

"시장은 너무도 완전해서 사람들이 완전해야 할 필요조차 느끼지 않는다."

존 메이너드 케인스(1883-1946)

베를린 장벽의 붕괴는 예기치 못한 이중의 부활을 동시에 초래하였다. 즉 철저한 반자본주의의 부활과 약 10년 앞서 시작된 '유토피아적 자본주의'(피에르 로장발롱)의 부활. 프랑스 및 기타 다른 곳에서 자유주의라는 말이 사용될 때, 거기에는 경멸적인 의미가 함축되어 있음을 우리는 이미 보았다. 프랑스에서는 국가가 중대한 경제 주체로 남아 있는 만큼 사정은 한층 묘하다. 그러나 이런 이름의 낙인이 찍힌 이론이라 해서 한낱 자유 기업을 빛내고 옹호하기 위한 수단쯤으로 축소될 수는 없다. 오히려 그것은 일부 자유주의 열성분자들이 마음껏 늘어나게 한 상투어들보다 무한히 더 풍요로운 역사를 갖는다.

기적 혹은 조심성

한마디로 말해 자유주의는 절대 군주제와 광신주의에 대항한 투쟁에서 생겨났다. 앙시앵 레짐 말기의 인간은 점차 자신을 법의 기반으로서 신과 전통의 자리에 두게 된 것이다. 이처럼 철저한 개인주의에 기초한 이 자유주의는 권력이나 민중 주권의 한계에 대한 반성과 불가분의 관계에 있다. 또한 여러 자유의 평화로운 공존을 보증하기 위한 수단이 되는 법과 정의에 대한 반성과도 밀접한 관계를 갖는다. 홉스·로크·몽테스키외·칸트·토크빌 같은 이름들이 빛을 발하는, 한없이 풍성한 이 철학적 기반 위에서 시장(그 성장을 돕는 이들에게 혜택을 베풀게끔 되어 있는 '덧없는 신')에 대한 새롭고도 불가사의한 질문이 생겨난다. 일부에서는 시장을 여러 제도나 적절한 공공 생활과 연결지으면서 그 분명한 장점을 인정한다. 그런가 하면 또 다른 일부에서는 그것을 우러러 받들며 마술적인 미덕을 부여하기조차 한다. 실제로 시장은 모든 종족, 모든 신조와 양립 가능하고, 회교도든 유생이든 루터교 신자든 누구에게나 설득력을 지니며, 모든 언어와 신앙을 왜곡하고, 모든 이가 공유하는 기호와 습관을 만들어 놓는다.[1] 그런데 '개인의 환락'(뱅자맹 콩스탕)이라는 배타적인 질서로 들어가기 위해 정치적인 영역을 무시하는 현대인들의 경향을 전자가 우려한다면, 후자는 이해 관계와 도덕·정의를 화해시키는 숭고한 역할을 거래에 부여한다. 몽테스키외의 말대로 거래가 관습을 순화하기 때문이다. 거래는 사람들이 사회를 형성하고 평화로운 관계──금전욕과 이득이 명예와 미신보다 우선시되는──를 맺지 않을 수 없도록 하는 것이다. '보이지 않는 손'(애덤 스미스)의 개념이 그 과정을 완성하면서, 상업적인 거래를 좋은 사회를 만드는 주역이 되도록 할 것이다. 만데빌레의 《꿀벌의 우화》(1714)에서처럼. (이 우화에서는 개인의 악덕이 집단의 선에 기여하는가 하면 탐욕스런 행위에 이타적 차원을 부여한다.) "돈을 버는 데 시간을 쓰는 것보다 시간을 보내는 더 순진한 방법은 없다"고, 18세기에 존슨 박사라는 사람이 말한 바 있다.[2] 애덤 스미스 역시 한 유명한 문구를 통해 이 철학을 우아한 자신의 언어로 표현해 놓았다.

"인간은 늘 다른 사람들의 도움을 필요로 한다. 그러나 그들의 너그러운 마음만 믿고 그런 도움을 기대한다면 헛일이다. 대신 그들 개인의 이해 관계에 호소한다면 성공할 확률이 훨씬 높아질 것이다. 그들이 해주기 바라는 일을 그들 스스로가 자신에게 유리하다고 판단해야 한다면 말이다. 타인에게 어떤 거래를 제안하는 사람도 그렇게 한다. 즉 제게 필요한 걸 주십시오, 그러면 당신이 필요한 걸 제게서 얻을 수 있을 겁니다라는 게 제안의 골자다. 우리가 필요로 하는 대부분의 정성이 이런 식으로 얻어진다. 우리가 식탁에서 기대하는 건 정육점 주인이나 맥주 상인, 빵 가게 주인의 너그러운 마음이 아니라, 그들이 자신들의 이득을 위해 기울인 수고다. 우리는 그들의 인정이 아니라 에고이즘에 호소한다. 그들에게 우리가 필요한 것들에 대해 말하는 대신 늘 그들이 얻게 될 이득에 대해 말하는 것이다."[3]

의심의 여지없이 기독교에서 유래한——의인은 회개한 죄인에 불과하며, 악이 선으로 동화 변형된다는——이 신조는 또한 겸허의 고백이기도 하다. 그것은 인간 행위에 필히 수반되기 마련인 모호함이 분명한 결과로 나타나기까지 판단을 뒤로 미루는, 일종의 '연기된 투명성'이기 때문이다. 결국 개개인의 무질서한 행위들로부터 모두에게 유익한, 해독 가능한 질서가 생겨나는 것이다. 거기에 어떤 방해물이, 특히 국가의 간섭이 끼어들지 않는다면 말이다. 우선 경제가 도덕과 정치로부터 해방되어야 했다면, 그건 경제가 더 나은 대체물이 되고 어마어마한 총체적인 과업을 짊어지기 위해서일 것이다. 그러면서 경제는 점차 종교와 경합을 벌인다. 경제는 부를 늘릴 뿐만 아니라 인간의 열정을 집약하여 문화로 전환시킨다. 신앙이 온갖 기치를 내걸고 오로지 악화시키기만 하는 이 열정을. 유럽이 허다한 국내외 전쟁으로 고통받는 시기에, 경제는 '사회 몰락 예고'(알베르트 O. 히르슈만)의 임무를 떠맡은 새로운 행동 규범이 되었다. 이제 그것은 구원의 이론으로, '이유 없는 과정'으로 변모되었다. 행위의 당사자들도 모르는 사이에 그들에게 이익이 되도록——때론 그들 가운데 일부를 만신창이로 만들어 놓기도 하지만——자리잡게 된 과정. 헤겔이 말했듯이 인간 역사는 나중에 진리로 화한, 그들이 저지른 오류의 역사다. 사람들이 감행하는 복잡한 시도들로부터 언제나 희망의 무엇이 나온다. 우리의 가장 비참한 고통 속에서도 보이지 않는 자비가 활동하고 있는 것이다. 아무도 원하지 않았으나 각자에 의해 창출된 이 질서는 두 가지 기능을 완수한다. 필요물의 분배와 정보의 배포(하예크)라는. 그리하여 평화와 잠재력의 진작이 가능해진다.

비극 없는 꿈

자유주의는 얼마 안 가 두 주요 경향으로 나뉘게 된다.[4] 첫번째 경향은 국가를 야경꾼으로, 정부를 잠정적인 악으로 축소시킨다. 그런가 하면 두번째 경향은 시민의 권리와 사회적 권리를 발전의 원칙으로서 옹호하게 된다. 여기서 정치는 여러 분쟁을 중재하기 위해, 또 늘 미완성으로 남는 역사에 뛰어들기 위해 없어서는 안 될 투기장이 된다. 그런데 70년대말——공산주의가 임종의 순간을 맞을 수밖에 없었던 시기——에 다시 성행하여 자본주의를 모더니티의 마지막 보루로 만든 건 첫번째 경향이다. 70년간에 걸친 권위적인 계획 경제에 대한 찬란한 승리가 아닐 수 없다. 밀턴 프리드먼[5]의 조언을 듣게 된 고르바초프, 혹은 증권 시장으로 개조된 바르샤바의 폴란드 공산당 본부가 그 대표적인 상징이다. 이미 진리는 계시된 것 같으니, 이제 이 진리에 따라 살면 되는 것이다. 그리하여 소위 신자유주의라 불리는, 그저 이름만 새로운 논리가 등장한다.[6] 이것은 캘리포니아에서 로널드 레이건과 함께, 또 세금 감면과 행정부의 후퇴를 축으로 한 그의 '보수적인 혁명'과 함께 시작된다. 사동 규제되는 시장(인류의 악을 치유하기 위한 완벽한 구제책으로서)이라는 꿈에 종지부를 찍었던 1929년 대공황 이후의 '대전환'(카를 폴라니)이 중단된 것이기도 하다.[7] 이렇게 해서 20세기에 난무하던 전체주의가 막을 내리고, 신기술로 가속화된 금융 혁명이 일어난다. 복지 국가(Etat-providence)가

과오를 범한 뒤, 후한 시장의 섭리(marché-providence)가 자리잡는다. 편협한 고위 관료들과 공격적인 조합운동가들의 지배를 거친 뒤, 총명한 **비즈니스 엔젤스**(business angels, 새 기업의 창설자들을 과잉 보호하는 힘 있는 후견인들)의 지배가 온 것이다. 루스벨트의 뉴딜 정책이 위기에 몰린 미국 경제를 구출해 일으켜 세운 건 사실이다. 그러나 1929년에 닥친 재난의 원인은 경쟁 체제에 대한 공권력의 간섭 및 과도한 보호주의였다는 게 여러 전문가들의 생각이었다. 마르크스주의자들이 있듯이 신자유주의자들이 있다. 한편으론 매우 존경스런 이 철학의 실질적인 쇠퇴를 우리가 강조할라치면, 그런 쇠퇴는 이 철학의 불완전한 적용에 기인한다고 그들은 설명한다. 국가와 보수주의자들, 반동 세력들이 그 원래의 메시지를 왜곡시켰노라고 말이다. 신자유주의의 이름으로 이루어지는 것들도 실제로는 이 독트린이 지니는 아름다움, 진실과 아무 관계가 없는 것이다. 정통주의자들이 보기에 URSS가 공산주의 이상의 위대함을 전혀 구현하지 못했던 것과 마찬가지로.[8] 요컨대 자유주의는 그 어디서도 총체적으로 실현되지 않고 있으며, 프랑스와 유럽이 겪는 온갖 불행의 원인도 바로 이같은 결핍에서 찾을 수 있다는 것. 이렇게 해서 이중의 오해가 생긴다. 한편에선 자유주의와 자본주의를 혼용하는가 하면, 다른 한편에선 자유주의를 부와 '열의'를 창출하는 상업적인 거래에 대한 변호쯤으로 축소시키는 것이다.(조지 W. 부시)[9] 오늘날까지도 일부에서는 볼셰비즘에 맞서 투쟁하던 중 말려들었던 범주, 즉 경제적 영역으로부터 나오기를 마다한다. 이 대원수가 사라지고 없는 이제 와서 그들은 사회민주주의 및 국가사회주의에 대항한 투쟁을 과거 바르샤바 조약에 맞서 일어났던 전쟁의 연속으로 본다. 이렇게 해서 그들은 소득세를 한물간 것으로, 봉급을 진부한 무엇으로 간주하고, 조합을 구닥다리 취급하며, 사회보장 제도와 공익 사업조차도 우스꽝스런 무엇으로 본다. 그 중에서도 열광자들은 '시장의'라는 속격을 갖다 붙이기만 하면 만사가 해결된다고 믿는다. 그들은 '시장의 생태학'을 외치며 산과 바다·숲, 심지어 우주 공간마저도 민영화하도록 권장한다. 어떤 이들은 달과 화성·토성의 정복자로 자처하는가 하면, 생물체와 세포·몸·피·정자, 급기야 민간 의술[10]에조차도 특허를 부여하려고 달려든다. 또 과거의 국가들을 공동 소유주들의 종합 회사쯤으로 축소시켜 놓으려 한다. 한마디로 그들에게 자본주의는 억제할 수 없으며, 끝까지 밀고 나가야 할 무엇이다. "그것은 인간을 점차 창조의 중심, 사회의 복판으로 데려다 놓는 자연 질서와 심오한 일치를 이루기 때문이다"[11]라고 프랑스의 자크 가렐로도 적고 있다. 파스칼 살랭 역시 그와 비슷한 말을 한다. "나는 국민들이 자유주의 사상에 근본적으로 적대적이지는 않다는 느낌을 받는다. 우리 시민들 대부분은 오히려 자발적인 자유주의자라고 할 만하다. 이런 태도는 인간 본성과도 일치하기 때문이다."[12] 그게 사실이라면 자유주의가 그렇게까지 인정받지 못한 채 사방에서 곡해되고 비방받는 이유는 무엇일까? 여기에서 우리는 레몽 아롱의 다음과 같은 경고를 잊고 있다. "일찍이 사람들은 시장이 자연과 일치한다고 판단하면서 거기서 소위 자연 법칙의 결과물을 보았는지 모르지만, 그건 이념의 역사 속에서 한 돌발 사건에 불과하다. (…) 불가피한 노화로 귀결될 수밖에 없는 한 시대의 특징 (…) 자유주의는 종종 자연의 법칙으로 왜곡되지만, 자유주의가 개화하려면 정치 예술 및 보다 고차원적인 예술이 반드시 함께해야 한다."[13]

그런데 이 '신자유주의' 사상 속에는 의혹이나 신비의 여지가 없다. 이 사상은 인생의 부침(浮沈)에 대한 **해결**의 실마리를 쥐고 있는 만큼 심연의 가장자리에서 느끼는 현기증도 없다. 그것은 알고 있으며, 이 앎으로 강건해져서 더 이상 어떤 불안감을 느끼거나 하지도 않는다. (이 사실을 확인하려면 이 경향의 성서라 할 만한 영국의 탁월한 주간지 《에코노미스트》를 읽어보는 걸로 족하다.) 시장에 대한 지지도 전면적일 수밖에 없다. 시장은 우리의 자유와 기호에 너무도 잘 부합되는 체제인데다 공정함과 풍요로움까지 선사하기 때문이다. 우리가 유보 없이 그 속으로 뛰어들기만 한다면 말이다. 살균된 우주, 이 놀라운 아르카디아에는 세계의 고통들이 존재하지 않는다. 훌륭한 '통치법'이 정의와 효율성을 짝 짓고, 온갖 갈망을 해소시켜 줄 수 있으니까. 국가를 개인들의 집합체로, 인간을 일종의 현대의 로빈슨 크루소로 축소시키는 비극 없는 꿈이랄까. 여기서 인간은 언제나 이성적이며, 자신의 이득을 따지고, 끊임없이 자신의 가능성을 극대화하면서 스스로의 '행복'을 꾸려 나가도록 되어 있다.[14] 그렇게 되면 자유주의는 사회를 경제 주체들의 집합, 즉 사회적인 것의 부정(롤스의 차갑고 비물질적인 정의(正義)의 개념에서도 찾아지는) 이외의 다른 무엇으로 생각할 수 없다는 어려움이 부각된다.[15]

큰 위로

완벽한 상호 이해주의는 다음과 같이 말한다. 즉 자본주의가 잘못일 수는 없으며, 방해물이 있다면 오직 외부로부터, 정부나 덜 떨어진 지식인들, 하급 공무 책임자들로부터 올 수밖에 없다고. 여기서 우리는 경제 종교의 간접적인 메시아주의에 발을 들여놓게 된다. 과거 역사의 충실한 모든 종복들, 즉 헤겔의 정신, 마르크스의 프롤레타리아, 제3세계, 소수파들에다, 이제 여유 있게 자신의 종복인 구원자 시장을 첨부하게 된. 하지만 이는 묘한 오해가 아닐 수 없다. 원래의 이론을 만들어 냈던 자들의 생각에 시장은 무오성(無誤性)의 보증인이라기보다는 불확실한 우리 행동의 열매였기 때문이다. 시장의 정수는 인간의 약점들을 수용한다는 것인데(현대인들은 건물을 낮지만 튼튼하게 지었다고, 레오 슈트라우스는 말했다), 사람들은 그것이 개개인에게는 없는 지혜와 지식을 지녔다고 믿는다. 그렇다면 이 지혜와 지식을 경계하고, 그것들을 제한하는 보호책을 세워두는 게 조심성 있는 태도일 것이다. 무지 속에서 움직이는 행위자들은 무의식적으로 자신들의 요구를 서로에게 맞추게 된다는 하예크의 정보 이론에서 출발해, 이제 시장은 확증의 이론이 되고 있다. 즉 루소의 보편 의지처럼 그것은 언제나 옳으며, 그것에 거슬려서는 그 무엇도 옳다고 할 수 없게 된 것이다. 그것은 법정이며, 이 법정이 내리는 형벌은 아무리 불공정하고 잔인해 보여도 결코 오류일 수는 없게 되었다.

기존 질서에 대한 존중과 자유 의지를 결합시킨 스토아 철학의 우주와도 매우 흡사한 시장 경제의 우주가 존재한다. 사람들은 자신들에게 닥치는 것을 온 마음으로 원하고자 하며, 통찰력은 고집스레 사물들의 이치를 받아들이려 한다. 세상이 의식에 상처를 가해 온다면, 우리는 세상을 바꾸든지 의식을 세상의 리듬에 적응시키든지 양자간에 선택을 해야 한다! 조지 소로스는 투기를 하던 시기에, "시장들은 날마다 투표를 하며 오만한 국가들을 벌한다"고 자신했었다. 그는 시장이 거의 초인적인 명민함과 수수께끼의 진상을 파악하는 지식을 가졌다고 보았던 것이다. 의지와 숙명의 기이한 충돌이랄까. 비록 차이는 나지만 이것은 에픽테토스의 다음 말을 생각나게 한다. "앞으로 닥칠 일이 너의 원대로 닥치도록 바라지 말라. 그보다는 그대로 닥치기를 바라고, 너 자신이 행복하도록 하라." 퍽이나 모호한 생각이다. 거기선 헤겔의 경우처럼 현실이 곧 이성적인 것이 된다.[16] 비벤디 유니버설의 사장 장 마리 메시에는 2천3백만 유로의 자산 외에도 자신의 봉급이 연 1백만 내지 3백50만 유로(세금 공제 전)임을 솔직히 털어놓으며,[17] 자기가 그만한 봉급을 받을 자격이 있는지를 물으면서 주주들에게 답변을 맡긴다. 여기서 당사자가 감행한 모험과 결과를 보상해 주리라 기대되는 돈은 그 개인이 지니는 가치의 심판대이다. 그러므로 우연을 판결로, 우리에게 닥친 요행을 선택의 표징으로 간주하려는 유혹도 크다. 사실은 명약관화한 무엇에 그치는 게 아니라 또한 인정이냐 비난이냐를 포함한다. 따라서 시장을 정의라고 보는 결론과, 아니면 재화의 불공평한 분배, 섭리의 판결로 보는 결론은 그게 그거다. 오늘날 찾아볼 수 있는 '급진적 자유주의'와 보수주의간의 그토록 빈번한 결탁도 이 때문이다. 고로 불평등을 합법화하면서 동시에 금융·기술의 무질서한 모험에 대해 엄한 국가와 완고한 사회 도덕으로 응할 수 있다. 아니면 부시 대통령의 경우처럼 이 모두에 약간의 연민을 곁들일 수도 있겠다. 말하자면 교회에, '믿음의 군대들'에 하청을 한다든지, 가장 헐벗은 자들을 돕는다든지 하여.

이렇게 해서 자본주의는 관습과 관행·신앙 등, 모든 것으로부터 신성을 박탈한다. 여기서 오직 자본주의 자체만이 살아남아, 세상에 대한 여러 주요 해석들이 직면한 회의주의를 피해 간다. **경제 제일주의의 승리. 즉 특정 규범이 총체적인 과학 내지는 다른 모든 규범의 원천으로까지 승격되어 마르크스의 주장처럼 사회·정치·개인 생활 위에 군림하면서, 그 전제에서 출발하여 전우주를 재건하고자 한다.** 따라서 미국의 노벨상 수상자 게리 베

커의 말대로 우리는 이제 경제과학의 제3시대로 들어섰으며, "이것이 인간 행동 전반 및 그와 관련된 결정들에까지 영향을 미친다."[18] 그렇다면 이처럼 경제가 삶의 모든 행위에 연류되어 있다는 사실로부터, 경제야말로 삶의 근본적인 열쇠라는 결론을 이끌어 내야 할 것인가?[19] 경제가 일정한 관점에서 본 총체적인 인간 역사라 해도(페르낭 브로델) 결코 전체적인 개관의 제공자로 요청받은 적은 없었는데 말이다. 그런데 급진적인 주장을 펴는 일부 신자유주의자들은 공산주의의 결점들을 반복하여, 생산 양식에서 출발하여 역사를 재건하겠다는 똑같이 조물주적인 의지를 지닌다. 또한 자체의 진실을 너무도 확신하여 어떤 반론도 용납하지 않고, 일체의 반박을 봉쇄해 버리는 개념과 똑같은 지적 드라마를 연출한다. 그러다가 극단까지 갈 때 이들은 자신들이 표방하는 전통의 파괴자, 다시 말해 위대한 창건자라기에는 어림도 없는 상속자들이 되어 버린다. 어쨌거나 그들이 설령 일부 지도자들의 신임을 아직 받고 있다 해도——프랑스에서는 이 지도자들이 언제나 하찮은 영향력밖에 미칠 수 없었으므로, 말하자면 앵글로색슨 국가들에서——오늘날엔 영향력을 상실하고 말았다. 단순화 경향과 교만으로 죄를 짓고, 인간 사회로부터 일체의 정치적·상징적 차원을 제거해 버렸기 때문이다. 그러나 이런 파국적인 상황에서도 그들은 간단히 무시해 버리기에는 유감스런 신랄한 비판력을 잃지 않고 있다.

가난, 부, 검소함

그저 가난한 자들이 성공했다고 부자인 것은 아니다. 부(富)는 그들을 질적으로 변모시켜 놓으며, 그들 고유의 관습과 집단·언어를 갖는 또 다른 인간성 속으로 밀어넣는다. 이 부는 하나의 삶의 양식, 즉 돈에 품위와 세련됨을 부여하는 양식이다. 부자는 습득되는 것이며, 수학이나 음악처럼 꾸준한 열성을 요구한다. 무조건 많이 소유한다고 되는 게 아니다. 다른 무엇이 되어야 하는 것이다. '상류 사회'로 통합되려면 때론 수 세대가 걸리는데, 반면 빈궁으로 떨어지는 데는 몇 년이면 족하다. 한편 부 사세에 있어시도 시얼과 위계 질서가 존재한다. 어마어마한 부호와 평범한 부자들에 이르기까지. 때문에 부자들은 그들의 서클과 궁전의 높은 담 뒤에서 자신들의 부를 향유하기보다는 자신들의 위상을 지키는 데 더한층 몰두해 있다. 칼뱅주의자들 식대로 말하면 돈은 그들에게 주관적인 구원의 보증물이 되어 준다. 또한 부자들은 자신들이 공감을 끌어내든 분노를 자아내든 하나의 가계 속에 뿌리박고자 한다. 그들의 현 상태는 악착스런 노동의 결실도(돈은 땀방울을 느끼고 싶어하지 않으니까), 행운의 별자리로 말미암은 것도 아니며, 진정한 귀족 조상으로부터 물려받은 것임을 증명하기 위하여.

반면 가난한 자들이 끝없이 가난을 낳는 데에는 일면 비통한 측면이 있다. 빈곤으로 떨어진다는 건 사물들의 지배하에 들어감을 의미한다. 그래서 그것들을 버리지도 낭비하지도 못하며, 다시 깁고 꿰매고 수선하고 한푼 두푼 세어야 함을 의미한다. 굴욕과 장애물이 뒤섞인다. "가난한 자는 자신의 고통에 대해 인색하게 굴 수밖에 없다. 부자는 그것을 완전히 짊어지지만." (보들레르) 그밖에도 가난은 그 무가치성 때문에 더욱더 굴욕적이다. 가난한 자가 과거에는 인류를 구원할 운명을 진 지상의 버림받은 자, 프롤레타리아였다면, 오늘날에는 모든 번영의 물결에 저항한 잔존물에 불과하다. 적빈(赤貧)을 그처럼 고집하다니 비뚤어진 심보가 아니고 무엇인가! 그는 경제 발전에도 불구하고 여전히 궁핍에 머물러 있는 불쌍한 사람, 거추장스런 잔여물이 되어 버렸다. 여러 사회 프로그램과 대(大)기관들이 제거하겠다고 다짐하지만 해가 가도 서로에게 떠맡기기만 하는 쓰레기. 이렇게 해서 사회 문제는 쓰레기 처리 문제, 환경 보호 문제, 잉여 인간 및 잉여 물질 관리와 하나가 된다. 레이건 정부 시대에 미국에서 유행했던 말대로 **가난은 짜증스럽다**.(Poverty sucks) 가난은 우리의 낙관주의가 실패했음을 백일하에 드러내며, 우리를 뒷걸음질치게 하고, 모든 인간이 똑같이 삶의 기쁨을 누리도록 초대받지는 못했으며 절대로 그러지 못할 것임을 우리에게 상기시킨다.

그렇다면 검소함을 기독교 금욕주의의 부활이나, 아니면 진정한 단순함을 되찾겠다는 배부른 자의 식이 요법 이외의 다른 무엇으로 볼 수도 있을까? 세상은 세상을 포기한 자의 것이라고 프란체스코회의 수도자들은 믿었었다. 즉 결핍 속에 풍요가 있고, 공(空) 속에 진정한 넘침이 있다는 것. 아무것도 취하지 않고 아무것도 붙잡지 않는 자가 본질적인 부를 소유한 것이다. 그는 이 부를 손에 넣지 않고도 즐길 수 있으니 말이다. 그러나 이같은 포기는 탐욕의 이면이다. 탐욕이 그 무엇도 거절하지 않겠다고 완강한 태도를 취한다면, 포기 역시 아무것도 선택하지 않기 위해 같은 태도를 취한다. 그렇다면 검소함은 금욕의 음울한 관념으로부터 분리되어야 할 것 같다. 검소함은 감(減)하지 않고 보태기, 존재의 다른 차원들로의 개방이기 때문이다. 다사다망이나 무익한 구속의 덫에 걸리지 않도록 하기. 사회적으로 가치 있다고 여겨지는 허섭스레기들을 떨쳐 버리기. 필요한 것과 필요 이상의 것 사이의 경계를 재조정하기. 대부분의 사람들이 거들떠보지 않는 것에서 호사를 누리고, 대다수가 호사로 여기는 걸 비참으로 보기. 요컨대 스스로 금하기 위한 절제가 아니라, 덜 일반화되어 있는 다른 기쁨들을 늘리기 위한 절제다. 그게 아니라면 검소함은 종교적 청빈의 환경보호주의적 보완물, 혹은 갈색 빵과 물단지의 현대적 변이체, 헨리 데이비드 소로 식의 신(新)전원주의의 희화화, 숲 속에서의 생활을 옹호하는 미국의 루소주의에 지나지 않을 수도 있다. 결국 이 모두가 빈말과 속물 근성에 젖은 모호한 무엇일지도 모른다. 그렇다 해도 각자가 마음속으로 결정할 수 있는 자유를 막지는 못한다. 즉 어떤 사회적 올가미로부터 자신을 지키겠다든지, 어떤 가짜 겉치레를 무시해 버리겠다든지 하는. 우리 시대의 고뇌가 일시적인 고뇌라면, 그건 조만간 닥칠 변화가 우리로서는 상상도 할 수 없는 새로운 부를 가져다 줄 것임을 의미한다. 이 부는 현재의 부를 무효화시키지 않고 다른 장소로 물러나게 할 것이다. 다가올 미래는 오늘날의 화려함과 장중함이 하찮은 애교로 비치도록 할 수도 있을 것이다.

이성의 새로운 간계들

현재 진행중인 반세계화 운동은 자유주의적 가치들을 호되게 공격하면서 다른 한편으론 자본주의 유토피아의 잘못들을 재현하고 있다. 그런가 하면 사회주의가 저질렀던 애초의 실수를 되풀이한다. (사회주의는 생산 제일주의 신조를 부르주아지와 공유했을 뿐 아니라, 산업 이데올로기를 전복시킨다고 믿으면서 실제로는 이 이데올로기의 지배를 확대시켰다.) 인류 공동체에 봉사하도록 길들여진 시장은 절망도 폭력도 없는 세상을 만들 거라는 이 운동의 주장도 같은 맥락에 들어간다. 모든 비참한 양상의 원인이 제거되기만 하면 필연코 에덴이 도래하리라는 생각. 실지로 우리네 적극적 행동주의자들은 시장에 도덕적 성격을 부여하겠다는 희망과, 아니면 새로운 망상의 피로 시장을 물들이고 시장에 정신성을 부여하자는 유혹 사이에서 분열되어 있다. (과거의 공리주의를 비판 없이 그대로 되뇐 부르디외의 '행복의 경제학'[20]처럼.)

이렇게 19세기 무대 장치가 재등장하여, 이 그림자 연극에서 과거의 망령들이 좌충우돌하는 듯싶다. 깨진 화석들을 이어 맞추는 영원한 옛 시나리오가 다시 연출되는 중인지도 모른다. 그러나 이같은 옛것의 회귀에 속지 않도록 하자. **동일한 사상이 돌아와 다른 장소에서 다른 역을 맡고 있는 것이다.** 재미난 들락날락이라고나 할까. 이 새로운 '대안들'은 시장을 비난하면서 시장이 방황하지 않도록 지켜 주는가 하면, 부지불식간에 공고히 만들어 주기까지 한다. 또 신자유주의자들은 비대해진 국가를 비판하면서 어느새 국가를 개혁하고 강화하는 데 힘쓰게 된다. 국가의 속성과 한계를 보다 까다로운 방식으로 재정의하기 위하여. 그렇다고 지난 세기말 거세게 일어났던 '국가 기구의 타당성'에 대한 의문이 공권력의 성장과 발전을 가로막지는 않았다. (앵글로 색슨 국가들을 포함해.) 레이건의 패러독스가 여기에 있다. 세금 감면을 선포하고 '거대 정부'를 반박한 선동가가 영국의 마거릿 대처처럼 행정부에 대한 진정한 숭배 및 자기 개인과 그 직무에 대한 예찬을 확립시킨 것이다. 그는 미국의 활력을 너무도 성공적으로 되살려 놓아——불평등의 골이 더한층 심화되고, 납입 연기된 세금과 맞먹는 엄청난 적자를 초래하면서——정부의 비간섭이라는 자신의 중심 행동 방침을 실천에 옮길 수 없었다.

제6장 되풀이되는 과오

우리가 여기에서 자유주의와 국가의 복잡한 관계를 따지자는 건 아니다.[21] 그렇긴 해도 '보수주의 혁명'의 원칙을 좇았던 어떤 나라에서도 국가의 역할이 축소되지는 않았으며, 오히려 그 반대다. 미국에서나 영국에서나 긴축 정책이 보건·위생에 미친 영향력은 미미했던 반면 실업수당에 있어서는 보다 확연하다.[22] 현대 시민의 가장 눈에 띄는 양면성은, **국가로부터 자신을 지키려 함과 동시에 국가에 의해 보호받으려 한다는 데 있다**. 그는 한편으로 경제에 대한 국가의 간섭 및 창의성을 해치는 모든 관료주의적 번거로움을 비난한다. 또 납세자로서 그는 세무 정책 및 지출 관리에 대한 감독권을 갖고자 한다.(자크 제네뢰) 특히 프랑스에서는 공직상의 어떤 특권이라든지 몇몇 부문의 인기 전술, 혹은 SNCF〔프랑스 국유 철도〕, RATP〔파리 교통 공사〕, Air France〔프랑스 항공〕 같은 주요 운송 분야의 빈번한 파블로프 식 파업[23]에 대해 분개할 수도 있다. 그러나 다른 한편으로 그는 국가를 그의 안전과 시민의 평화를 보장해 주는, 즉 불확실성을 줄여 주는 무엇으로 여길 수도 있다.(피에르 로장발롱) 결국 개인주의는 국가사회주의와 행보를 같이해 온 것이다.(E. 뒤르켐)[24] 공권력에 대해선 요구하는 바가 더 많다. 즉 공권력이 그를 결핍과 위협으로부터 해방시키고, 국가의 연속성과 사회 응집력을 공고히 해주기를, 뿐만 아니라 그를 보살펴 주고 절대로 방치하지 않기를 요구한다. 신자유주의, 이 무미건조한 철학은 안전한 무엇처럼 처신하는 모험이다. 불의의 사태가 닥치기 무섭게 그것은 주저앉아 구원을 청해야 하기 때문이다. 위기시에 이 사실이 잘 드러난다. 항공·금융·농업·보험, 어떤 분야든 어려움에 처하게 될 경우엔 곧바로 국가의 가호를 구하게 되는 것이다. 특히 그 규모가 근본적인 균형을 깨뜨릴 위험이 있을 경우엔 그렇다. 9·11 테러 직후 유럽이나 미국에서 대다수의 기업가들이 공권력——그들이 공개적으로 모욕하는——에 도움을 청하는 모습을 보고는 놀라지 않을 수 없었다. 원칙 따위가 뭐 대수롭단 말인가. 대출금과 지원금이 긴급 조달되었는가 하면, 서둘러 이득을 민영화하고 손실을 공유화하게——그 유명한 표현에 따르면——되었다. '우리를 귀찮게 하지 말고 보살펴 달라'는 슬로건으로 요약될 수 있는 태도라고나 할까.

국가의 간섭이 지나치다고, 아니면 충분치 않다고 하며, 우리는 항시 이 둘 사이에서 흔들린다. (개혁은 전통을 뒤엎고 좌·우파할 것 없이 정치권을 불안하게 만드는 만큼, 프랑스에서는 이 개혁이 지연되고 있긴 하지만.) 또 큰 시련이 닥칠 때마다 우리는 국가가 우리의 운명에 개인적으로 관여해 줄 것을 요구한다. 그러나 시장과의 관계에서처럼 국가와는 평온한 관계를 유지할 수 없다. 우리는 국가에 너무도 많은 모순적인 요구를 해서, 국가가 최소한도의 힘을 행사함과 동시에 편재할 것을, 또 겸손하면서도 효율적이기를, 관대하고도 완고하기를 늘 원한다. 더 이상 국가를 소유자나 경제 주체로 여기지 않고, 조정자·예방자·보호자로서의 역할을 이제 재정립해야 한다면 이 모두는 자유주의적 비판에 힘입고 있다. (하지만 영국에서는 아무 말 않고 철도를 다시 국유화했으며, 국가는 도처에서 대대적인 공사의 책임을 떠맡고 있다.)[25] 이 비판 덕택에 이제는 국가 기관도 보고를 해야 하고, 자신의 무능이나 엄청난 낭비에 맞서 싸워야 하며, 절대적인 어둠 뒤편에 몸을 숨길 수도 없게 되었다. 우리로선 어렴풋이 짐작만 할 수 있는 대작업임에 틀림없다. 이제 국가의 감퇴는 있을 수 없는 일인 만큼 국가는 새로운 미래를 지향하도록 되어 있다.[26] 국가는 더 이상 익명의 차가운 후견인이 아닌 모든 이의 무엇이 점점 되고자 한다. 우리가 그것을 감시하는 만큼 그것도 우리 위에 군림한다. 그것이

지니는 한계나 특권도 이제는 끊임없는 협상의 대상이 되었다. 앞으로 어떤 변화가 닥치든 복지 국가를 내팽개칠 수는 없게 되었다. 복지 국가는 제대로 작동이 될 뿐 아니라 경제적 성취와도 양립 가능하다는 사실을 역사가 증명해 주기 때문이다. 오늘날 누구 할 것 없이 삶의 양식으로서의 원조는 거부하지만 말이다.

반세계화 운동이 시장 경제의 영역을 바로잡는 데 스스로의 역할을 제한할 것인지, 아니면 다른 야심들로 발전되어 나갈 것인지 아직은 알 수 없다. 향수어린 좌파주의의 마지막 한줄기 연기로 속절없이 사라져 버리지는 않는다는 전제하에 말이다. 68년 학생 운동이 급진적 볼셰비즘을 표명함으로써 결과적으로 공산주의 초자아(좌파를 압박했던)에 종지부를 찍게 했듯이, 오늘날의 전투적인 반세계화 운동도 생산 제일주의라는 강박관념의 죽음을 예고하는지도 모른다. 하지만 아직은 그런 도상에 나서지 않았으며, 정신적인 차원을 끔찍이도 결하고 있다.

제7장

개인과 시장의 혼인

"오늘부터 당신은 상표다. 나이키, 코카 콜라, 펩시, 혹은 보디숍처럼 당신도 똑같은 상표다. (…) 당신이 맨 먼저 해야 할 일은 당신이라는 상표를 파는 최고의 판매원이 되는 것이다."
톰 피터, 경영 고문. 로버트 라이히의
《완전한 미래》에서 인용.

"영원한 기쁨, 그리고 그 기쁨의 시장 가격."
존 러스킨, 《예술의 정치경제학》(1857)

우리는 본질적인 것의 대변혁을 상상해 볼 수 있다. 개인주의와 풍요가 우리의 기본 가치이기를 그치고, 차세기에는 전대미문의 전율, 새로운 신앙의 지평이 떠오를지도 모르는 일이다. 자본주의에서 '벗어나려면' 개인을 집단에 예속시키고, 시장을 다른 종교 · 정치 · 공동체의 질서에 종속시켜야 하리라. 캄보디아 · 알바니아 · 쿠바에서처럼 비루한 돈과 개인 재산을 폐지하는 꿈을 꿀 수도 있겠다. 그렇게 되면 국가에 대한 밀착된 종속의 관계가 다시 만들어지고, 궁핍이 골칫거리로 남을 수도 있겠지만 말이다. 그러나 수많은 작은 국가들이 자급자족 체제를 포기하고 세계 무역에 뛰어들고자 하는 시기에, 이같은 전향은 후퇴라 할 만하다. 어떤 변화가 일어나야 한다면 이미 획득된 것들에서 출발해야지 그것들을 거스르려 해서는 안 된다. 그것들을 넘어서려면 우선 그것들이 지닌 최상의 것을 보존해야 한다.

변절, 혹은 파괴?

여기저기서 대대적인 배신의 행위들이 일어나고 있음이 사실이다. 예를 들면 주 35시간 근무제가 실시되는 프랑스의 봉급생활자들은 소득 증가보다는 자유 시간을 알차게 보내고 싶어한다. 또 점점 많은 시민들이 광고나 어리석은 선전 문구들로부터 자신을 지키려 한다. 일본의 'freeters'(영어의 free와 독일어의 arbeiter를 합한)는 노동을 하찮은 상품쯤으로 여겨 이 일 저 일을 전전한다. 더 많은 시민들이 자동차의 횡포를 문제삼는다. 그리고 '진정한 삶'은 물질과 돈이 주는 한없는 이점과 동일하다는 데 반대를 제기하는 목소리가 전세계적으로 고조되고 있다. 그것은 지난 수 세기가 우리에게 물려 준 최상의 가치인 통찰력과 지혜를 바탕으로 한 삶의 기술을 터득하도록 촉구한다. 소비자들은 인간 존재 위에 군림하려는 상표와 그 횡포에 반기를 든다. 월스트리트의 실력자인 한 금융분석가는 교활함과 선동적 의도가 뒤섞인 목소리로 자신의 독자들에게 "무일푼이 되어 죽으라"[1]고 권한다. 즉 신용 카드를 찢어발기고, 유산을 물리치며, 그들 기업에 대한 헌신을 비웃어 버리고, 은퇴를 거부하며, 무엇보다 검소함을 실천할 것을. 검소함이야말로 엄청난 지출이나 쓸데없는 구매에 저항하는 21세기의 새로운 이상이기 때문이다.

수많은 행동들이 체제의 자명한 이치들 앞에서의 각성을 증명해 준다. 그렇다고 오해가 있어서는 안 된다. 탈피가 파괴를 의미하지는 않으니까. 그것은 전복이 아니라 제동을 거는 전략이다. 시장 경제의 범람을 용납하지 못한다고 시장 경제를 싸잡아 거부할 수는 없다. 사실 우리는 사람들이 해놓고 지키지 않은 약속을 대며, 민주주의나 자본주의에 의문을 제기한다. 그리고 그들의 말과 행동이 일치하지 않는 걸 보며 가슴 아파한다. 우리는 성장 열매의 보다 공정한 분배와 더 품위 있는 사회, 생태학적 균형에 대한 존중을 요구하며, 가난한 나라들의 수출에 대해 부유한 나라들이 보호주의의 장벽을 세우지 말기를, 지속적인 발전이 이루어지기를 요구한다. 즉 시장으로부터 모든 유감스런 결과들이 배제된 이득만을 원하는 것이다. 다시 말해 자본주의를 경제적 논리(진지한 완충제들을 갖춘)로 받아들이면서 문명으로서의 자본주의와는 거리를 두고 싶어하는데, 이는 우리가 좀처럼 떨쳐 버리지 못하는 엄청난 모순이다. 그러기에 시장 경제는 받아들이지만 시장 경제가 판치는 사회는 받아들일 수 없다고 한 자키 라이디의 말(리오넬 조스팽이 재환기시킨)은, 문제를 규명해 줌과 동시에 애매한 점을 내포한다.

경쟁과 정략

시장 경제가 지배하는 사회, 말하자면 우리는 처음부터 그런 사회에 살고 있었다. 계몽주의 시대에 이미 쾌락과 노고를 화폐로 계산하는 경향(적어도 가능성의 측면에서)과 인간 활동을 이득과 비용으로 따지려는 경향이 생겼다. 이상적인 사회는 시장과 같은 구조를 가져야 한다고 애덤 스미스는 믿었다. 시장의 법칙이야말로 인간의 운명과 조화를 이룬다고 생각했기 때문이다. 그러나 19세기 들어서야 유럽 국가들의 본질이 이 새로운 힘에 종속된다. 수많은 농촌 사람들의 생활 조건을 바꾸어 놓고, 그들을 생산·제조업으로 투입시킨 산업 혁명은 과도하게 착취당하는 프롤레타리아를 형성하게 되는 것이다. 뿐만 아니라 사회 자체를 경제 체계의 부속물로 만들어 놓아(카를 폴라니) 개인 및 가족 관계가 모두 이 체계 안으로 들어가게 된다. 이렇게 수 세기 전에 시작된 과정은 자신의 파괴 공작을 완수하여 북미와 유럽의 모든 국가로 확장된다. 그후로 문제는 시장 경제가 지배하는 사회에 대한 찬성이냐 반대냐가 아니라 어디까지, 어느 정도까지 그것을 받아들이느냐가 되었다. 그리고 세계의 상품화에 대한 비판도 자본주의 자체만큼이나 오래된 것으로서, 18세기 이후로 자본주의의 각 발전 단계마다 어김없이 따라다녔다.

그런데 자본주의라는 개념에는 두 가지 의미가 포함된다. 첫째로, 자본주의는 국가와 상업 분야에 귀속된 행위들을 새롭게 규정한다. 영국 신노동당 정부의 **공/사 파트너십**(public/private partner-ship)처럼 공권력이 사기업들에게 폐쇄 시장(형무소·병원·운송·학교)에 대한 개발권을 맡기도록 하는 것이다. (그에 따르는 개발 비용을 국가가 상환하겠다는 보증하에.) 상업 부문과 비상업 부문간의 경계를 재조정하여(자키 라이디) 국가는 예전에 떠맡았던 사명들을 자치 기구에 맡기고, 자신은 핵심적이라 판단되는 다른 일들에 집중한다. 즉 사기관도 똑같이 잘할 수 있는 일이라면 공기관이 사기관에 이 일을 맡기는 것이다. 둘째로, 시장 경제가 지배하는 사회라 하면 인간 행위를 차츰 돈으로 환산하는 사회를 우리는 떠올린다. 그렇다면 우리는 사랑·종교·일·교육에 있어서 모두 고객이 되어, 이런저런 서비스를 받기 위해 지출할 준비가 된 소비자들이다. 마찬가지로 교회와 종파가 늘어나면서 현대인의 영적 생활도 시장이 되어 버렸다. 영혼의 사업가들이 자유 경쟁의 상황에서 매우 까다롭고 변덕스런 신자들의 환심을 사려고 애쓰는 시장.[2] 이제 우리는 종교에 가담하는 일에 있어서마저 메뉴가 판치는 세계로 접어들었다. 예를 들어 한 좌파 주간지는 찾아볼 가치가 있는 성소, 교회, 예배당, 유대교 회당, 회교 사원, 탑 등 80군데를 부록에 실은 적이 있다. 장소와 제의, 제의를 집전하는 성직자, 쾌적함에 대한 안내와 함께. 이렇게 해서 신앙은 관광 경험이 되어 버린다. 별 네 개짜리 고급 식당과 피해야 할 장소들을 포함해서.[3] 시장이 지배하는 사회는 따라서 경쟁 사회와 정략 사회를 합쳐 놓은 것이 된다. 전자가 사람·기업·기관들 간의 경쟁 관계를 지배하면서 성공 아니면 실패의 대가만을 지불한다면, 후자는 모든 종류의 관계에 적용될 수 있는 단순하고도 매력적인 계약의 본보기를 제시해 준다. 한편으론 경쟁 관계의 영웅주의와 고통이 있다면, 다른 한편으론 내면 생활·애정 생활·심리 생활의 점차적인 잠식이 있다. 작은 기업인 나와 시장 사이에 완전한 일치가 존재하는 만큼 문제는 복잡해진다. 자기 개발에 힘쓰며 자신의 재능을 극대화하려 하면서, 개인은 경제와 똑같은 효율성과 합리성의 원칙에 부응하는 것이다. 저마다 이익을 남겨야 할 자본이 된다. 또한 문화로서의 자본주의는 개인주의(자본주의의 리듬을 받아들여 그 유연성과 탄력성을 만끽하는)를 수반하며 부추긴다.[4] 돈은 우리를 사회적 부담들로부터 해방시키고, 우리의 소속감을 덜어 준다. 뿐만 아니라 우리 각자는 이제 스스로를 '주식 회사'로 전환시켜 자신을 팔고 현금화할 줄 아는 '완전한 경제 주체'[5](브리지스)로 여길 수 있게 되었다. 자아 역시 수요와 공급의 법칙에 종속된 상품이 되었기 때문이다. '양(量)의 교리'가 존재한다면, 그건 마르크스가 말했듯이 이 교리가 문턱이기 때문이다. 거기서 양은 질로 화하며, 해방자의 역할을 담당하여 만인을 위한 기회를 증대시킨다. 이렇게 해서 우리의 개인적인 가치는 유동성을 띠게 된다. 무슨 일이 있어도 우리를 사랑하는 소수의 사람들을 벗어나서는 말이다. 록가수 데이비드 보이와 행복한 삶을 위한 조언자 마르타 스튜어트는 자신들의 주식을 발행하게까지 되었다……. 매주 잡지에서 평가되는 쇼 비즈니스·정치·스포츠계의 인물들처럼 우리 역시 타인의 견해라는 주식 시장에서 끊임없이 등락을 기록한다. 변덕스럽고 동정심도 없는 이 법정에서. 파산 다음에 부활이 뒤따를 수도 있다. 20년 동안 자취를 감추었다가 무대 위로 복귀한 60-70년대의 아티스트들처럼.

돈벌이의 떠들썩한 주연과 그 미점들

소비주의의 허상에 대한 연설은 이 연설의 고발 대상과 마찬가지로 공허하다. 많은 영미 작가들과, 또 그들을 모방하여 성·돈·허세 이 세 가지를 표적으로 삼았던 우리네 작가들의 경우를 보자. 그들로부터 감염된 까닭인지 이 작가들 역시 자신들이 비난하는 대상들만큼이나 경박스러워 보인다. 현시대에서 피상적인 것, 속된 것만을 보는 이는 스스로의 피상성을 드러낼 따름이다. 이런 피상성을 질책하면서 그가 세월을 보낸다 해도 말이다. 사치에 관한 한 이미 2세기 전부터 필요 이상의 풍요에 대한 맹렬한 비판이 등장했지만, 그후로 이렇다 할 변화 없이 같은 말만을 되풀이해 왔을 따름이다. 예컨대 성탄절이면 참회의 공허한 문구를 외는 식으로 의무를 완수한 다음, 곧 맑은 정신으로 배가 터지도록 먹는다든지 하는 식으로. 상업주의에 반대하는 항의는 돈벌이의 떠들썩한 주연 앞에서의 달콤한 타협을 허락한다. 슈퍼마켓으로 몰려들어 요란한 싸구려 장식품들을 사는 데 몰두하는 멍청이들을 꾸짖을 수도 있다. 그러나 이 구매 행위는 그 단순한 법칙과 분명한 쾌락으로 인해 지속된다. 그것은 한없는 충일감과 당장에 충족된 욕구의 기쁨을 선사하기 때문이다. 거기에는 오로지 심한 갈증과 그 갈증을 채우기 위한 수단이라는 공식밖에는 존재하지 않는다. 그렇기 때문에 돈이 없어 구매 행위로부터 거리를 두어야 한다는 점이야말로 소비의 진정한 추문이다. 거기서 그들은 어린아이처럼 숟가락으로 받아먹다가 싫증이 나거나 얼마 안 가 이런 미적지근한 지옥에 역겨움을 느끼기도 하지만, 그렇더라도 지체없이 그곳으로 되돌아가 자신들의 불안감을 봉쇄하고 그 현란한 풍요로움에 다시 매혹된다. 이 진열창의 사회에서 상품은 그 '부가 가치'를 보증해 주는 고도의 연극 규칙에 따라 연출된다. 그러기에 기발한 제품들과 조잡한 장식품들 속에서 뒹구는 천민들을 향해 비난한다면, 그건 사람들을 상업적인 유혹들로부터 해방시키고자 하면서 이들에게 상당한 호의를 베푸는 셈이 된다.

묵시록과 부활

일부 자본주의 비판가들에게서 두 가지 성향을 감지하게 된다. 즉 자본주의를 정면으로 거부하며 가능한 한 훼방 놓겠다는 생각. 아니면 그 흐름을 가속화시켜 추락을 앞당기겠다는 유혹. 마르크스에게서 이미 찾아지는 이같은 환상은 불명예스런 생산 방식을 도처에 퍼뜨려 탈진시키겠다는 것이다. 갑작스레 그것이 반대편으로 기울어 황금 시대가 올 수 있도록. 자본주의가 몰락하려면 우선 전세계로 확장될 필요가 있는 것이다. 실업가들의 무리가 지나며 황폐화가 이루어진 뒤 밤의 끝자락에 새로운 서광이 비쳐드는 식으로. 자본주의가 성공한 덕분에 오히려 쓸모없이 되어 저절로 폐기된다고나 할까? 제러미 리프킨이 매료된 불안감을 드러내며 예고했듯이, 만사가 시장이라면 더 이상 그 무엇도 시장이 아닌 것이다. 이런 유의 기다림은 상상력을 자극하며 상식과도 맞아떨어진다. 우선 자본주의가 온 천지를 지배한다는 말은 사실과는 거리가 멀다. 설령 자본주의에 필적할 만한 것이 없다 해도 세계의 절반 가량에는 자본주의의 가장 초보적인 형태마저 부재한다. 한편 자본주의를 혼돈 속에서 더 나은 미래를 약속하는 묵시록의 기사로 여김 또한 지나치게 많은 요구를 하는 것이다. 과거에는 종교에 한정된 영역이었던 희망을 오로지 경제적 영역으로 옮겨 놓음으로써 말이다. 우리는 자본주의로부터 그것이 할 수 있는 일, 즉 무한정한 물질적 재화의 생산만을 기대할 수 있을 뿐이다. 그 안에 종말론적인 신비로운 야심을 주입시킨다면 참말이지 정신 나간 짓이다.

소비주의가 자체에 가해지는 여러 공격에도 불구하고 여전히 버틸 수 있는 까닭은, "자동차 · 인터넷 · 휴대폰의 사용을 통해 표현되는 독립적이고자 하는 실질적인 욕구를 충족시켜 주기 때문이다. (…) 성장의 개념은 가능성의 영역에 대한 지속적인 개방이라는 메타포로서 전망이 밝다."[6] 어떤 이들을 예종 상태로 묶어두는 노동이 또 다른 이들에겐 해방의 도구가 되며, 예컨대 여성들에겐 진정한 재정적 독립을 가능케 해주겠기에 말이다. 물질적인 향상은 그것이 개개인에게 새로운 길을 열어 준다는 점에서 동시에 정신적인 측면을 지니게 마련이다. 심리적인 반향을 미치지 않은 채 순전히 거래의 성격만을 띠는 것은 없다. 오로지 돈으로 움직이는 관계에 있어서마저 의도의 추악성이나 거래의 악착스러움에도 불구하고 인간적인 무엇이 끼어들게 마련이다. 기술 역시 복고주의자들의 생각과는 반대로 전혀 인위적이지 않다. 그것은 제2의 천성이자 우리 신경 체계의 연장이 되었다. 이 현상은 점점 악화될 것이다. 즉 이제 몸 속에 마이크로칩이나 조직편의 이식이 가능해지면서(또 컴퓨터 안에 살아 있는 뉴런을 동시에 투입시키면서) 우리는 프로이트가 20세기 초두에 묘사한 '인공 장기를 한 신들'이 되는 것이다. 이렇게 본다면 민주 사회에 적용된 토크빌의 '안락의 열정'이라는 개념에는 미비한 구석이 있다. 즉 목표와 수단이 혼동되고 있는 것이다. 물질적인 축적은 자아 실현의 지주(支柱)에 불과한데 말이다. 실지로 안락은 주변 환경을 다스림이다. 따라서 우리는 몸을 따뜻이 하고 보호하는 데 힘을 낭비하지 않고 안정된 상태에서 자신을 구축할 수 있게 된다. 안락은 추잡스런 것도 우둔화의 요인도 아니며, 오히려 우리에게 해방을 가져다 준다. 그것은 우리 각자의 잠재력을 증대시킬 뿐 아니라 외부 세계에 예속되지 않을 수 있는 힘이다. 소비주의는 자기 자신을 지키려는 열정, '있는 그대로의 자신이 되려는'(광고가 수없이 인용해 먹은 니체의 말을 빌리면) 열정과 나란히 한다. 나의 자아는 그 속으로 함몰되지 않고, 오히려 스스로를 구축하기 위해 그것에 기댄다. 안경에서 컴퓨터에 이르기까지 우리가 소유하는 물건들은 우리를 시간과 공간의 구속들로부터 해방시키고, 현실에 대한 제어력과 우리의 축소된 역량을 현저히 증대시키며, 일찍이 마술사나 샤먼에게 속했던 힘을 우리가 소유할 수 있도록 해준다. 이 놀라운 도구들에 힘입어 우리는 멀리서도 행동할 수 있고, 수천 킬로미터 떨어진 곳에서도 의사 소통이 가능하다. 이것들이 없는 생활은 생각할 수조차 없게 된 것이다.

이런 유의 논쟁에서 종종 언급되는 또 다른 예가 있다. 즉 돈으로 사랑을 살 수 있다는 주장이다. 실지로 현대의 한 고정관념은 '자유주의'가 감정적인 온갖 불행의 원천이라고 본다. 그것이 추한 자들과 약한 자들을 배제시킨다고 봄으로써 말이다. 하지만 여기에서도 원인과 결과가 혼동되고 있다. 이 영역에서도 다른 영역들에서처럼 '시장'은 감정에 속한 태도들을 과장하는 걸로 만족한다. 아름다움의 횡포, 다른 모두로부터 돌아서서 한 존재를 임의적으로 선택하기, 매정한 거절, 에로틱한 결합, 부부의 나르시시즘, 사소한 일에서의 추잡스런 흥정, 축적되는 분쟁…… 등등. 하지만 이 모두를 시장이 고안해 낸 건 아니며, 이미 정욕의 메커니즘에서 작동하는 것을 발견할 따름이다. 감각적인 열광도, 우정도, 가족의 유대도 엄격한 돈의 논리로는 설명되지 않으며, 오히려 그 반대를 증명할 수 있을 정도다. 몸을 빌리고 호위나 동반을 얻어내는 건 가능하지만 애정이나 욕망·존경을 사들일 수는 없다. 인간이 온전히 매매된 건 지난 수 세기 동안 노예 제도나 강제 결혼을 통해서였음을 기억하자. 7세기 이래로 유럽에서 종교적 회개는 죄 사함을 받기 위해 일정 금액을 지불하는 식으로 이루어졌다. 말하자면 신에게 '돈을 지불했던' 것이다. 이렇게 해서 중세 말기 로마 교회는 면죄부와 성물·성직 매매에 빠져들게 되었다. 카를 5세 같은 일부 황제들은 돈으로 왕위를 사들였음을 기억하자. 오늘날에 이르러서도 가장 타락한 형태의 노예화와 매춘(심지어 아동 매춘까지)이 판치는 건 비자본주의, 비민주주의 국가에서다.

  화장품 산업, 성형 수술, 다이어트, 스포츠 산업을 관통하는 상업적인 논리는 타고난 불평등과 신체적인 열세를 교정하여 가장 혜택받지 못한 이들을 섬긴다는 주장을 지지할 수도 있다. 미적(美的)으로 선택받은 소수의 남녀들에 맞서 돈이 균형을 이루지 못하는 세계보다 더 잔인한 세계는 없을 거라고 보며. 그러나 국가도 정의도 바로잡을 수 없는 사랑의 특성이 있으니, 그건 편애(偏愛)다. 사랑받는다는 건 무엇보다 집착과 완전한 승인이라는 방식으로 선택받음이다. 다른 모든 존재를 배척하고 한 존재를 내 관심의 초점으로 삼는 이 임의적인 부분을 어떤 조처로도 폐지시킬 수 없을 것이다. 물론 금송아지를 관심 밖에 둔다는 게 순진함을 의미하지는 않는다. 거저 줌이 무사무욕을 의미하지는 않는 것이다. 거기에는 탐욕만큼이나 정떨어지는 질투 · 분노 · 잔인성 따위의 수많은 심리적 동기가 작용한다. 가장 숭고한 행위 뒤에도 자기 사랑이라는 덜 영광스런 동기가 숨어 있음을 17세기의 도덕가들이 훌륭히 증명한 바 있다. 그렇다고 위대한 감정과 천진난만의 처녀지를 돈의 밀렵꾼이 와서 짓밟을 것인가? 말도 안 되는 소리다! 사실 돈은 배설제요, 우주적 속죄양이라는 중요한 역할을 맡고 있다. 그것은 인간 세계의 모든 치욕을 혼자 뒤집어쓰고 있는 것이다. 돈은 "모든 사회적 생장의 요인이다. 가장 아름다운 작품들이 탄생하는 진흙탕이다"라고 졸라는 말하면서 돈을 오물과 기적, 오점과 생명을 동시에 내포하는 사랑에다 견주었다. 인간의 가장 천박한 본능에 호소하여 이 본능을 상품으로, 문화로, 제도로 변모시키는 것이야말로 자본주의의 힘이라 하겠다. "경제는 순결이 아닌 불결의 과학이다."(앨프레드 소비)

내 멋대로 만드는 세계

해방의 과정들이 억압적이 되며, 득의양양한 개인주의가 개인의 가장 큰 적이 되어 개인을 돕기는커녕 약화시키는 시발점을 밝혀야 한다. 이때 슈퍼마켓은 대다수의 사람들에게 유일한 '삶의 장소'가 되며, 만남과 휴식 그리고 충만한 기쁨의 유일한 공간이 된다. 유치원부터 이미 학교는 지식을 향한 첫걸음이 아니고 소비주의를 습득하는 장소가 되며, 광고가 고등학교와 대학의 화장실까지 침투한다.[7] 공공 장소는 장사촌, 구매 전담 기구가 되어 버리고, 어른 아이 할 것 없이 하루 3-4시간을 텔레비전 앞에서 보내며, 텔레비전의 연속극이나 오락물에 따라 시간을 배분한다. 그 기획자들의 고백에 따르면 텔레비전이라는 건 두 상업 광고 사이에 쏟아져 나오는 영상들, 아니면 막간을 채우기 위한 연계 장면에 불과하다.[8] 갓난아이에서 축구 심판에 이르기까지, 사람들 각자에겐 광고판이 될 빛나는 운명이 약속되어 있다. 소설가는 글과 매음을 혼동하여 그들 책 속에 헤르메스·구치·프라다를 인용함으로써 보수를 받는다. 상표가 우리의 새로운 조국이 되고자 해, 우리는 이제 프랑스인·중국인·멕시코인·이탈리아인이 아니고 나이키·니텐도·맥도널드·소니·펩시·버거킹이라는 지구촌의 거주자가 된다.[9] 기업들은 우리를 빈털터리로 만들려는 야심만 갖지 않고, 요람에서 무덤까지 우리와 한방을 쓰며 우리의 취미·욕망을 간파하여 우리의 충성심을 붙들어 매어두려 한다. 그것들은 이제 생산의 장소임에 만족하지 않고 가치에 대해 말하며, 처방하는 내일의 '교회'가 되고자 한다. 이 모든 순간이 닥칠 때 경계해야 할 필요가 있다. 덴마크 왕국에 뭔가 부패한 냄새가 나는 것이다.

그렇다고 여기서 시장이 소유하지 않은 힘까지도 갖고 있다고 착각해선 안 된다. 나르시시즘, 미디어로 인한 우둔화, 기분 전환 거리를 추구하기에 여념이 없는 의지를 만들어 낸 장본인은 시장이 아니기 때문이다. 현대의 벽두에서 전통과 권위라는 이름의 보호를 파괴한 건 시장이 아니라는 말이다. 시장은 단지 이런 현상들이 확산되도록 하는 걸로 만족한다. 그것은 공명 상자이자 대중화의 요인이다. 애초에 소그룹에 한정되어 있던 현상을 수많은 사람들에게로 확대시켰으니까. 68년 학생 운동이 '자유주의'의 확장에 기여했다면, 그건 이 사건으로 인해 시장이 개방된 새로운 자유의 공간들 속으로 휩쓸려 들어갔기 때문이다. 오늘날엔 그것이 여성과 소수 집단의 권리 뒤로 휩쓸려 들고 있듯이 말이다. 전수된 관계들을 철폐하고 관습이나 금기·소속을 무효화시킨 개인은 곧장 자본주의의 물결 속으로 휩쓸려 들게 되었다. 말하자면 자본주의는 직접적인 원인이라기보다는 촉진제였다. **시장도 언제나 우리의 묵계하에, 우리가 그것을 바라기 때문에 우리의 삶 속으로 침투해 들어온다.** 그것이 우리 마음속 깊이 자리해 우리의 몸을 경매에 붙이고, 유전자 세포 신체 기관을 상업화한다면 그 또한 우리의 동의하에 이루어진다. (자신들의 영혼을 인터넷에 팔려는——그리 큰 성공은 거두지 못하며——사람들도 있다. 오늘날의 파우스트는 매수인을 찾지 못하는 것 같다.) 우리 사회의 지배적 허상이 시장 경제의 허상이라면, 그건 세계를 마음대로 주무르고 싶어하는 개인-왕의 신화를 다른 무엇보다도 그것이 잘 수용하기 때문이다. 우리는 끔찍한 맹금이 된 게 아니라 끔찍한 파샤(터키 문무 고관의 칭호)가 된 것이다.

시장이 먼저 나서는 일은 절대로 없다. 그것은 혁신시키지 않고 적응한다. 무언가가 작동하기 시작하자마자 그것은 달아올라 효과를 확대시켜 놓는다. 이 굉장한 위세를 떨치는 전파자는 더없이 고상한 사상이나 숭고한 예술, 선동적인 태도까지도 약탈하여 사방팔방으로 퍼뜨리고 거기서 이득을 취한다. 그것의 역할은 시류를 좇고, 아주 다양한 주인을 섬기며, 제일 즙이 많은 레몬을 짜는 것이다. 그것은 시청률, 자기 정체성의 요구, 자기 실현, 새로운 영성이라 불린다. 몹시도 기회주의적인 그것은 발전의 원동력이 되는 분야들 속으로 휩쓸려 들어가 충실한 종, 열성적인 매개자가 된다. 또한 놀라운 힘을 지닌 그것은 어떤 발견의 혜택이나 어떤 예술 작품의 아름다움을 모두에게 전파하면서도 일단 가속이 붙으면 유해성을 띤다. 그리하여 인위적인 욕구들이 늘어나게 하고, 수없이 많은 조악한 상품들과 싸구려 물건들로 우리의 정신을 어지럽힌다.

시장은 개인을 무엇보다 욕구하는 존재로 정의 내린다. 그리하여 우리는 우선 우리가 욕구하는 그것, 즉 물건·존재·생활 방식·경험이 된다. 우리는 권리의 증식을 기호(嗜好)의 증식과 혼동하면서 상대적인 의무 같은 건 조금도 느끼지 않는다. 시장의 사회는 무엇보다 편리와 직접성에 근거한 서비스의 사회다. 거기선 공급이 수요에 따라 정확히 조절된다. 공급은 개인 위주로 각자의 기호에 일치할수록 더욱더 가치를 지닌다. 나는 이제 돈을 수단으로 내가 욕구하는 모든 것을 즉석에서 취할 수 있으리라 확신한다. 엄청난 향락이 아니고 뭔가. 거대한 조직이 나의 최소한의 욕구에도 몸을 굽힌다. 서비스의 매력, 그것은 보통은 길고 고된 과정에 속도가 붙게 하는 쇼트 사고, 압축된 시간일 뿐 아니라 각자에게 민주적으로 혜택을 제공한다는 데 있다. (과거에는 하인들과 하인들의 우두머리, 마부, 요리사가 그들의 주인들에게 제공했던 혜택이었다.) 그렇다고 누군가로부터 은혜를 입는 것도 아니므로 어떤 도덕적·정서적 빚을 질 필요도 없다. 예전엔 거저 주어졌던 것들도 이제는 전문가들에게 하청을 주어 돈을 지불하게 되었다. 가사뿐 아니라 교육·탁아·노인 간병에 이르기까지. 심지어 익살 광대나 비디오 영상 예술가를 고용해 바캉스나 축제를 조직하게까지 되었다. 이제는 일상 생활에서 '전문가'가 떠맡지 못할 영역이 없다. 어떤 터무니없는 욕구라도 해소될 수 있게끔 되었다. 자기 집 정원에 열기구를 둔다든지, 방에서 캥거루를 키운다든지, 당장에 쿠바 담배를 구한다든지, 1시간 이내로 헬리콥터를 대기시킨다든지, 티베트식 발가락 마사지를 한다든지, 심지어 만찬에 두세 사람이 모자랄 경우 손님을 '대여'할 수 있게까지 되었다. (그들의 사회 문화적 수준이 동일하다는 조건으로.) 어디 그뿐인가. '유료 친구'도 구할 수 있고, '코치'를 두어 봉급을 주며 내게 관심과 정성을 베풀도록 할 수도 있다. '배려의 등급'은 가격에 따라 결정된다.[10] 일본에는 사람들의 이혼을 도와 주는 결렬의 전문가들도 있다. 시간이 가장 귀중한 상품이 된데다 다른 일들에 바칠 시간이 모자라게 된 터라 서비스가 위세를 떨친다. 시장 경제 사회의 논리적인 귀결은 **'보편화된 매춘'**이다. 인류는 노역 의무를 진 업자와 고객의 두 부류로 나누어지며, 바쁜 부자들에게 다양한 보살핌을 제공하는 작은 손들의 군단이 된다. 그런가 하면 또 의혹의 보편화이기도 하다. 그건 미소가 아니며, 돈으로 좌우되는 속셈이 들어 있는, 계산적으로 보일 수도 있는 제스처이기 때문이다. 현대인은 보수의 신속한 지불뿐 아니라 일에 대한 진정한 투신을 원한다. 여기서 돈은 모든 걸 단순화하는 수단처럼 보이는데, 그러나 이런 단순화 과정에서 타락이 싹튼다. 무엇을 하고 하지 말아야 할지 하는 종래의 물음에 이제는 얼마나 돈이 드는가 하는 물음이 이어진다. 비용의 문제를 넘어 이처럼 전적으로 돈에 기댐으로써 우리는 큰 대가를 치르게 되며, 거짓된 사회 관계 속에서 경직되는 것이다. 이것이 분명 부자들의 큰 불행이다. 자기 자신이 사랑받고 있는지 확신할 수 없다는 것. 한순간의 애무와 속내 이야기에서도 이해 관계가 얽힌 사전 숙고의 비밀을 간파하게 된다는 것. 인간 관계는 서비스의 지배하에 들어갈수록 점점 더 타락하고 시들해지게 마련이다. 사물의 이면이라고나 할까. 타자들이란 내 모든 갈증을 풀어 주고, 내 모든 엉뚱한 소망을 들어 주게끔 되어 있는 종복들만은 아니니 말이다. 이 땅에서 이류 작가로 살든지 시인으로 살든지, 기생충이 되든지 친구가 되든지는 각자가 알아서 할 일이다.

모순적인 승리

현대 세계는 영혼을 상실했다는, 모더니티 자체만큼이나 오래된 이 확신은 2세기 전 낭만주의자들에 의해 예리하게 제기된 문제로서 오늘날에도 정확히 들어맞는 말이다. 그러나 여기서 한 가지 중대한 사실이 잊혀지고 있다. 즉 우리가 흠뻑 젖어 있는 물질적 쾌락 속에서 우리는 동시에 더없이 소중한 자산을 획득했다는 점이다. 그건 다름 아닌 개인의 자유다. 우리는 좋든 싫든 **계몽주의와 번영의 자녀들이다.** 이 두 차원은 갈등을 겪을 수밖에 없다 하더라도 말이다. 그리하여 지존한 개인의 시대가 열렸다. 불평을 늘어놓고 발을 굴러대는 그가 뭐든 기분나는 대로 할 자유를 시장은 허락했으며, 그의 사소한 성향까지도 맞춰 주게 되었다. 오늘날 서구의 개인은 오로지 자신의 오만으로 인해 위협받고 있다. 그러므로 스스로가 자신의 가장 고약한 적이 되지 않으려면 자기 자신의 과도한 탐욕에 한계를 지어 주고, 만족할 줄 모르고 불평해대는 어린아이가 되지 않도록 해야 한다. 민주주의는 은밀히 세를 넓혀 가는 독선과 전체주의의 독으로 죽을 수 있다. 그러나 또한 어떤 그룹이나 소수 집단이 걸핏하면 내세우는 어리석기 그지없는 요구들을 채워 주느라 자체의 가치들이 쇠퇴함으로써 죽을 수도 있다.

그런데 자아가 자신을 대면할 수밖에 없게 될 때, 또 자신의 사소한 문제들을 끊임없이 되새기게 될 때 파스칼의 말대로 자아는 혐오스럽다기보다는 **가련한** 모습을 띤다. 그러나 원죄가 폐지되었다고, 프랑스 대혁명은 선포했다. 이렇게 빚이 청산되고 나자 모더니티가 주가를 올리게 되었다. 마침내 나는 내 조상들에게 어떤 의무도 지지 않게 되었으며, 유산의 비중에 대해 걱정할 필요도 없어졌다. 나는 온전히 나 자신의 동시대인일 따름이다. 자수성가자가 그 전형을 보여 주는, 말하자면 무와 가난으로부터 탈출한다는 자가 탄생의 신화. 한걸음 더 나아가 신용 기관을 통해, 나는 미래를 담보로 어음을 발행하여 나의 즉각적인 안락에 기여하는 조각난 시간들을 누릴 수도 있게 되었다. 일종의 파우스트적인 계약이랄까. 나는 미래를 저당잡힘으로써 내 재력 이상의 생활을 영위한다. 미래를 나의 채무자로 삼아 그에게서 나는 여러 해〔年〕와 쾌락을 끌어오는 것이다. 그러나 해방의 메커니즘은 얼마나 교활한가. 과거에 대한 감사의 마음을 벗어던진 자아는 **이제 스스로에게 빚이 되어 버린다**. 매순간 그는 자신이 존재토록 해야 하며, 자기 자신이 가치 있는 존재임을, 또 '아무나가 아니라 그 누구임을'(이사야 벌린) 다른 사람들에게 증명해야 한다. 이제 그는 끝없는 저당의 질서로 들어서게 된다. 그곳에서 그는 언제나 패자이며, 절대로 구원받을 수 없다. 그의 적응의 용기와 지성에 대한 증거들은 쌓이지만 그것들이 결정적인 무엇이 되지는 못하기 때문이다. (우리는 니체적인 제스처에서, 온 인류가 그리스도의 죽음으로 인해 신에게 진 빚을 청산하는 모습을 상상할 수 있을는지 모른다. 그러나 어떤 액수로도 채무를 없애기는 불가능하며, 인간은 자신의 창조주에 대하여 영원한 채무자로 남게 될 것이다.)

그토록 많은 젊은 남녀들이 리얼리티 쇼(빅 브라더, 로프트 스토리, 코 란타, 스타 아카데미 식의) 같은 천박하고 어리석은 짓거리에 빠져드는 이유는 무엇인가? 무엇보다 인정받기 위해, 헐값으로라도 하찮은 명성을 얻기 위해서다. 자신의 개인 생활과 의견을 존중받기 위해 힘든 투쟁을 거쳐 전쟁에 승리한 서구 사회의 개인은 타인의 눈에 일관성 없이 보일까 두려워 자신의 하찮은 비밀들을 열어 보이는 데 여념이 없으며, 사람들이 원하는 곳이면 어디든지 가서 기꺼이 자신을 노출한다. 이 모두가 사생활의 모순이 아니고 뭔가. 그는 타인의 눈길을 벗어날까 봐 두려워 자신의 아파트를 웹 카메라로 둘러싸고, 사교 클럽을 드나들며, TV 플로어 위에서, 혹은 책 속에서 자신의 연예 습관에 대해 상세히 이야기한다. 요컨대 자신의 무의미한 일상을 중대한 사건으로 바꾸어 놓고자 한다. 그는 날마다 오줌을 누고, 코를 후비며, 먹고, 자는 것이다! 이것이야말로 즉석에서 전세계에 드러내어질 가치가 있다! 이렇게 교회나 국가를 상대로 해서는 결코 용납하지 않을 것을 그는 미디어라는 기구에 대해서는 허락한다. 자발적인 종속이랄까. 사회적 통제에 대한 두려움과 주목받지 못한다는 똑같은 두려움 사이에서 그는 흔들리고 있으니 말이다. 자기 선전의 갈망은 미디어를 통해 자신을 내보이는 과정에서 절정에 달한다. 존재하기 위해선 남에게 보이기만 하면 되는 것이다. 자아를 위한 모든 수고와 일체의 행위를 면하게 해주는 순식간의 드러남. 오직 타인의 눈길만이 내가 누군지, 어디에 있는지 말해 준다. 화면에 뜨는 것만으로 만족할 수 없다면 또 다른 방법이 남아 있다. 즉 투표로 서로의 경쟁자를 제거하기. (이를테면 사내(社內) 생활의 근사한 메타포.) 이런 유의 방송들은 학교와 법정이라는 두 가지 모델을 겸비한다. 즉 나이에 상관없이 나는 늘 진급이냐 낙제냐, 아니면 구조되느냐 처벌받느냐의 위치에 있는 것이다. 한순간이나마 존재하기 위해 대중 앞에서 언제라도 서로에게 모욕을 가하고 자신의 입지를 굳히기에 여념이 없는 이 천박한 자아들. 그러나 타인을 짓밟고 일어서려 하면서 실은 자신의 품위를 떨어뜨리게 된다. 종래에 전체주의 국가들이 몹시도 좋아했던 이 서투른 정의의 흉내들에서처럼 말이다. 현대인은 자신에게 응당 주어져야 할 자리가 주어지지 않고 있다고 생각한다. 그래서 모욕과 우스꽝스러움과 고행을 감수하고라도 그는 스포트라이트를 받으며 이 자리를 탈취하려 한다. 당당한 승리가 아니고 뭔가!

 자족한다고 믿으면서 실은 다른 이들로부터의 인정을 구걸하는, 자기한테 빠져 있는 가련한 자. 이 자아는 광적인 자만과 절대적인 의존 사이에 흔들리면서 공동체의 열기를 원하지만 그에 따른 의무 사항들은 회피한다. 실존은 그의 독립의 욕구에 상처를 주므로 그에게는 영원한 모욕이 된다. "자신의 절대적인 힘을 인식함으로써 기쁨을 느끼는 대신, 그건 오히려 그를 압박한다. (좌절시킨다고는 말할 수 없을지라노.)"[11] 개인주의의 원칙은 언제나 동어 반복의 형태를 취한다. 즉 있는 그대로의 네가 되라, 너 자신이 되라라는. 자유는 자신을 떠날 수 있는 힘, 자신의 사회적 위치로부터 빠져 나올 수 있는 능력이 되는 대신 단순히 내게서 나로 이르는 여정으로 축소되고 만다. 그렇지만 자신이 된다는 것,

자기 존재와 일치한다는 것은 얼마나 슬픈 일인가! 존재의 아름다움은 우리 자신으로부터 벗어나는 것, 우리 자신 속에 내재된 수많은 가능한 운명들에 스스로를 개방하는 것인데 말이다. 어떤 한 사람이 되기보다 여러 사람이 되기를 바라지 못할 게 뭐란 말인가? 오로지 자신을 더 잘 잊고, 더 이상 자아로 인해 부대낌당하지 않으며, 장엄한 세상 앞에서 고정관념에 매이지 않고 유연하기 위해서만 자신을 아는 것이 쓸모가 있다. 한 사람의 풍요로움은 그가 다른 이들과 맺는 관계의 풍요로움이며, 봉헌·열의·상호성으로 온갖 종류의 유대를 만들어 낼 수 있는 적응 능력의 풍요로움이라는 이 명백한 사실을 새삼 언급할 필요가 있을까? 한 인간이 위대한 건 오로지 그가 보다 광대한 무엇 속에서 자신의 단순한 주관성보다 더 밀도 있고 지속적인 우주를 계시받음으로써 자신을 초극할 때라는 사실을 말이다. 독립의 욕구와 소속의 필요성을 화해시키기, 이것이야말로 차세대에 우리가 이루어야 할 일인지 모른다. 헌신의 대상은 무조건 좇기보다는 선택되는 편이 낫고, 하나이기보다는 복수이며, 영구적이기보다는 취소 가능한 편이 낫다 하더라도 말이다. 쾌락 중심의 실리주의말고도 자아를 사용하는 다른 방법들이 있다. 풍요의 원천은 긴장이지, 도그마로 확립되는 한마디 말의 독점이 아닌 것이다.

휴전선들을 협상하기

삶의 상품화를 가능케 하고, 심지어 바람직하게 보이도록 만드는 것에 대해선 일언반구도 없이 그저 그것을 비난하고, 또 개인주의 논리를 비난한다면 목표물을 빗나가는 것이다. 우리가 속고 사기당하고 빈털터리가 된다면 그건 우리의 동의하에 이루어진 것이다. 모든 언어를 말하는 광고처럼(광고는 모든 언어를 조롱하는, 내용 없는 형태에 불과하기에) 시장은 온갖 사고 방식을 수용할 뿐이지 만들어 가지는 않는다. 달리 말해 어떤 사회도 순전한 시장이라고는 할 수 없다. 사회야말로 자체의 활력과 약점을 시장에 각인하기 때문이다. 인간 존엄성의 절정을 거래에서 보았던 토머스 페인(18세기)이 생각했던 것과는 반대로, 경제적 침체나 활력을 결정짓는 건 보다 광범위한 의미에서의 사회적 유대와 문화다. 그리하여 슘페터는 보이지 않는 손의 패러독스를 재정의해 놓았다. 이기적인 사리사욕의 천박한 납덩이가 금으로 변하려면 **경제적 인간**(homo economicus)의 동기들과는 무관한 동기를 지닌 제도들과 사람들(법관 · 경찰 · 정치가 · 공무원)이 골조를 이루어야 한다는 것이다. 자본주의는 오로지 국가와 기관들 · 관습에 의해 유지되는데, 이들은 또 다른 논리에 귀속되며 이익의 법칙만을 따르지는 않기 때문이다. 자본주의 혼자서 인간의 모든 행동 영역을 통제할 수는 없을 것이다. 경제는 온전히 시장이 될 수 있다 해도 사회는 그렇지 않으니 말이다. 이 둘의 일치는 아마도 상호간의 해체로 치닿을 것이다. 예컨대 병원이 살아남으려면 환자들을 보살피기 위해 시간과 배려를 아끼지 않는 직원들의 각별한 헌신이 있어야 한다. 간호사의 손길이 오직 이득에 따라 움직인다면 환자의 평안 따위는 무시되고 말 것이다. 마찬가지로 항공 안전을 민영화하고, 제대로 교육받지 못한 종사자들에게 낮은 보수를 준다면 큰 재난을 자초하는 셈이다. 오로지 경쟁과 지불 능력, 철저한 개인주의에 의해서만 다스려지는 사회는 세계 어느곳에도 없다. 자본주의가 위세를 떨치는 미국조차도 청교도주의, 검질긴 민족주의, 도처에서 찾아지는 종교성, 공동체의 투철한 단결 의식을 통해 자신의 무모한 시도의 욕구에 그 어느때보다도 적절한 균형을 제공하고 있다. 오직 돈으로 사회적 유대를 구축하고, 모든 관계에 돈을 제3요소로 끌어들인다면 사상누각이 될 것이다. 참된 관계는 장기간에 걸쳐 형성되고, 존재의 모든 우여곡절을 거치며 풍요로워져 우리를 초월하는 어떤 공동체를 창출해 낸다. 돈이 강력한 촉진제임에는 틀림없지만 때가 되면 위축과 빈곤이라는 값을 치르게 마련이다. 계몽주의자들의 표현을 빌리면 중요한 건 일정한 유형의 가치와 인간·관행이며, 경제적인 차원은 언제나 부차적이다.

다시 말해 돈의 논리가 강제성을 띠어 생명체를 잠식하게 될 때에는 일찍이 속박으로 작용했던 비상업적인 논리를 강화하여 균형을 이루도록 해야 한다. 즉 현명한 보수주의를 설파함으로써 과도한 개인주의와 평등주의를 바로잡아 그것들이 제자리를 찾도록 해주어야 한다. 세상은 나와 더불어 태어나지도, 나의 죽음으로 소멸될 것도 아니다. 그러므로 현대화의 물결에 직면하여 과거와의 대화는 필요 불가결한 구원책이 되어 줄 뿐 아니라, 당장의 것이 가해 오는 횡포로부터 벗어날 수 있는 기회를 제공할 것이다. 자본주의에 대한 비판만으로는 충분치 않다. 그건 자본주의의 활력을 북돋는 또 다른 방식이니까. 무엇보다 돈의 법칙이 난무할 때 큰 피해를 입을 수밖에 없는 영역의 경계를 지어 주어야 한다. 우선 학교가 그렇다.

교육 기관이 그 실적에 따라 위계화되도록 내버려두면 둘수록 학교는 자유인의 산실이 아니라 고객의 산실이 되어 파괴당하게 된다. 사냥꾼의 인내심으로 공교육의 결함을 노리는 기업들은 자신들의 소임을 다하고 있을 따름이다. 여기서 누구나 차별 없이 양질의 문화를 제공받도록 일체의 종교적·이데올로기적·상업적 사상 주입으로부터 자유로운 공간을 어린아이에게 마련해 주는 건 국가의 사명이다. 비싸게 먹히는 대규모 교육은 지식뿐 아니라 무지를, 성공뿐 아니라 불평등을 만들어 낸다. 그러므로 우리네 국가들은 교육의 대대적이고도 시급한 개혁을 필요로 한다. 그러나 가정학교, 최저 교육비, 각 가정별 서비스 구입, 혹은 일정 시기에 필요한 것들을 인터넷으로 배우는 **열린 교육**(just in time open learning) 등, 이 모든 개혁을 민간이 단행할 수는 없다. 학교는 기업의 축소판이 아니며, 고등학생들은 직업 군단이 아니다.(클로드 알레그르) 직업의 의미가 보수를 받는 활동이라면 말이다. 학교는 수익성이 아닌, 능력과 지식의 보급을 기준으로 삼는다. 설사 학교가 차후에 현금화될 수 있는 유용한 지식들을 습득하는 장소라 할지라도 당장에는 개인적인 성취를 위한 무상의 지식을 꾸준히 제공해 주어야 한다. 나중에 엔지니어·환전상·우주비행사가 된다면 음악·철학·미술·고전어를 배워 무엇에 쓴단 말인가 하고 묻는다면, 다음과 같이 대답할 수 있다. 우리는 나이가 들면서 어떤 문은 밀치고 어떤 문은 닫힌 채 내버려두어야 하지만, 그래도 어린 시절 이미 이 모든 가능성의 문을 열어 보는 거라고. 그렇게 해서 저마다 하나의 직업, 하나의 프로필이라는 단조로움을 피할 수 있게 된다. 특히나 비범한 교사에게서 배울 기회가 있다면 이 가능성은 더욱 커진다. 세상은 내 일개 존재보다 훨씬 풍요로우며, 내가 등을 돌리게 될 겸이롭고도 범상치 않은 또 다른 진실들이 있다는 것. 이것이야말로 우리에게 겸손과 호기심이라는 이중의 교훈을 주는 학교의 메시지다. 학교는 우리의 실용주의 사회에서 하나의 사치로 남는다. 그것은 근본적으로 아무짝에도 '쓸모없는' 학구적인 오락의 정신을 보존하기 때문이다. 그것을 시장과 개인들의 수요에 맞추고자 하는 이들의 증오를 자아내는 것도 바로 이 점이다. 그러므로 학교를 성역화하고 세상으로부터 보호할 필요가 있다. 그렇지 않으면 그것 역시 나쁜 의미에서의 '자유주의' 사회로 경도되고, 사리사욕과 광고의 바이러스에 노출될 것이다. 또 대중민주주의의 재앙이랄 수 있는 우둔화와 건망증·획일성의 보다 광범위한 침범을 받게될 것이다. 상업적인 것과 비상업적인 것간의 경계는 공동의 논의와 결정에 의해 끊임없이 협상되고 재협상되어야 한다. 법·행정·문화·환경·교육·공익 사업처럼 사회적 응집력을 다지는 이 상징적인 영역들을 경매에 부칠 건지 말 건지는 각 세대가 알아서 결정할 일이다. 어떤 위험을 무릅쓸 준비가 되어 있는지, 어떤 금기를 지켜 나갈 것인지, 개인이나 압력 단체의 경박한 요구들에 어떻게 저항할 것인지 각 세대는 자신의 본능적 욕구에 따라 커서를 이동할 수밖에 없다. 이것은 우리 삶의 다양성과도 그대로 직결되는 일이다.

의미의 완화

완곡어법이 한 언어에 침투할 때마다, 또 더 이상 사물들을 곧이곧대로 부를 수 없게 될 때마다 경계하지 않으면 안 된다. 고약한 무엇이 준비중에 있으니 말이다. 프랑스의 70년대는 지나치게 공격적인 언어를 전후 번영의 30년이 가져다 준 부(富)의 확산과 관습의 유연화와 결합시킨 시기다. 반면 90년대에는 다시 생활이 불안정해지고 대량 실업 사태가 발생함으로써 무통(無通)의 표현들이 수도 없이 생겨나게 되었다.

언어 질서 속에 등장한 새로운 진정제들, 그리고 단어들의 새로운 위생법. 이제 femme de ménage(파출부) 대신 agent de surface(공간관리사)가, obèse(비만자) 대신 être différemment conformé(체형이 다른 사람), nain(난쟁이) 대신 personne de petite taille 'verticalement défiée'(수직적 차원의 문제가 있는 키 작은 사람)이 생겨났다. mort(사망자)는 없고 individu définitivement congédié(영원히 추방된 자)가 등장했다. 이처럼 동결 건조 되고 멸균 처리된 언어의 한 혈관 속에 든 완곡한 표현들을 목록으로 작성해 볼 수도 있겠다.

—— flexicurité: 고도의 융통성(flexibilité)과 고도의 안전(sécurité)이 결합된 인적 자산 관리 기술.

—— pauvriche: 당장에는 가난하나(pauvre) 잠재적으로 부유한(riche) 사람.

—— consotoyen: 자신의 백화점 손수레를 기표소와 구별하지 못하고 세척제나 영양 크림을 살 때마다 정치 행동을 하는 소비자(consommateur)인 시민(citoyen).

—— cybertoyen: 전문가나 통상적인 중재를 무시하고 모든 일에 대해 자신의 의견을 피력하는, 인터넷에 의한 직접 민주주의를 신봉하는 시민.

—— glocal: 전체적인 것(global)과 국부적인 것(local)의 마술적인 통합. 업계에서 무척 유용하게 통용되는 새로운 에스페란토. 뿌리박기와 전세계적인 확산, 균일성과 다양성이 조화를 이루는 새로운 전투적 태도.

── capsoc: 오랫동안 적대 관계에 있다가 마침내 통합된 두 세계관인 자본주의와 사회주의.

제8장

마지막 유토피아

"도덕적인 것은 보통 돈을 지불하지 않는다는 확신과, 돈을 지불하는 것은 원칙적으로 도덕적이라는 믿음을 어떻게 화합시킬 수 있을까?"
루이스 라팜, 《허영의 산》

"나는 애국자지만, 수익성을 기대하는 내 투자가들의 요구를 만족시켜 주어야 한다."
2001년 9월 테러 이후
헤지펀드자문회사 오메가, 회장 리언 쿠퍼맨

"경제적 번영의 열쇠는 조직적인 불만족의 조장이다."
제너럴 모터스사의 전 이사장

수 년 전 한 앵글로색슨계 신문에 교훈적이면서도 딱한 일화가 실린 적이 있다. 인도네시아의 한 중산층 부자(父子)가 그들 나라에 세계화를 앞당기고, 나라의 병폐(저개발, 부패, 권위주의)를 치유하겠다는 생각으로 아침 저녁을 맥도널드에서 먹기로 작정한 것이다. 햄버거에 의한 민주주의! 이런 지름길은 강한 인상을 준다. 그러나 일부 전해 내려오는 이야기들은 너무도 의미심장하여 이성적인 사람들이 이성적이지 못한 행동을 하도록 부추긴다. 영양가 차원에서 미심쩍은 음식으로 밤낮으로 배를 채우는 데 만족했을 리 없는 부자는, 그래도 자신들이 선구적이며 전복적이기까지 한 행동을 완수하고 있다고 믿어 마지않았던 것이다.

몇몇 달콤한 허구에 대하여

이제 몇 가지 신화를 바로잡을 때가 되었다. 흔히 말하는 자본주의와 민주주의간의 결탁(자본주의의 자유가 어찌 보면 자동적으로 개인과 기관의 자유를 가져다 준다는)은 진위를 결정지을 수 없는 문제로 남는다. 냉전 시대의 요정 이야기였던 다원주의와 자유 기업은 소련 체제에 대항하여 큰 효율성을 발휘했지만 오늘날에는 거의 설득력을 지니지 못한다. 시장은 도덕적으로 장님일 뿐 아니라(존 롤스) 효율성에 제재만 가하기 때문이다. 그래도 그 메커니즘은 정치적으로 중립이며, "모두에게 그 어떤 목표를 위해서도 제공된다."[1] 소비자들에게 엄청난 자유를 허락함으로써 가격과 투자가들에게 영향을 미치도록 내버려두는 반면, 각 정부의 투명성에 대해서는 아무런 영향력도 행사하지 못한다. 시장은 모든 체제에 순응하여 독재 치하에서든 법치 국가에서든 번창할 수 있다. 원유 생산지인 걸프 지방의 군주국들, 싱가포르·말레이시아·중화인민공화국 같은 나라들도 정치적 관용의 모범은 되지 못해도 시장의 법칙에 어느 정도 복종한다. 히틀러 치하의 독일이나 무솔리니 치하의 이탈리아는 스탈린의 러시아와는 반대로 경제적으로 탄탄한 국가들이었다는 사실을 잊어선 안 된다. 그들

은 자국의 산업 기술을 이용해 전쟁에 대한 열광을 부추겼던 것이다.[2]

"상인은 어떤 특정한 국가의 시민일 필요가 없다"고 애덤 스미스는 말했다. "어디서 장사를 하느냐도 그에겐 그리 중요치 않다. 조금만 싫증이 나도 그는 자산을 한 나라에서 다른 나라로 옮길 테며, 이 자산으로 움직여지는 산업 역시 그와 함께 모두 이동될 것이다."[3] 장사의 견지에서 보면 세계는 하나의 국가에 지나지 않아 그 안에 여러 국가들이 사람들과 마찬가지로 존재한다고, 1691년 더들리 노스 경은 말했다.[4] 국경과 왕국을 넘나들며 시장은 교역을 중심으로 형성된 그들 모두의 새로운 조국의 윤곽을 만들어 나간다. 시장의 눈에는 상품의 유통과 정보의 흐름만이 중요하므로 국가는 오직 경쟁력의 측면에서 판단되며, 공화국의 원칙들에 부합하는지 여부는 중요치 않다. 세속적인 꿈에 흔들리는 오래된 국가들은 이제 크고 작은 경쟁력을 갖춘 주식 회사(프랑스 주식 회사, 독일 주식 회사)가 되었다. 각 나라의 매력은 '**재정적인 유인력**,' 환경, 값싼 노동력, 조합의 부재 등을 기초로 작성된다. 시장이 단독으로 중재에 나설 때는 계산과 수익성이라는 한 가지 언어만을 말한다. 항의하거나 반항하는 봉급생활자들에게 화 있을진저! 다논이 해고안 발표 뒤 가해 온 보이콧 협박에 달아올랐던 이 경영자들(2001년 5월 16일 파리에 모였던)처럼, 고용주들 역시 국가가 사고 방식을 '현대화' 하지 않는다면 이 힘겨운 나라를 떠나겠다고 위협하는 것이다.[5] 이탈리아에서는 베를루스코니가 자신의 마케팅 능력을 정치로 옮겨 놓으며 총리로 선출됨으로써 '기업-국가 융합의 연금술사'[6]가 되며, 민족-국가는 균형을 잃고 경영 전략에서 새로운 활력소를 찾는다. 도처에서 '기업당(黨)'이 쇠약해진 낡은 기구를 잠식해 들어온다. 2001년 봄 프랑스 공산당은 자신들의 권위를 회복하고 새로운 로고를 찾기 위해 홍보 대행사에 도움을 요청할 생각을 하게 된다.[7] 경제 활동의 선두에 기술자들을 두고자 했던 생시몽주의가 도처에서 무의식적으로 차용되면서, 과시벽에 사로잡힌 산업체의 우두머리들은 국가가 쥐고 있던 고삐를 가로채고자 한다. (전 코카 콜라 사장으로서 멕시코 대통령이 된 비센테 폭스는 좌·우파를 구세대의 산물이라 비난하며 깎아내렸으며, 대신 "우리가 하겠다"고 외치는 기업가들을 들여놓았다. 프랑스의 대표적인 기업주인 에른스트-앙투안 셀리에르는 이런 비센테 폭스의 모범에 고무된다.)

투자 수익이 각 대륙과 문화를 평가하는 유일한 잣대가 되어가고 있다. 지금까지 민주주의의 유일한 실천 영역이었던 국가가 점차 소멸되면서 그 축소판인 지방(코르시카나 바스크 지방에서 볼 수 있듯이 비관용적이기는 매한가지지만 그래도 대기업들이 침투하기에는 보다 용이한)에 자리를 내어줄 것이다. 지금까지 거의 변함없이 인류학적 기초가 되어 주었던 시민·국가 논리(에마누엘 토드) 대신에, 시장과 그 제재에 대해 하나로 결속된 '세계화된' 의견이 들어설 것이다. 실지로 우리는 조만간 국경이 철폐되리라는 환상 속에서 살며, 이같은 신기루는 대권력자들에 의해 유지된다. 그들은 자신들과 탁월한 자본가의 신화가 정치 지도자를 완벽히 대체할 것임을 조금도 의심치 않는다. 무엇이 중요한지 아는 문제에 있어서 기업은 장관들이나 의원들보다 유리한 고지를 점한다고 보며, 장 마리 메시에는 다음과 같이 말한다. "자본주의는 전체 사회의 이득을 챙기는 능력을 거의 유전적으로 자체 내에 지니기 때문이다. 흔히 보통 선거라는 이름으로 이 장점은 단지 정치권에서만 인식되고 있긴 하지만."[8] 정부가 업계에 개입할 때 우리는 당연한 질책을 퍼붓는다. 하지만 무슨 명목으로 대기업 총수들이 지역 생활과 정치 마당에 대한 관여권을 가로채는 것일까? 합법적으로 선출된 대표들보다 기능상 그들 자신이 더 합법적이기라도 하다는 듯이 말이다.

사람들을 접근시킴과 동시에 분쟁을 가라앉힐 수단을 상호 교류 속에서 찾는 상업적인 낙관주의를 뒷받침해 줄 만한 근거도 없다. 하예크의 '카탈락시(cataloxie)'라는 새로운 개념, 즉 시장에 힘입어 적을 친구로 바꾸어 놓겠다는 의도도 솔깃하게 들리긴 하지만 현실성이 없어 보인다. 인간들의 광기의 치유책을 마침내 찾아냈다는 확신, 그건 유토피아에 불과하다.[9] 1815년 이후 한 세기 동안 대자본가들은 유럽에서 비교적 평화를 유지했지만, 결국은 민족주의적 열정도 1914년의 살육전도 막을 수 없었다. (조르주 바타유는 양차 대전에서 부의 엄청난 탕진과, 한 세기 동안의 축적 이후 전세계적으로 팽배했던 일종의 과시적인 경쟁을 목격했다.) 몽테스키외가 높이 평가한 '부드러운 교역'이 이제는 전쟁의 광기를 막는 데 완전히 실패하고 만다. 번창하는 유럽의 변방까지 1989년 이후로 군사 충돌이 줄어들지 않았으며, 10년 전에는 이곳에서 전쟁이 다시 터졌다. 새뮤얼 헌팅턴의 정확한 이해를 빌리면, 이득이 분쟁에 제동을 건 적은 없었으며, 경제적 통합이 국가 간 충돌의 위험을 감소시키지도 못했다.[10] 일본의 옴진리교, 그리고 최근의 이슬람 카미카제들, 이들 모두는 부르주아 상류층의 자손들이다. 살인욕·니힐리즘·광기가 부유층이나 빈곤층 모두를 덮치고 있다. 요컨대 평화가 교역을 용이하게 해줄지라도 절대로 교역이 평화를 보장할 수는 없다.

오늘날 유행하는 묘안에 따라 우리는 공정한 거래, '윤리적인 커피,' **품위 있게 만들어진(made in dignity)** 상품들을 장려할 수 있겠다. 그렇다고 국제적인 대협상들이 난투판이 되는 걸 막을 수는 없다. 몇 퍼센트를 더 차지하기 위해 크고 작은 나라들이 격렬히 몸을 부딪는 넝마주이들의 전쟁이라고나 할까. 이것을 두고 화친의 이미지를 떠올리기는 불가능하다. 그러므로 시장을 억압적인, 혹은 자유를 선언하는 법정으로 간주할 수는 없다. 시장은 동시에 이 둘이어서, 진보를 위해서뿐 아니라 몽매화를 위해 작업한다. 그것은 사람들이 접촉하도록 하지만 화합시키지는 못하며, 접근시키지만 관계를 맺지는 못하도록 하고, 잠정적이며 피상적인 합의로 결합되어 있다가 때가 오면 새로운 좌절을 겪도록 한다. 결단코 시장이 평화가 찾아든 세계의 핵심일 수는 없으며, 기껏해야 그 기반들 가운데 하나일 따름이다. 한 유명한 슬로건을 뒤집어 상품은 세계가 아니라고, 세계를 만들지도 않는다고, 그건 인간 관계의 극히 작은 일부를 표현할 뿐이라고 말할 수 있을 것이다. 외관상 아주 사소한 거래들조차도 이미 감정과 광기·열기로 오염되어 있기 때문이다.

절대 자유

"여러분은 자기 자신을 모르는 노예들입니다!"라고 신부·변호사·투사는 말한다. 신부는 노예화의 불행은 신을 멀리하는데, 이 세상의 재화에 지나치게 집착하는 데 있다고 본다. 변호사에겐 그의 고객이 될 수도 있는 어떤 사람에게 가해진 심각한 편견이 그러하다. 마지막으로 투사에겐 자리잡은 무질서를 체념하고 받아들임이 그와 같은 불행의 원인이다. 하나는 구원을 목표로 하고, 다른 하나는 회복을, 또 다른 하나는 정의의 도래——필요시엔 폭동을 일으켜——를 목표로 한다. 이런 식의 표현은 퍽이나 단도직입적이지만, 그래도 우리에게 적잖은 당혹감을 안겨 준다. 나 역시 부지불식간 그런 포로가 되어 있다면 어쩌겠는가? 여러 견제 세력들이 존재하는 우리네 민주주의 사회에서도 우리는 온갖 횡포의 표적이 된다. 재정적 궁핍 역시 무시할 수 없는 한 예라 하겠다.

그렇다고 서구의 시민들을 중산층이라는 큰 요구르트 제조기 속에 빠진 '돼지들'로 묘사한다면(질 샤틀레) 그건 두 가지를 혼동하는 셈이다. 즉 다양한 영역을 포괄하는 다원적인 자유와, 절대 주체의 전능함을 전제로 하는 절대적 자유를. 오늘날 유럽을 관통하고 있는 규제 없는 자유, 젊은이들의 이 엄청난 꿈은 뭐든 생각나는 대로 하도록, 별난 행동이든 뭐든 그때그때의 기분 상태에 따라 마음 내키는 대로 하도록 명한다. 이 극단적인 자유주의는 봉건 시대의 대영주의 변덕과도 닮아 있다. 여기서 우리는 "자유는 필요성에 대한 파악이다"라는, 스피노자의 의미심장한 문장을 떠올리게 된다. 즉 자유는 자신을 넘어서는 것 앞에서 허리를 굽혀야 하며, 적을 보다 교묘히 피해가기 위해 적과 화해해야 한다는 것이다. 자신의 한계를 아는 것이야말로 그 한계를 뛰어넘기 위한 가장 좋은 방법이다. 아무도 내가 노예임을 증명할 수 없고, 나 역시 그 누구에게도 나의 자유 의지를 증명할 수 없다. 인간의 자유를 설명하는 데 있어서 완전한 종속이나 독립 따위의 말은 적절하지 못하다. 이 자유란 각자가 유전 체계와 본성·본능·출신으로부터 벗어나기 위해 주어진 가능성이기 때문이다.

"당신들은 노예·돼지·멍청이들이다"라는 따위의 말은 무엇보다 사람들이 자신들에 대해 부끄러워하도록 만들 목적을 갖는다. 한때 상황주의자였던 모씨(某氏)가 프랑스를 두고 "복종의 경향이 놀라운 속도로 진전되어 간다"(르네 리젤, 《리베라시옹》, 2001년 2월 4일)고 외친다면, 무의식중에 그는 각 가정의 사기를 조사하는 여론 조사 기관처럼 추론하고 있는 것이다. 하지만 과연 복종·분노·행복 지수를 과학적으로 측정할 길이 있을까? 이 점에서 사람들은 통계의 착각에, 이 국민(이들을 재교육시키려는 자들의 명령이 쉽게 통하지 않는)에 대한 경멸에 빠지게 된다. 프랑스인·독일인·이탈리아인들에게 그들은 시시하고 보잘것없으며 하찮은 존재임을 납득시킬 수도 있겠다. 그러나 사회 질서의 유지는 대다수의 사람들이 거기서 득을 보기 때문이라는 사실이 거기선 간과되고 있다. 뿐만 아니라 평민들에 대한 혁명가의 경멸은 대(大)부르주아들에 대한 경멸과도 상통한다는 사실이 증명된다. 그렇다면 좌파주의에서 남는 건 뭔가? 조롱과 씁쓸한 감정. 역사로부터 거부당한 데 대한 분노. 그들은 삶이 여전히 지속되는 데 대해 분통을 터뜨린다. 이 남자들, 이 여자들이 여전히 웃고 사랑하며 눈물을 흘리고, 또 그들(이 남녀들을 교화시키려 하는 늙다리 젊은이들)을 조롱하는 걸 보고 신경이 곤두서는 것이다.

질서의 혼돈

오로지 시장 경제의 법칙에 지배당하는 정치 활동은 투표자 매수, 흥청망청한 지출 등으로 놀랍도록 타락한다. 최근 미국에서 있었던 선거가 증명해 주듯이 말이다.[11] 브롱냐르 궁(파리의 증권거래소가 위치한 곳), 월스트리트, 시티의 관점에서 보면 투표라는 건 형식에 지나지 않는다. 그리고 정치는 필요에 따라 사람들이 요청하거나 거절하는 서비스가 되었다. 공공 복지에 대한 관심이나, 자신보다 더 숭고한 무엇에 참여한다는 도취감은 이제 과거지사가 되어 버렸다. 편의와 유연성이 으뜸가는 덕목이 된 것이다.[12] 예전에는 혁명의 서사시를 국회라는 산문과 대치시키곤 했었다. 그러나 이제 사람들은 민주주의의 권태보다는 미디어의 오락을 선호하게 되었다. "사회보장, 세법, 혹은 교육에 대한 논의를 이제 사람들이 김빠진 것으로 여기게 될까 봐 걱정된다. 정보는 더 이상 엄격함을 고수할 수 없게 되었으며, 대중은 서스펜스와 폭로, 상상 불가능한 것들에 적응되어 있다"고, 르윈스키 사건 이후 미국의 한 라디오 시평 담당자는 털어놓았다. 세상에서 자신의 취향에 맞는 것만 쪼아먹고 나머지에 대해선 전혀 알려 하지 않는 것. 이것이 부유한 민주 국가들의 일반적인 행태다. 이때 그들은 무사태평에 빠져 점점 조여 오는 위협들에 귀머거리로 남는다.

한편 대기업들은 인권에 대해 조금도 개의치 않고 파렴치하게 여자들과 아이들을 착취하며, 권위적이거나 독재적인 체제들과 협상을 하기도 한다. (미국의 석유 회사 유노칼(Unocal)이 탈리반——중앙아시아로부터 오는 송유관이 그들 영토를 지나는 데 협조적인——에게 아첨하는 걸 우리는 보았다.) "시장은 일종의 자율적인 화합에 의해 개개인의 이득에 조화를 부여한다. 그러므로 상호간의 무관심과 자기 지향성은 평화를 위한 최고의 보증물이 되어 준다"고 말한 밀턴 프리드먼처럼 믿을 수도 있겠다. 혹은 "시장의 계명들은 직능의 종속을 요구하지 개인의 종속을 요구하지 않으므로 개인들의 평등이 존중된다. 이것이야말로 얼굴을 가리고 순수한 관념의 하늘 아래 사는 것이다"라고, 피에르 마냉처럼 쓸 수도 있을 것이다.[13] 피에르 마냉은 또 다음과 같이 부언하기도 한다. "물론 개인은 자신의 직권을 이용하여 앙시앵 레짐의 자의적인 힘을 휘두를 수도 있다. 또 도처에서 신의 권능을 지닌 기업주들이 창궐할 수도 있다. 그러나 한결같이 통탄할 만한 이런 태도들은, 이성적인 태도를 요구하는 자연스런 경합에 의해 차츰 제거되게 마련이다." 그러나 이같은 확신들은 순결주의의 죄를 범하고 있으며, 기업의 세계는 또한 보복과 폭력·압력·파벌의 세계라는 사실에 대해 완전히 눈감는 것이다. 레몽 아롱은 이미 60년대에 기업민주주의의 기만적 성격을 강조하였다. 기업은 언제나 자의적이고 강압적인 공간으로서 불투명성을 규칙으로 삼기 때문이다. (경영 혁명으로 인해 최근 들어 직원들이 보다 많은 창의력을 발휘할 수 있게 되긴 했지만.) "오직 바보들만 시장이 양심을 지녔다고 믿는다. 바보들과 경제학 교수들만이"라고 조지 소로스도 스스로를 돌아보며 말한 적이 있다.

파스칼이 이성에게 자체 안에 적을 들여놓도록 요구했듯이, 의회 체제 역시 자신과 반대되는 것들(경쟁심, 돈에 대한 탐욕, 권력에 대한 사랑)을 포괄하여 이 열정들에 응분의 자리를 내주어야 한다. 이 열정들은 체제를 타락시킬 수 있지만, 제대로 짜맞추어졌을 경우 체제를 강화시켜 주기도 하는 것이다. 자본주의와 민주주의는 상호 보완적이라기보다는 보충적이다. 이 둘은 상충하는 만큼 서로 도우며, 갈등의 원조 관계를 유지하고, 거짓 유사성을 띤다. 그러나 그것들이 서로 일치할 수도 있는데, 그건 1945년 이후 서유럽이 이룩한 기적이다. 즉 반 세기 이상의 평화와 부의 축적이 그러한데, 이는 우리 응석받이 세대로서는 꿈도 못 꾸는 경이로운 일이다. 물과 불의 결합에서 불로 하여금 전체의 이익을 염려하도록 한 것은 물이었다. 호랑이 등에 올라타 올바른 방향으로 나아가게 한 것도, 또 그놈을 병합하고 제한하면서 이중의 의미에서 제지한 것도 후자였다. 요컨대 경제가 '문명의 전파자'가 되려면, 질서와 권력의 분리를 확립함과 동시에 개인을 경쟁의 상처로부터 보호해 주는 제도들의 도움을 받아야 하는 것이다.

그렇기 때문에 '시장민주주의'란 한마디로 민주주의의 부패를 의미한다. 그것은 합법성의 본거지를 더 이상 의회에 두지 않고 기업에 두며, 한 가지 유형의 시민만을 양산하기 때문이다. 즉 장사만 제대로 된다면 세상이야 망하든 말든 상관없다는 원칙을 내걸고 자신의 성향과 이득만을 챙기는 소비자-주주. 이제 그것은 먼지 낀 액세서리 상점에 진열된 국가의 개념을 폐지시키고, 친화성과 공동의 이익에 기초해 지역·지방을 재규합시키고 있다. 그러나 한 국가에 속한다는 건 어떤 보험 회사에 가입하는 것과는 의미가 다르다. 보험 회사도 자기 고유의 상표와 CM송을 가질 수 있지만 그렇다고 이 상표가 국가의 상징은 아니며, 이 CM송이 국가(國歌)는 아니다. 국가에 기초한 정체성이라는 상징적 차원을 시민들이 빼앗긴다면 얼마나 큰 손실일까.[14] 왜 국가를 기업처럼 경영해서는 안 되는 걸까. 그건 국가가 목표로 하는 바가 이익의 산출이 아니기 때문이다. 국가는 집단의 기억을 중심으로 역사를 통과하며 형성된 몸체인 것이다. 그것은 자신의 존재를 끈질기게 고수하며 일정한 유산을 지속시키고자 한다. (경제 강국이 되려는 목표를 가질 수도 있지만.) 따라서 권력의 공백과 국가의 부재가 생겨나는 곳마다 혼돈과 테러 행위가 머리를 들며, 결국 이웃 나라들과 세계 질서를 위험에 빠뜨린다.

부분적으로 특권을 상실한 정부들과 아직은 존재하지 않는 정치적으로 하나된 유럽 사이에서 현재 우리는 동요하고 있다. 그렇긴 해도 우리가 스스로를 시민으로, 즉 권력에 동참하는 자로 여기며 우리의 집단적 자유를 행사하는 건 언제나 이 오랜 국가들을 통해서다. 국가는 열정과 가치를 전수하고, 그 안에서 한 집단이 자신의 운명에 영향력을 미칠 수 있는 이상적인 틀이 되어 준다. 그렇기 때문에 설령 넘어설 수 없는 무엇은 아니라 해도 여전히 불가결한 무엇으로 남는다. 우리는 절대로 세계나 시장의 시민이 될 수는 없으며, 언제나 국가의 시민이다. 국가는 우리의 권리를 보호하고, 의무를 규정하며, 우리를 과거와 미래의 모든 인간들과 연결짓는 어떤 은혜의 질서에 끼어들게 한다. 국가는 이처럼 특이한 집합체로서, 그것을 통해 나는 보편적인 무엇에 접근한다. 그것은 공동의 생활 전통으로부터 물려받은 보편 정신의 틀 안에서 개인들간에 맺어진 계약과 구속이기도 하다. 그런데 그것을 더 광범위한 환경 속으로 희석시켜 버린다든지 경제적 이익이라는 제단에 희생물로 바친다면, 그건 우리에게 세계적인 차원을 선사하는 게 아니라 모든 지역·지방·부족의 퇴화를 부추기는 셈이 된다. 우리 외부와의 교류를 지배하는 인공위성과 마을 종탑의 변증법도 이와 관련해 생각해 볼 수 있다. 세계적 차원에 닿는다는 도취감에는, 불안정한 세계 속으로 사라진다는 두려움이 뒤섞여 들기 때문이다.

게걸스런 이익 추구

최근 들어 대기업들은 자신들에게서 선교자의 소명을 발견했다. 공장은 자동차나 탄산 음료 등을 생산하는 곳이라고 순진하게 믿었던 이들에게, 이 사소한 대상들도 나름대로 탐욕스런 정신적 모험의 본거지가 될 수도 있다는 대답이 주어지고 있다. 이렇게 해서 대단한 야심이, 사업 윤리가 탄생했다. 화학·농산물·섬유계의 대기업들이 새로운 모세가 되어 그들 자신의 십계명을 작성하고, 일찍이 종교와 철학에 속해 있던 원칙들을 떠맡고자 한다.

그런데 이같은 도덕적 요청에 대하여는 두 가지 방식의 고찰이 가능하다. 우선 그것은 믿음도 법칙도 없는 대기업들의 새로운 전략이라고, 또 그처럼 포교자의 의상을 걸치고 있는 건 자신들의 부정한, 혹은 추악한 행태들을 감추기 위해서라고 비난할 수 있다. 그런가 하면 거기서 또 다른 수단을 읽어낼 수도 있다. 즉 직원들을 재결집시키고 고객들에게 강한 인상을 주기 위하여, 미덕을 발휘하고 자연 보호 운동을 벌여 경쟁력을 높인다는 것이다.(질 리포베츠키)[15] 하지만 반대로 이같은 쇄신에서 재계가 스스로에게 던진 덫을 간파해 낼 수도 있다. 그것이 "법의 기본 원칙을 민영화하겠다"(미레유 델마 마르티)는 생각으로 어떤 독단적인 헌장을 작성하든지간에 그렇게 함으로써 스스로를 위험에 빠뜨리는가 하면, 자체의 규칙을 어겼을 경우엔 보이콧을 당하기도 하기 때문이다. 나이키가 제3세계 아동들을 노역장(sweatshops)에서 부려먹는다는 비난을 받듯이 말이다. 아무튼 두 주장 모두 정당하다. 이 규범들은 연막이며, 일체의 규제를 벗어나 은밀히 제정된 사적인 법체계들인 동시에 기업들이 자신들의 목에 두르는, 당기면 죄어지는 매듭이기도 하다. 그들은 그렇게 스스로를 결박하고, '윤리적 투자'의 방향을 지시하는 신용 평가 기관으로부터 비난받을 각오가 되어 있다. 자신들의 절대권을 확보하기 위한 도구가 취약성을 드러내는 도구가 되어 버리는 것이다.[16]

사회적 양심의 명분에서 특히 드러나는 건 대소유주들의 전대미문의 이타주의라기보다는 그들의 고삐 풀린 탐욕이다. 그것도 재정적인 차원이 아닌 상징적인 차원에서 그렇다. 이제 그들은 스스로를 새로운 입법자로, 보편적인 양심의 해석자로, 자명한 이치의 산출자로, 규준의 송신자로 여긴다. 그들에겐 시장을 정복하는 걸로 충분치 않다. 그들은 영혼의 비물질적인 영역을 쟁취하고, 서서히 학교와 정당과 신앙을 대신하여 선과 악이 무엇인지 말해야 하는 것이다.

예컨대 그들은 자신들의 상품을 변신의 수단으로, 또 그들의 상점을 믿음의 신전으로 만든다. 아디다스는 우리를 '향상시키겠노라'고 단언하며, 다논은 '우리의 안락을 도모하겠다'고, 리바이스는 자유를 증진시키겠노라("언젠가는 자유가 전세계로 나아갈 것이다")고 한다. 나이키는 자아의 완성을 위해 애쓴다고, 베네통은 인종 차별 철폐를 위해 투쟁한다고 말한다. 애플은 대사상가들의 말을 인용하며("남들과 달리 사고하라"), 라코스테는 니체의 말을 되뇌고("있는 그대로의 네가 되라"), 스타벅스는 우리에게 커피를 파는 게 아니라 '체험'과 옛 유럽의 향기를 팔며, 가루 비누는 환경 보호 구호를 외친다. 경제가 자신의 관할권 밖의 모든 분야를 찬탈코자 함을 우리는 감지한다. 국가보다 더 시민의 의무를 강조하고, 녹색당보다 더 환경 운동에 앞장서며, 적십자보다 더 박애 정신에 차 있고, 보이 스카우트보다 더 정직하며, 사제들보다 더 경건하려 한다는 걸 말이다. 그러나 식료품 상인이 시인이나 예언자의 묘한 복장을 한다면, 그는 시와 예언을 식료품의 수준으로 깎아내리고 만다. 그가 뭐라 말하든 거기엔 거짓 울림이 담겨 있는 것이다. 자신들의 고용주의 전략에 근사한 개념의 옷을 입히는 이 기업철학자들처럼.

상품에 인격을, 나아가 숭고함까지 부여하는 것이 처음부터 광고의 역할이었다. 그러나 어떤 회사가 향수나 가구를 팔며 동시에 생활의 질이나 이미지를 판다고 해서, 우리가 그 회사에 삶의 가치들을 규정해 달라든지 우리의 구원이 되어 달라고 요청하지는 않는다. 그런데 업계는 이제 우리의 현대판 성직자가 되어 자신의 제복과 은어·암호·회개자(지미 골드스미스, 조지 소로스),

심지어 환속자(맘몬을 숭배한 뒤에 신에게로 귀의한 미셸 캉드쉬 같은)[17]까지 갖게 되었다. 하지만 이 대지도자들이 예술가나 록 스타들이 아니듯이——일부는 쇼 비즈니스를 기웃거리기도 하지만——그들은 영적 지도자들도 아니다. 그들은 사업가들이며(때론 천재적이기까지 한), 그게 전부다. 그러므로 그들이 사랑이나 자비·자선에 대해 말하는 걸 듣거나, 양의 탈을 쓰고 양처럼 행세하며 품행을 바로 하려는 모습을 보면 언제나 당혹스런 느낌이 든다. 자본주의 놀음의 엄청난 진부함에 지쳐 이제는 좀더 광범위한 인간적인 경험을 노리거나, 아니면 자신 안에 깃든 억누를 길 없는 메시아적 욕망을 느낀다는 듯이 말이다. 이 청렴의 챔피언들은 가슴에 손을 얹고, 자신들의 목적은 우리에게 소다수나 바지를 팔려는 게 아니고 행복과 애정·단결심을 팔려는 것임을 맹세한다. 베네통은 이런 경향을 추잡할 정도까지 밀고 나간다. 전쟁 부상자와 에이즈 환자, 기아로 죽어가는 이들을 공공연히 내세우는데, 이 모두는 우리에게 스웨터와 모자를 팔기 위해서며, 그러고도 모자라 설교까지 하려 드는 것이다!

오늘날의 기업은 찬란한 도시, 방부 처리된 세계의 모태가 되고자 한다. 하지만 그 목표는 주주를 위한 가치 창출이며, 그 무기는——특히 다국적 기업의 경우——압력, 권력 의지, 첩보 행위, 나아가 부패와 범죄 등이다. 이 모두는 경기 규칙이 일정한 영역에 한정되어 적용된다면, 또 이 '이례적인 부도덕성'이 제한적이라면 아주 '성상석'인 무엇이랄 수밖에 없다. 하지만 제발이지 기업가들이 우리에게 장황한 훈계 따위는 하지 말았으면 좋겠다. 당신네들이 보수를 받는 그 일에만 전념해 주었으면! 제발 '선(善)'을 행하지는 말아 주었으면.[18] 돈이나 만들 것이지 사람들의 행복을 만들어 내지는 말았으면. 시장의 지분을 얻는 걸로 만족할

제8장 마지막 유토피아

일이지 정신적 지도자의 모습으로 변장하지는 말아 주었으면 하는 말이다. 과거에 공장은 기꺼이 아버지 역을 자청했었다. 클레르몽페랑에선 사람들이 미슐랭으로 태어나 미슐랭으로 숨쉬다 미슐랭으로 죽었다. (1968년 이전까지 그들은 기업주의 허락을 받고서야 결혼할 수 있었다.) 반면 오늘날의 공장은 어머니가 되려 한다는 편이 옳다. 그것은 고객들을 끌어모아 자신의 대열에 자유롭게 가담토록 하며, 그들을 달콤한 말로 유혹하고 따뜻이 감싸 주며 어루만지는 것이다. 그런데 자본주의는 사랑·공기·물·아름다움 할 것 없이 모두 이득으로 전환시킬 수 있는 세속의 기계다. 이것은 자본주의의 천재성이자 한계이기도 하다. 그러니 그것을 교회로 삼지는 말도록 하자. 또 효율적이고 이득을 따진다는 원래의 모습 이상이 되도록 요구하지도 말자. 그것이 감상에 빠져 영혼의 추가물을 분비하기 시작하면, 곧 가볍고 끈질긴 구토를 일으킨다. 예전에 사람들은 스톤즈나 비틀즈·스피루·탱탱·오토바이나 자전거였었다. 이제 그들은 나이키나 리복이 될 것인가? 사람들은 펩시나 코카를 위해 죽을 것인가? 각각의 상표는 미지의 고객의 묘를 갖게 될 것인가?

  탐욕은 다른 수단들을 통해 경제 전쟁을 계속하기 위해 시민의 권리와 인본주의의 언어를 사용할 수도 있다. 그런가 하면 전인류를 관리하기 위해 주제넘는 짓을 하기도 한다. 이 헌신은 포식(飽食)과도 무척 닮아 있다. 전체주의 국가가 시민 사회를 짓밟는 행위, 사랑과 양심의 짐짓 상냥한 모습으로 권력을 찬탈하기, 이런 것들과 혼동하리만큼 흡사한 것이다. 시장이 인간성을 띠고 감각의 부드러운 초원 위를 방황하는 건 오로지 존재의 새로운 영역들로 우리의 정신 구조와 내면을 포위하기 위해서다. 겉보기에 자제하는 듯 보일수록 그것은 온갖 종류의 교훈적인 금언들에 의해 확산된다. 어쩌면 머지않아 박물관이 민영화되고, 몇몇 유명 상표가 세계적인 문화 유산의 관리를 떠맡을지도 모를 일이다. 그리하여 다빈치·루벤스·고야·반 고흐가 마이크로소프트·LVHM을 섬기게 될지도…….

응석둥이 아이들, 싫증난 아이들

그러므로 민주주의가 GNP에 연동된다든지, 경영 부서나 소비자 캠페인——그들의 구매·기호나 망설임으로 찬반을 던지는——으로 축소되어 버리지 않을까 염려된다. 북미에서 성행하는 상표에 맞선 투쟁의 모호함이 바로 여기에 있다. 그것이 진정한 정치 운동인지, 아니면 응석둥이 아이들의 상업적인 과격한 행동주의인지 알 수 없다는 것.[19] 하지만 이런 유의 전투적인 태도는 광고의 유혹을 물리친다든지 무시하는 것과는 거리가 멀다. 그건 실망한 구매자들의 항의거나, 아니면 다시는 속아 넘어가지 않겠다고, 예전에 그 상품들에 종속되어 있던 사람들이 하는 맹세다. 텔레비전과 대형 슈퍼마켓 중독자들이 전방으로 되돌아가 다시 가마솥 속에 빠지기 전 잠시 용서를 구하는 것이다. 그런데 사용자는 설사 그가 신중하다고 해도 온전한 시민이라 할 수 없다. 계약에 숨어 있는 함정들을 파헤치고 상품의 질이나 적합성을 확인하는 건 훌륭한 일이지만, 그래도 그는 여전히 고객의 역할에 매여 있기 때문이다. 일체의 전문 지식을 포함해 젊은이들이 훈련받은 어떤 요령도 절대로 공교육, 즉 **인간 행위의 복잡성과 비극성의 습득**을 대체할 수는 없을 것이다. (그들은 어린 시절부터 상징물들을 갖고 놀고 CM을 흥얼거리거나 뒤틀어 놓는가 하면, 그들을 매혹시키는 상표들의 놀림감이 되지 않도록 훈련받지만 말이다.) "우리는 단지 우리 자신의 행복을 위해 부름받는 게 아니라 우리의 미래가 손짓하는 완성을 위해 부름받는다. 여기서 정치적 자유는 하늘이 우리에게 선사한 가장 강력하고 가장 활기찬 완성의 수단이다."(벵자맹 콩스탕)[20] 문화와 마찬가지로 정치도 사람들에게 단순한 부의 욕구보다 더 광대한 야망을 갖도록 해주는 것이다.

사실이지 미국의 적극적 행동주의자들은 국가에 대한 불신을 대기업들한테로 옮겨 놓는다. 그들이 보기에 이 대기업들은 독점적인 상황에서 지나친 권력을 장악하고 있는데, 이는 그들의 개인주의 정신과 정면충돌한다. 그들이 다국적 기업들을 의심하는 것도 '**큰 정부**'에 대한 거부 때문이라고 말할 수 있다. 반면 로고에 대해서는 애매모호한 입장을 고수하는데, 여기서 우리는 그들이 빠져 있는 이중의 논리를 간파하게 된다. 우선 유치한 속박이나 환경 보호에 대한 위반 없이 마음놓고 상품을 즐길 수 있음을 확인한다는 것. 그런가 하면 상품이 자신의 약속을 지켜 슬로건이 표방하는 원기와 활기를 우리에게 보증해 주는지 여부 또한 확인한다는 것. 이렇게 해서 상표는 우리에게 유동적이고 가변적이며 마음대로 갈아치울 수 있는 정체성을 부여하게 된다. 만일 나라는 존재가 내 자신이 구입하는 것과 일치한다면 나는 나의 구매품에 따라 변할 것이다. 달이 바뀌고 계절이 바뀔 때마다 딴 사람이 되는 '**패션의 희생자들**(fashion victims)'처럼 말이다. 한 안경 제조업체는 '어느 누구와도 같지 않게'라고 우리에게 약속하지만, 그러나 같은 물건을 수천 명이 소유한다면 이 말은 곧 '다른 사람과 똑같이'가 되어 버린다. 차용된 독자성이라고나 할까. "지금부터 24시간 이내로 당신은 어떤 여자가 되기를 택하겠습니까?"라고 스위스제 파텍 필립 시계 광고는 묻는다. 하지만 자신의 정체성이 이처럼 산업적으로 생산된다고 진심으로 믿을 사람이 누군가? 몰락한 병사들은 신발 한 켤레를 사거나 코카 콜라를 마셔도 삶은 바뀌지 않으며, 그들은 꼼짝없이 그들 자신으로 남을 수밖에 없음을 쓸쓸한 심정으로 확인하게 된다. 그러니 그들은 속은 것이며, 그토록 기다렸던 새로운 삶은 닥치지 않았던 것이다! 그러나 바보 취급당할 것이 두려워 그들은 자신들에게 새로운 삶과 활력을 가져다 주리라 믿었던 이 회사들을 꾸짖는다. 그리고 투덜대며 잠시 그것들에 등을 돌리기도 한다. 자신들의 신경 하나 하나가 연결되어 있는 세계에 말이다. (어떤 이들은 **인간 상표**(human branding)를 실천하기까지 하여 팔에는 나이키 문신을, 엉덩이에는 리바이스 문신을 새기며, 자신들이 속해 있는 상표를 자신들의 몸과 하나 되게 한다.)

예를 들어 캐나다의 격월간 잡지 《애드버스터스》는 과소비에 맞서 싸우며 '아무것도 구매하지 않는 날(Buy nothing today)'을 제정해 두고 있다. 북미라는 이 서방 세계가 겪고 있는 불행과 절망의 뚜렷한 징조라 하겠다. 상품과 오락에 너무도 깊이 빠져, 이따금 다이어트가 끼어드는 것말고는 아무것도 이것들에 대항할 수 없게 된 것이다. 병적인 허기증 환자들이 단과자를 멀리했다가도 곧 더한층 게걸스럽게 달려들 듯이. 그렇다면 어린 시절부터 텔레비전에 대한 자제력을 길러 주는 게 현명한 처사다. 어린아이들의 관심의 범위를 다양화시켜 세상의 아름다움에 눈뜨게 하고, 독서·그림·음악의 마법과 허구 세계의 매혹에 발을 들여놓도록 해 주어야 한다. 차세대들의 삶이 상업적 거래의 토양에서 맛보는 초라한 즐거움이나 비디오 게임, 연속극, 시트콤 따위로 축소되지 않도록 하려면 말이다.

소비는 국가를 위한 시민의 의무가 되었다는 사실을 굳이 언급하지 않더라도, 앞서 말한 전투적인 태도는 우리를 이런 행동들로부터 해방시켜 주기는커녕 오히려 얽매이도록 한다. 그것은 어쩌면 혁명을 감행할 수 있을지도 모르지만 이 혁명은 기껏해야 상품의 세계 내부에서 이루어진다. 소비자들의 견제는 경기 규칙을 보다 적절히 준수하기 위함이지 경기를 그만둔다는 의미는 아니다. 반대로 개인이 자기 입장을 보류하여 공동의 이익을 생각하고, 정신을 확대시켜 공동의 영역으로 들어오는 순간 그는 시민으로서의 자격을 갖게 된다. 이곳에서 사람들은 서로에게 말을 걸고 대결하며 일정한 규칙에 따라 함께 행동한다.

그런데 마치 소비자가 인류 모험의 결정적인 발언이 되어 봉급생활자·간부·노동자, 이 모두를 인질로 삼고 있는 듯싶다. 특히나 '역(逆)마케팅(retromarketing)' 망의 도움을 받아 그 자신 생산을 지휘하고, **그때그때** 상품과 용역을 주문할 수 있을 때 그렇다. 호모 콘수만스(소비자 인간)가 호모 사피엔스(지혜 있는 인간)의 궁극적인 단계일까? 제러미 리프킨·로버트 라이히 같은 여러 자본주의 비평가들조차도 인간의 부를 오로지 구매의 제스처로 축소시키고 있다는 느낌을 받게 된다. 그들은 **쇼핑**을 특출한 자유의 본보기로, 위대함의 본체로 기리며, 엄청나게 많은 선택의 대상들 앞에서 느끼는 현기증에 대해 우리에게 말하고자 한다. 그러나 고객은 이미 다른 고객들이 구축해 놓은 가능성들을 결합하고 교차시키는 걸로 만족한다. 자신의 존재를 만들어 내는 자는 위험을 무릅쓰고 결과를 예측할 수 없는 결정을 내려야 하지만 말이다. 선택은 미리 준비되고 소화된 자유의 흉내일 수도, 아니면 본인에 의해 이루어질 수도 있다. 그런데 존재 속에는 아무것도 기록되어 있지 않은 반면, 소비주의에서는 모든 것이 사전에 주어진다는 점이 바로 매력이다. 이렇게 해서 소비주의를 삶의 양식으로 삼아 책임을 모두 떠맡기자는 유혹이 생긴다. 그것은 나의 책임을 덜어 주는, 미소짓는 얼굴의 운명이니까. 스스로를 변화시키며 형성해 나가야 할 필요가 이제 없어진 만큼 비교하고 맛보고 쟁취하고, 그렇게 해서 다른 인간적 차원들을 말소시키는 걸로 족하다. 한편으론 심각한 오류를 범할 위험을 무릅쓰면서 나는 요란한 대안들을 마련해 놓으며, 다른 한편으론 별천지의 마르지 않는 샘에서 물을 길어 올리며 도취되어 일체를 시도하고 끝없이 피아노 건반을 두드려댄다.

하지만 상점가의 긴 진열대가 수많은 사람들의 유일한 지평, 유일한 야심이 된다면 이보다 더 불길한 일은 없다. 북미와 유럽에서는 수많은 소도시가 주거 환경과 대형 슈퍼마켓, 이렇게 두 공간으로 나누어져 거리 외의 공공 장소라고는 타지(他地)로 이어지는 도로밖에 없는 처량한 모습을 볼 수 있다. 북극에서 파타고니아에 이르는 땅을 뒤덮은, 누구나 이용하는 균질화된 슈퍼마켓의 유토피아는 우울증 환자의 꿈이라 하겠다. 인간 관계가 빈약한 대형 상점들의 황무지와 풍요로운 교제가 이루어지는 시장은 딴판이다. 노점들, 행상인들, 외침과 냄새와 맛이 어우러진 흥겨운 마당. 이것들은 장사라는 말에 보다 광범위한 의미를 부여한다. 반면 전세계적인 철학으로 화한 소비주의는 사물이 우리의 기대를 충족시킬 수 있다는 환상을 심어 주지만, 실제로는 끊임없는 실망만 안겨 준다. 그 무엇도 이 기대를 채우지 못한다. 이 기대를 채워 줄 수 있는 건 구매의 논리가 아니고 행동·계획·자아의 구축이기 때문이다. 욕망의 두 가지 양상을 구별해야 한다. 하나는 결핍을 포화 상태로 극복하고자 하며, 다른 하나는 결핍을 일종의 뼈대 역할을 하는 긍정적인 요소로 이용하면서 포만 상태를 그 무엇보다도 두려워한다. 소비를 일삼는 유형은 면역성이 매우 떨어져 사소한 욕구 불만도 모욕으로 여긴다. 이 배부른 자는 늘 허기져 있으며, 얻으면 얻을수록 더 많이 요구한다. 그는 숨막힐 듯한 결핍으로 고통스러워한다. 그는 잔뜩 배부른 상태에서 불평을 늘어놓으며, 이미 입 안에 먹을 걸 가득 물고도 더 달라고 떼쓰는 처지가 된다. 그의 정신 생활은 위축되며, 충족감에서 오는 순간적인 경련 다음에는 또 다른 갈망이 뒤따른다. 구매 행위라는 편리한 탈출구는 그의 감옥이 되고 만다. 가진 것, 마시는 것, 먹는 것, 듣는 것으로 스스로를 규정하면서 그는 자신의 탐욕에 질서를 부여할 수 없는 미성년의 세계에서 무위도식한다.

복합적인 인간을 소비자라는 단 하나의 척도로――설사 그가 상표들에 대해 반발할지라도――축소시킨다고 우리에게 이로울 건 없다. 하지만 일정한 유형의 상업 · 경제 · 사회학 도서를 읽노라면 너무도 빈약한 노정을 제시하는데다 검토된 행동들이 단조로워 당황하게 된다. 그렇게 해서 사람들은 무미건조한 유토피아에 우리를 종속시키고, 공공의 삶을 규제하며, 다람쥐 쳇바퀴 도는 생활에 우리를 가두려 하는 것이다. 그렇다고 중대한 결과가 초래되지는 않을 것이다. '다수(多數)'의 패러독스라고나 할까. 텔레비전이나 라디오 채널이 수백 개로 늘어나고, 우리가 더 많은 상품과 물건을 소유하게 될수록 그것들은 모두 비슷해져 버리기 때문이다. 잡색의 울긋불긋한 표면 아래서 유사한 것들간의 애처로운 경쟁이 벌어지고 있다. 풍요의 세계에서 어느 날 다양성으로부터 권태가 태어났다. 소비는 소비 외의 그 무엇도 우리에게 가르쳐 주지 못하며, 우리를 '문명화' 시키지는 않고 그저 사용자들이 되게 한다. 즉 전적으로 상품의 편의에 의존해 있으며, 돈에 대해서밖에는 말할 줄 모르는 사람들로 만들어 놓는 것이다. 이런 유의 쾌락은 우리의 피로를 풀어 주고 기분 전환을 시켜 주지만 교육적 가치는 전무(全無)하다.

그러니까 우리는 도시의 주민인 동시에 슈퍼마켓의 주민이며, 의회 정치에 대한 우리의 집착은 범람이 가져다 주는 희열에 대한 무절제한 집착이기도 하다. 하지만 그것들을 서로 혼동하고 민주주의를 경영 방식에 종속시키려 한다면 미친 짓이다. 그런데 원래 의미에서의 소비주의는 이미 오래 전에 상점가를 벗어나, 모든 문제의 해결 책임을 자처하는 게걸스런 논리가 되었다. 스스로를 쾌락의 용어로만 지칭하지 않고 한발 더 나아가 건강, 인본주의, 환경 보호의 용어들을 끌어들인다. 광고가 정치를 점거하여 정치에 영상 효과용 비디오 필름과 슬로건을 강요한다. 텔레비전이 우리의 상처받은 사랑을 치료해 주겠다고, 정의를 회복시키겠다고, 경찰과 특히 학교를 대체하겠다고 나선다. 과거엔 어려웠던 일들이 이제 눈 깜짝할 사이에 이루어지게 될 것임을, 따라서 노력과 노동·학업이 폐지될 것임을 암시하면서. 이런 논리가 비할 데 없는 재주를 발휘해 위기에 처한 분야들(문화·교육·정치)을 포위하고 조여 오며, 마침내 그것들을 왜곡시켜 빈 껍데기가 되게 만든다. 온갖 수사를 동원해 도덕적·정치적·종교적 열정들을 우스갯소리로 재현해 낼 수 있는 카멜레온적인 태도의 절정. 이 논리는 아무것도 믿지 않으며, 뭐든 가리지 않고(보다 신속히 퍼져 나가기 위해 자신에 대한 이론(異論)까지도) 집어삼키기 때문이다. 그러므로 서로 다른 차원의 것들을 뒤섞지 않도록 해야 하다 세상을 그 경제적 기반에서 출발해 재건하겠다는 조물주적인 야심은, 과거에 오로지 당의 엄명에 의해 새 인간을 빚어내려 했던 야심과 마찬가지로 미래가 없기에 하는 말이다. 생산성·수익성·효용성 등 자체의 영역 내에서의 주요 개념들이 인간 행동의 척도로 자리잡는다면 심각한 훼손을 초래할 것이다. 자본주의에 찬성을 표한다 해도 그것이 자신의 범위를 넘어서도록 해서는 안 된다. 어떤 가치도 다른 가치들의 패배를 선포하며 승리를 구가하지 않도록 가치들의 체계를 개방시켜 두도록 하자.

제III부
응수와 초연

제9장
자본주의로부터 신성을 박탈하기

"더없이 근면한 세대인 우리 세대는 자신의 노동과 돈으로 무엇을 해야 할지 모른다. 늘 더 많은 돈, 더 많은 노동밖에는."

니체

"종이도 전파도 침투하지 못하는, 엄격히 격리된 금역(禁域)을 조만간 만들어야 하리라……. 그곳에서 사람들은 속도와 수를 경멸할 것이다. 또 대중이라든지 깜짝 놀랄 만한 일, 참신함과 고지식함의 대비, 이런 것들이 미치는 효과를 경멸할 것이다. 바로 이곳에서 사람들은 때로 창살을 통해 몇몇 자유인의 전형을 보게 될 것이다.

폴 발레리

무제한의 기술 혁신과 경제 성장의 이점들에 대한 의혹이 사람들의 뇌리를 스친다. 회의주의가 우리의 우상들을 갉아먹고, 어쩌면 진정한 정신 변화를 준비중인지도 모른다. 2000년 미국에서 대통령 선거가 한창 진행되고 있었을 무렵, 두 정치학 교수는 전례 없는 번영에도 불구하고 왜 미국인들이 행복하지 않은지 그 이유를 자문하게 되었다. 물질적 향상의 분명한 징조들은 더 많은 노동과 스트레스를 요구하며, 그와 나란히 정치·사회 활동과 가정의 영역은 쇠퇴한다. 요컨대 사생활과 공동 생활의 연계성이 점점 취약해져 가는 것이다.[1] 시간과 에너지를 무섭게 먹어치우는 부(富)는 사람들이 노동과 충전을 오가는 변변찮은 삶을 영위할 수밖에 없도록 한다. 자본주의는 생겨난 지 두 세기 반이 지난 오늘날에도 끊임없는 숭배의 대상이 되고 있다는 사실을 어떻게 설명할 수 있을까? 이 고분고분한 종은 이제 우리 모두를 채찍으로 다스리는 인정사정없는 주인이 되었다는 사실을 말이다. 세계 제일의 부유한 국가들, 이미 오래 전에 시장 경제의 감독으로부터 해방되었어야 할 나라들이 나스닥과 니케이 지수가 흔들릴 때마다 불안에 떨며 여전히 생활 수준과 인플레이션의 강박관념에 사로잡혀 있다는 사실은 어떻게 설명해야 할까? 미국과 코스타리카처럼 GNP가 크게 차이 나는 두 나라 국민의 평균 수명이 같다는 사실을 어떻게 설명할 수 있는가 말이다.

번영은 일단 자리를 잡으면 번영 자체의 이상(理想)이 되어 버린다. 그래서 그것을 유지하고 확대시키느라 우리는 그의 천한 종이 된다. 21세기 벽두, 서구에 사는 우리라고 과거의 사회들보다 더 만족스런 생활을 하고 있는 건 아니다. 번영의 한복판에서 우리는 여전히 결핍과 빈곤에 시달린다. 선조들의 종교적·정치적 환상까지도 잃은 채 말이다. 돈과 경제는 목적도 수단도 아니면서 이 두 역할을 모두 담당하는 이례적인 대상으로서 독특한 색깔을 띠게 되었다. 이 둘이 일체로 귀결되며, 모든 것이 이 둘로 귀결된다. 그러니 이제 우리는 한 익명의 힘을 떠받들어야 하는 수준으로 추락하고 말았다. 이런 마당에 우리는 시장을 공개 비난의 대상으로 삼을 게 아니라 이 토템을 문제삼아야 한다. 그

걸 저주해 봐야 또 다른 병을 얻을 따름이니, 혐오와 도취라는 이 두 적대적인 형제가 교감하는 악순환으로부터 탈출해야 한다.

해피 엔딩

피리를 불고 북을 쳐라. 구세계는 이제 폐기되고 기적적인 해결책이 도래했으니까! 10여 년 전에 사원 주주제가 이렇게 떠들썩하게 등장했다. 마침내 '기업의 소유주들과 노동 계급간의 역사적인 균열'(알랭 밍크)을 넘어설 수 있을 테며, 노동에 대한 피라미드식 관점을 쳐부수고 노동자들이 자신들의 생산 도구와 하나 될 수 있으리라는 것이었다. "강하든 비참하든 여러분 모두가 자본가가 되는 겁니다!"라는 놀라운 소식이었다. 미래에 대해 속단할 순 없지만, 주주들의 민주주의는 고통의 위로라는 기독교의 낡은 처방과도 몹시 닮아 있다. 이 땅에서의 삶을 체념하고 받아들이면 우리에게 천국이 약속되어 있었던 것이다. 그런데 이제 그들은 급여에서의 공제를 조건으로 우리에게 스톡옵션이라는 거창한 (고양이 목의) 방울을 보여 준다. 이것은 애착과 열의와 합일을 끌어낼 수 있지만, 반면 모든 요구를 사전에 봉하고 개인의 운명을 회사의 운명과 연결짓는 수단이기도 하다. 그래서 안 될 게 뭐냐?고 물을 수도 있겠다. 하지만 우리가 제안받고 있는 건 현금으로 주어지는 보수가 아니라 가상의 돈임을 알아야 한다. 미래의 부에 대한 이런 권리는 주가의 등락에 좌우되는 우발적인 무엇에 불과한 것이다.

자본주의가 보편화되면 국민의 이름으로 국민이 해고당하고 저임금을 받게 된다. 높은 금리를 요구하는 스코틀랜드의 미망인이나 캘리포니아의 우체국 직원이 로렌·카탈루냐·튀렝의 노동자의 운명을 결정짓는다. 자신을 착취하며 스스로를 최악의적으로 삼는 전대미문의 '정신분열증에 걸린 봉급생활자' '정신분열증에 걸린 봉급생활자'(에릭 이즈라엘레비츠)가 등장한다. 사람들이 자기 자신에게 폭군이 되어 불행에 대해 자신을 책망할 수밖에 없게 되는 고르디우스의 매듭이라고나 할까. 현재 적어도 프랑스에서 이루어지는 이런 유의 민주주의는 돈으로 취득한 선거권과도 유사하다. 내깃돈을 쓸어 가는 건 거물들이나 간부들이며, 직원들은 그들 기업을 '소유'하기는커녕 부스러기나 받아먹을 따름이다. (90년대말 프랑스에서 주식을 소유한 봉급생활자는 70만 명에 불과했다.) 자본주의가 어느 정도까지 모순에 시달리는지 주목하자. '연금 적립의 사회주의'를 거론한 피터 드러커를 비롯해, '마르크스를 쓰레기통에'라는 꿈이 시장에 의해 실현되고 시민의 복귀가 대대적으로 유도되리라 믿는 필리프 마니에르에 이르기까지! 마치 공산주의가 성취할 수 없던 것이 집단의 저축과 이익 분배로 서서히 완수될 수 있다는 듯이 말이다. 이런 통합의 볼셰비즘을 누구더러 무조건 믿으라 할 수 있겠는가?

봉급생활자 및 노사 분리의 철폐, 위험의 공동 분담, 사람과 직업의 유동성 등등, 노동 운동 이론가들이 주장하는 어떤 유토피아들은 달성된 순간 이상하게도 악몽을 닮는다. 노동자들이 다양한 수입원 및 프리미엄과 보너스의 혜택을 누리고, 자신들의 노동뿐 아니라 주식 관리를 통해 소득을 올릴 수 있다면 근사한 일임에 틀림없다. 하지만 이 모든 '자극제'가 불평등을 종식시키지는 못한다. 자본과 노동의 갈등은 여전히 극복되지 않은 채 남을 것이다. 그러니 이 갈등을 없애겠다는 환상을 품느니, 유동적인 이익 분배를 통해 이 갈등을 수용하는 편이 낫다. 그렇게 본다면 사원 주주제 역시 월급명세서의 보완물 역할을 하거나 보잘것없는 월급의 우발적인 대안물, 혹은 새로운 자금

운용책이나 만병통치약이 되어 줄 수도 있다. 서둘러 알력을 종결짓고자 하는 정열적인 자본주의와, 환상을 품기에는 너무도 명철하여 항시 철회가 가능한 일시적 타협안들을 구상하는 데 만족하는 냉정한 자본주의, 이 둘은 근본적인 차이를 지닌다.

경제를 세속화하기

정치 · 경제 영역의 흥미로운 도전이 요청되는 몇 가지 사항이 있다. 포괄적 최저 소득제를 실시하고, 은퇴의 개념을 재정립하여 그 시기를 늦추거나 인생 전반에 걸친 문제가 되게 하기, 돈세탁 방지를 위해 세계금융감독위원회를 마련하고, 조세 회피지와 치외법권 지대를 철폐하기, 가난한 나라에서 부유한 나라로의 수출을 가로막는 관세 장벽을 없애고, 가난한 나라들이 진 빚을 탕감하기(그것이 교육과 발전에 쓰인다는 조건하에. 이것은 유럽인들이 아프리카에서 자행한 흑인 노예 무역과 제국 정책 등에 대한 책임을 자인하는 방법이기도 하다). 실지로 이 모두를 위해 여러 방안이 제기될 수 있다. 즉 미국의 주도권을 견제하는 하나 된 유럽국의 구축, 4대륙에 대연방체 확립(에드가 모랭), 제3세계를 위한 마샬 계획의 도입(제프리 삭스), **IMF · WTO** 세계은행의 개혁을 통해 제어 메커니즘의 완벽을 기하기. 봉급생활자의 현조건에 적합한 복지 국가의 재발명 등. 방법이야 어떻든 이것들은 무엇보다 세계 차원의 새로운 사회 계약을 맺고, 광신적인 자본주의(효율적이긴 하지만 공평하지 않은)에 테두리를 정해 줌과 동시에 그것을 퍼뜨리기 위한 것이다.

자본주의를 우리의 경험에 비추어 온전히 요약할 수는 없다. 자체 안에 내포된 온갖 가능성이 완수되어야 할 문제로 남는 것이다. 여가를 누릴 수 있는 사회의 대두, 자기 실현과 관련된 노동, 기본적인 혜택들의 무료 제공 등. 그러나 자멸하지 않고 쇄신된다면, 또 다른 무엇에 스스로를 개방한다면 그것은 보다 강력한 힘을 지닐 수 있다. 민주주의와 마찬가지로 결코 완전치 못한 상태에서 그것은 자기 심문의 장소로 남아, 다양한 가능성 사이에서 스스로를 정의 내리기 위한 대화를 이어간다. 그렇다면 경제를 속화시켜야 하는데, 그것은 두 가지 사실을 의미한다. 우선 20세기 벽두에 프랑스에서 교회와 국가의 분리가 법으로 제정되었듯이, 경제도 분리시켜 자기 고유의 영역을 벗어나지 않도록 하는 것이다. 그것이 독점력을 행사하지 않도록, 갈등과 예법의 중재자가 되지 않도록 해야 한다는 말이다. 그런가 하면 경제가 더 이상 전문가들의 전유물이 아님을 의미한다. 자본주의는 민주적이 될수록, 속화될수록 만인을 위한 것이 되며, 엘리트의 종교에서 탈피하여 서민의 신봉 대상이 될 것이다. 한편 작금에 머리를 쳐드는 자본주의에 대한 반항은, 자본주의를 악마로 규정하는 대신 더 이상 그것에 현혹되지 않고 각자가 새롭게 적응할 수 있는 방안을 모색해야 한다. 생산 양식의 지배하에 도로 놓이기 위해 우리가 20세기의 재난인 정치 독재로부터 해방된 건 아니지 않는가. 훌륭한 경제는 효율적일 뿐 아니라 요란을 떨거나 전체 사회 집단의 생명력을 빼앗지 않으면서도 번창하는 신중하고 우애어린 동반자다. 무슨 일이 있어도 그것이 더 이상 매력적인 삶의 조건이 되어서는 안 되며, 행정적인 영역에 머물러 자신이 늘 담당해 온 관리자의 역할을 수행해야 한다.

권력과 부는 필요한 환상들이라고 애덤 스미스는 말했다. 골치

아픈 거대한 기계. 거기서는 안락한 생활을 위한 염려가 거기 도달하기 위한 수단과 혼동된다. 또 돈은 종이 뭉치나 금·저축 등의 형태로 이미 그 자체가 행복이지, 행복을 만들어 주는 무엇이 아니다. 이같은 혼동은 유익한 것이라고, 그렇게 해서 세계의 모습이 바뀌고, 부자가 되려 하는 각자의 욕구야말로 모두에게 안락한 환경을 만들어 준다고 한다면[2] 근사한 추론이 아닐 수 없다. 그렇긴 해도 우린 더 이상 애덤 스미스의 시대에 살고 있지 않다는 사실을 알아야 한다. 우리 사회는 눈이 휘둥그레질 정도의 풍요를 구가하는 것이다. 설사 돈이 우리를 해방시키고 독립과 익명의 원천이 되어 준다 해도, 또 모든 구속으로부터 자유롭게 한다 해도 돈 자체로부터 우리를 자유롭게 하지는 않는다. 그러므로 언젠가는 이 해방자로부터 벗어나서 그를 제자리에 데려다 놓지 않으면 안 된다. 요컨대 경제는 우리가 물질적 염려를 상대화하도록 해주는 대신 끊임없이 이 염려에 묶여 있게 하고, 가난하건 부자건 밤낮으로 숫자 속에, 실업률 추이 그래프 속에 코를 처박고 있도록 한다. 우리에게 어떤 유유자적함을 선사하는 대신 그것은 우리가 그의 대리인이자 피조물임을 명심토록 한다. 우리를 결핍으로부터 구해 내진 않고 더욱더 그 속으로 빠져들게 한다. 그 메커니즘은 전도되어 수단이 목적이 되고, 목적이 수단이 된다. 돈과 거래의 바이스가 삶의 모든 틈새를 조이고 있다. 돈에 대하여 "시계가 시간이 되어 버린 만큼이나 괴물 같은 사건"이라고, 페기는 말한 바 있다.

반대, 아니면 공존?

과격파들의 울긋불긋한 사육제, 습관화된 폭력, 미디어의 어릿광대짓, '해적들의 유토피아'(하킨 베이)라는 민간 전승, 그밖의 '잠정적인 자치의 영역들.' 이 모두를 넘어 오늘날의 반자본주의는 이중의 쟁점을 안고 있다. 우선 새로운 규제에 힘입어 최상의 자원 분배 체계를 촉진시킨다는 것. 그런가 하면 모두가 보수를 받을 수 있도록 최대한 많은 분야를 개발하며 경제 논리를 보다 고차원적인 정신 활동으로 바꾸어 놓는다는 게 다른 하나다. 둘은 결코 양립 불가능한 태도가 아니다. 체제의 전제들에 대한 정신적 이탈을 감행하면서 체제의 지나친 점들을 바로잡으려 할 수도 있다. 이제 사람들은——**적어도 선진국에서**——물질주의 유토피아를 머뭇거리며 포기하기 시작하는 것 같다. 지난 2세기 동안 기승을 부렸던 이 유토피아는 이제 스스로의 한계를 드러내며, 급기야는 그 주요 수혜자들을 향해 덤벼들게 된 것이다. 세계를 산업의 모험 속으로 뛰어들게 했던 서구만이 거기서 벗어날 수 있을는지 모른다. 그리고 이란의 철학자 다리우스 샤이에간의 말을 빌리면 추락의 지점이 동시에 변신의 지점, 전환점이 되어 줄지도 모르는 일이다.

하지만 여기서 다시 자본주의자와 그 반대자라는 긴밀한 관계에 있는 한 쌍에 대한 경계를 늦추지 말도록 하자. 이 둘은 광분으로 서로에게 매여 있으며, 후자는 전자의 눈과 귀·양심의 가책이 되어 전자를 비방함으로써 강화한다. 그런데 전자가 무엇보다 두려워하는 건 쉽사리 찾아낼 수 있는 쓸모 있는 대안 모델의 수립이 아니라 관심의 상실이다. 무분별한 과잉 생산, 진열창에 넘쳐나는 싸구려 물건들, 구역질나는 돈벌이주의, 광고에 취한 상태……. 이 모두에 직면해 우리 사회에서 머리를 쳐드는(결정권자와 투자가·은행가들까지 엄습하게 된) 일시적 권태다. 이 가짜-부(富)의 의미를 더 이상 이해할 수 없게 된 이들이 "이게 다 무슨 소용인가?"라고, 유익한 질문을 던지게 된 것이다. "무관심은 궁극적으로 가치에 대한 매우 적극적인 거부이다."(게오르크 짐멜) 현재 이곳에서 소멸되어 가고 있는 건 시장이라는 신에 대한 열정이다. 그것이 어디에나 편재한다는 건 별볼일 없는 무엇이 되었다는 의미와도 일치하니까. 한편 이제 서서히 자리를 잡아가는 현상은 혁명의 이상이라기보다 방향 전환이다. '반자본주의자'란 우선 더 이상 자본주의에 사로잡혀 있지 않고 다른 걸 생각한다는 말이다. **반박하며 나서기보다 공존하거나 슬며시 몸을 빼내서 안 될 게 뭐란 말인가?** 적어도 개인적으로 '사치'의 표징들을 옮겨 놓음으로써 떠남이 가능해진다. 고액의 월급보다는 자유 시간, 열광보다는 명상, 영리 추구의 열의보다는 정신 생활, 많은 사람 대신 작은 모임들, 군중 속의 외로움보다는 선택된 친구들과의 칩거. 요컨대 지혜로운 후퇴를 처방하고, 냉철하게 모순을 받아들이는 것이다. 미(美)와 침묵과 문화의 보금자리. 안팎에 동시에 존재토록 하며, 멀어지지 않고 벗어나게 하는 미묘한 정신 분열. 진지한 사람들, 저명 인사들의 비웃음을 살 작은 몇 발자국. 이 모두는 삶에서 중요한 것들의 순위를 뒤바꾸어 놓겠다는 야심만을 갖는다. 도피의 전략을 채택하기. 단 이 탈주는 체제와의 긴밀한 연합 끝에 생겨난 것이어야 한다. 이제 어떤 주의주장의 영웅이기를 포기하고 노동으로부터의 탈당자, 거래로부터의 전향자가 되는 것이다. 엄격한 효용성의 질서에 고스란히 속해 있지 않는 모든 것, 값으로 헤아릴 수 없는 재화, 즉 시와 사랑, 에로티시즘,

자연에 대한 명상, 유대감을 높이 사기. 인간을 초월하여 자아보다 더 높은 곳에 데려다 놓는 것, 졸렬함·인색함·재산 축적의 광적인 강박증에서 떼어 놓는 모든 것에 가치를 부여하기.

이렇게 해서 우리는 자본주의와 사랑 혹은 증오의 관계를 맺는 게 아니라 순전한 냉소주의로 임한다. 우리는 이 장치에서 우리에게 적절한 것만 취하고, 우리를 불구로 만드는 건 내다 버린다. 자본주의가 인간을 이용하듯이 우리도 그것을 이용한다. 감사도 저주도 하지 않으며, 그것이 전례 없는 부의 요인인 동시에 돌이킬 수 없는 불화의 요인임을 기억하면서 말이다. 우리에게 이득이 되는 한에서만 우리는 그 이데올로기를 지지하며, 그것이 우리의 욕구를 따르도록 한다. 과거의 좌파나 공산주의 과격파들처럼 핏대를 올리거나 하지도 않으면서. 이제 그것을 믿지 않게 된 우리는 그것을 상대화시킨다. 수 세기 동안 우리는 이 지친 신의 이름으로 목숨을 바쳤지만, 이젠 그를 모른 척한다. 우리는 자본주의를 그 결함들에도 불구하고, 아니 오히려 불완전하기에 받아들인다. 그건 수정 가능함을 의미하기도 하니까. 그리고 지나친 찬사와 파문 사이에서 우리는 구원이 되는 의심을 선택한다.

생명을 얻기 위해 생명을 잃기?

욕구의 체계가 무한하다는 건 새삼 언급할 필요도 없다. 모든 위대한 문명은 개개인의 기호를 지나치게 불려 놓았다. 매 단계의 발전이 있을 때마다 새로운 허기증이 등장하기 때문이다. 지난 세대에는 사치에 속했던 것이 우리 시대에는 필수품이 되고, 필요 이상의 것이란 언제나 역사적이고 상대적인 의미를 지닌다.

그러므로 성장률 제로의 정체 상태를 옹호하자는 게 아니라, 다만 금융·인간 관계·사회적 부의 다양한 모델을 경합에 부치자는 것이다.[3] 현금 외에도 심미적·문화적·정신적 호사의 원천들이 있기 때문이다. 물질적 결핍으로부터의 해방은 해방의 조건들 가운데 하나이지 그것이 전부가 될 수는 없다. 돈은 하나의 발판일 뿐이지 굴레가 되어서는 안 되며, 절대적 숭배의 대상이 되어서는 더더욱 안 된다. 그런데도 돈이 모든 걸 평가한다고 절대화시켜 우리 존재를 고스란히 그 관할권 아래 둘 것인가? 벌이가 지상 목표가 되면 축적이 삶을 대신한다. "우리가 하는 노동이 우리를 더 풍요롭게 만들어 준다면 우리의 사생활이 빈약해지는 이유는 뭔가?" '그물 경제' 속에서 미국 중·상층이 벅찬 업무량으로 고통받는 현실에 대하여, 빌 클린턴 행정부 시절 장관을 지냈던 로버트 라이히는 이렇게 묻는다. 미국인이 유럽인과 일본인보다 연평균 3백50시간을 더 일한다면, 그건 그들이 치열한 경쟁에 노출되어 경쟁 시장에서의 이 불안정한 상태를 악착 같은 노동으로 보상해야 하기 때문이다.[4] 승자의 범주에 들어 명맥을 유지하려면 점점 노예화 상태로 떨어지거나 최상의 것들을 포기해야 되는지도 모른다. "생명을 얻으려면 잃어야 한다"는 60년대의 낡은 슬로건이 이처럼 생생하게 다가온 적도 없다. 많은 돈을 벌기 위해 어떤 희생을 치를 각오가 되어 있는지를 아는 것이 관건이다. 직업적·재정적 성공은 존재적 측면에서의 실패를 내포할 수도 있는 것이다. 그런데 이제 모든 문제가 돈으로 귀착된다. 우리들 대부분에게 돈은 행복의 보증물이라기보다 불행에 대한 방패막이 되어 버렸다. 죽음과 병의 고뇌를 무디게 해주는 금과 지폐와 숫자의 완충물. 돈을 축적한다는 건 우리를 위협하는 이 끔찍한 환영들을 미신적인 방법으로 멀리 내쫓음을 의미한다. 하지만 그렇게 행동하면서 우리는 자신이 도망치는 것의 지배하에 놓이게 된다. 그러나 아무리 돈이 많다 해도 우리 스스로를 불행과 죽음으로부터 지킬 수는 없다! 돈은 애끓는 염려가 되어 우리의 존재를 메마르게 하고, 우리를 냉정한 신을 섬기는 천한 종으로 바꾸어 놓는다. 그렇다 해도 순전히 물질적인 이 영예의 매력에 어떻게 초연할 수 있을까? 이제 뭐든 지나치게 소유하고 있음에도 불구하고 때로 어이없이 튀어나오는 이 계산된 행동으로부터 어떻게 벗어날 수 있을까?[5] 선인들의 조언대로 우리가 소유한 것에 의해 소유당하지 않으려면 공공연한 탐욕의 함정들을 조심하고, 집단의 유혹에 늘 굴하지는 않도록 해야 한다. 우리가 내리는 결정은 사적인 것이 될 수밖에 없지만——자유 의지에 따라 절제 있는 생활을 하는 것도 각자에게 달렸다——그 결과는 모두에게 영향을 미친다. 사실 금전욕은 그리 '자연적인' 것이 아니다. 산업 혁명 초기에는 누구나 꼭 필요한 만큼만 벌려고 했기 때문에 그들의 월급을 대폭 삭감하면서 공장에 들어가 일하도록 부추겨야 했다.[6] 이득의 개념은 본능과는 무관한 역사적인 산물인 것이다.

자신의 운명을 개선코자 하는 현대인의 욕구를 애덤 스미스가 확인했을 때, 그는 저축과 부의 증진이라는 각도에서만 문제를 파악한 것이다.[7] 여기서 그는 단순화의 잘못을 범하고 있다. 물질적으로 보다 풍요로운 삶이 늘 최상의 삶은 아니기 때문이다. 살 만한 가치가 있는 삶은 18-30세의 부유층만이 누릴 수 있다고, 미디어에서는 대대적인 암시를 보내오지만 말이다. 그러나 돈이 가장 보편적인 수단이 되었다고 유일한 수단이라는 말은 아니다. 동료들의 인정과 자긍심을 누리려면 '부자가 되겠다는 용기'(수즈오먼)[8]가 있어야 한다면, 황금 위에서 구르지 않는 이들은 모두 얼굴을 가려야 하리라. 그러나 삶의 개선은 또한 자아의 완성, 정신적 변화를 의미하지, 그저 부자로 도약한다는 게 아니다. 겨울을 대비해 도토리를 쌓아두는 다람쥐 콤플렉스에 누구나 걸려 있는 것도 아니다. 자본주의자들의 '미친 듯이 포효하는 탐욕스런 육식의' 무리(러스킨이 사용한 좀 괴교한 이미지를 빌리면)에 우리 스스로 가담해서는 안 된다. 권력에 대해, 특히나 돈의 권력에 대해 무관심한 사람들이 여전히 존재한다. 금전적인 숙고 이상의 삶도 있으며, 생산의 논리를 벗어나는 정신적 분기점과 황홀도 있는 것이다. 우리 시대의 숭고한 가치들은 무엇보다 상품과 금송아지에 초연한 음악과 예술·사랑 속에 자리잡는다. 돈 자체에 대한 열정은 죄된 무엇도, 병적인 무엇도 아니다. 하지만 그것이 기타 다른 희열이나 보다 섬세하고 귀중한 열정과 균형을 이루지 못한다면 유감스러울 따름이다. 번영이 단지 물질적인 것에 지나지 않는다면, 또 더 많은 이들과 공유되거나 사회적으로 재투자되지 않는다면 비참한 일이다. 상반되는 것들을 접근시키는 역할과 동시에 대륙과 문화를 파고드는 매개자, '국제 창녀'(셰익스피어)로서의 역할을 다하는 돈, 이런 본연의 역할로 되돌려 놓기 위해 우리가 경솔하게도 옥좌에 앉힌 돈을 그러므로 폐위시켜야 한다.

프랑스에는 돈에 대한 어떤 거부감(가톨릭 신앙과 공화국의 유산)이 잔존하는데, 이는 긍정적인 현상이라 할 수 있다. 물론 여기에는 부패에 대한 미심쩍은 관용과 성공에 대한 유감스런 조롱을 포함하여 상당한 위선이 내재해 있다. 그렇긴 해도 부가 어떤 주의주장이나 숭고한 이념을 위해 사용되지 않는다면 헛것에 불과하다는 사실, 진정으로 중요한 이 사실을 이렇게 해서 다시 한번 확인하게 된다. 다른 유럽 국가들과 마찬가지로 프랑스는 상업적인 거래에 반(反)하여 생활의 지혜를 옹호하는 나라로 남아 있다. 이방인의 눈에는 낡아빠진 무엇으로 비칠지도 모르는 관습이나 관례에 프랑스인들은 매여 있다. 이것들이 그들에겐 자유와 우아함을 구현하기 때문이다. 그런가 하면 프랑스는 나른한 타성에 젖어 만족해 있지 못하도록 제동을 거는 방해꾼으로, 또 귀찮은 질문들을 제기하고 때론 '아니'라고 말할 줄도 아는 나라로 널리 인정받고 있다. 이런 의고주의와 '거꾸로 생각하기'의 천부적 재능이 프랑스를 아주 특별한 나라로 만들어 놓는다. 예컨대 프랑스 작가들이나 지성인들이 누리는 시대착오적인 존경——앵글로색슨인이라면 눈이 휘둥그레질——을 보도록 하자. 책은 초월적 대상으로서 장관·학자·사장·누구 할 것 없이 글을 써서 출판해 읽히고 싶어한다. 엄청난 요구를 한 몸에 받고 있는 자기 도취적인 이 신분이 누리는 상징적 혜택, 그것은 또한 수 세기를 통관하는 세계관으로서의 사상과 그들의 언어에 대해 프랑스인들이 매우 강렬한 관심을 지니고 있음을 말해 준다.

"인간이 자신의 비참을 스스로 치유하고자 함은 미친 짓이다"라고 파스칼은 썼다. 그러나 모더니티 일체는 반대의 내기를 걸었다. 우리 피조물들이 스스로의 상황을 개선코자 함은, 또 이승이라는 고난의 정원을 열락의 정원으로 바꾸어 놓으려 함은 정당한 일이라고. 그러나 과학·공업·상업의 교배로 태어난 힘으로 광신주의·가난·무지로부터 해방되기 위해 인류는 이제 기술과 경제라는 새로운 신을 섬기게 되었다. 이 비극적인 의존 상태에서 우리가 오늘 내일 탈피할 수는 없을 것이다. 우리는 하나의 속박을 또 하나의 속박과 맞바꾼 것이며, 이제 이러지도 저러지도 못하는 상태에 적응하지 않으면 안 되게 되었다. 두 입장 모두 별개로 유지될 수는 없노라고, 고로 우리는 오랫동안 절름발이 신세를 면치 못하리라고 은밀한 목소리가 우리에게 속삭인다. 어쩌면 우리는 우리의 부(富)의 의미에 대하여, 또 '수 세기 동안 누렸던 산업 발전의 흥겹고 경박한 축제'(한스 요나스)에 대하여 반성할 기회가 한번도 없었는지 모른다. 하지만 이제 우리는 가능성의 영역이 무한해 보이는 전환기를 살고 있다. 마치 배경막이 찢어지면서 우리는 이제까지 사람들을 인도해 온 마지막 망상, 즉 물질적 풍요에 의한 구원이라는 망상으로부터 깨어나는 것만 같다. 가난을 퇴치하고 덜 적대적인 세상을 만들겠다는 정당한 의지 너머에서 어쩌면 어떤 진화가 예고되고 있는지도 모른다. 갑작스레 문명을 흔들어 놓는 점차적인 전환들 중 하나가 말이다. 말하자면 "영혼을 잃은 대륙을 회복시키고"(다리우스 샤이에간) 우리의 실존적인 절망으로부터 벗어나겠다는 갈망이.

제10장

문명화의 불안

"미로(迷路)는 망설이는 자의 조국이다."
발터 벤야민

"서구의 불만은 절망이나 희망을 모두 거부한다."
레몽 아롱

현대인들의 진정한 고통은 지켜지지 않은 약속, 어쩌면 지킬 수 없는 약속의 고통이다. 즉 지식과 교류의 무한한 발전이 인간의 도덕적 발전이나 상호 책임에 대한 인식과 병행하리라는 약속. 하지만 실망은 터무니없는 계획 속에 이미 내재해 있다. 즉 삶의 모든 혜택이 모든 이에게 돌아가도록 하며, 원래의 인류를 정상까지(그것과 비교할 때 이제까지의 역사는 초라한 무엇으로 비치게 될) 끌어올린다는 것이었다. 현기증이 나도록 번쩍거리는 가능성의 영역들과, 언제나 기대에 못 미치는 결과에 대한 실망. 사실 현대적이라는 건 우리에게 마련된 운명을 감수하지 않겠다는 것인데, 그렇다면 민주주의는 허용된 불평의 체제가 된다. 민주주의는 스스로 만족시켜 줄 수 없는 욕구를 부채질하고, 인내심을 잃도록 하며, 미치광이 같은 갈망들을 정당화한다. 우리는 현재 소유한 권리보다는 누려야 할 권리, 아직 갖지 못한 재화로 인해 더 고통받는다. 지금 있는 건 늘 모자라다고 여겨지며, 너무 많은데도 너무 적다고 생각된다.

지금까지 수많은 악이 정복되고, 수많은 부정의가 폐지되었다. 그런데도 이 순간 그 모두로부터 자유롭지 않다는 사실에 우리는 놀랄 따름이다. 흔히 말하는 불행들에다, 불행 자체에 종지부를 찍을 수 없다는 불행이 첨가된다. 우리가 정복했다고 믿었던 것들이 계속 우리를 짓누르며 비웃는가 싶으면 또다시 새로운 시련이 등장한다. 우리는 어둠에서 빛으로 나아가는 게 아니라, 암흑과 광명을 또 다른 방식으로 재분배하고 있을 따름인 것이다. 우리는 '이상과 현실의 간극을 견딜 수 없도록 하는 데'(마르크스) 성공했는데, 이는 개혁의 행동이나 헛된 항의로 치달을 수도 있는 태도다. 문명은 고통을 해소하는 만큼이나 고통을 야기할 수도 있다. 그 규준들이 우리에게 짐이 될 뿐 아니라, 복지를 규범으로 내세우면서 적대 세력을 한층 참을 수 없는 무엇이 되도록 하기 때문이다. 모더니티가 우리를 실망시키는 까닭은 그것이 실패했기 때문이 아니라 지나치게 성공했기 때문이다. 바로 그것이다! 역사는 어쩌면 완성되었는지 모르는데, 사람들은 예나 다름없이 혼란에 빠져 있는 것이다. 헤겔 이후 계속해서 철학을 사로잡아 온 이 개념이 무슨 소용이란 말인가? 그것이 우리가 더 잘 사는 데 도움이 되지 않는다면 말이다.

지친 프로메테우스

 바야흐로 발전은 모호한 숭배의 대상이 되었다. 그건 이제 희망 사항이라기보다 기정 사실이다. 모든 영역에 걸쳐 분명한 혁신을 이루고야 마는, 자동 조종되는 사회의 운명이랄까. 진보주의, 즉 미래의 덕목들에 대한 믿음은 투쟁인 동시에 확인에 속한다. 말하자면 의지주의와 추종의 혼합인 것이다. 이렇게 본다면 우파든, 보수주의자로 불리는 사람들이든 진보주의자 아닌 이가 누구겠는가? 에른스트 앙투안 셀리에르 같은 이도 전진하는 프랑스, 기업가들의 프랑스를 찬양한다. 제동을 거는 프랑스, 조합과 공무원과 그밖의 '식객들'의 프랑스에 맞서서 말이다. 그런데 의미 없는 분주함, '우왕좌왕'(P.-A. 타기에프)이 우리를 휩쓸어가 끝없이 이어지면서 이제 혼돈의 부동(不動)을 닮고 있다. 우리는 미래의 대로를 활보하는 대신 무자비한 변화의 관성에 굴복한다. "전세대들이 오직 후세대들을 위해 모든 수고를 바치려 한다는 사실은 우리를 당황케 한다. 그렇다면 마지막 세대만이 이미 완성된 건조물에 사는 행복을 누릴 테니 말이다"라고 칸트는 말한 바 있다. 그러나 불행히도 이 완성된 건조물에는 물이 오염되고, 공기는 숨이 막히며, 자연은 황폐해져 있다. 최후에 태어난 자들은 선조들이 그런 독이 든 선물을 남긴 걸 저주한다.

 다음과 같이 말할 수도 있겠다. 우리는 자연을 황폐화시킨 만큼 다스림으로써 자연에 대한 공동 책임자가 되었노라고. 자연의 운명은 우리의 운명과 뒤섞이며, 우리는 자연을 제어함으로써 자연에 빚진 자가 되고, 그 빚은 우리가 이 제어력을 끝없이 포기함으로써 갚아져 나간다고 말이다. "우리는 땅을 선조들로부터 물려

받는 게 아니고 우리 자녀들에게서 빌린다."(인도 속담) 그런데 우리가 자연을 지배하기 위해 사용하는 도구가 급기야는 기술이 우리를 지배하기 위해 사용하는 도구가 됨으로써 문제는 복잡해진다. 이는 우리가 더 이상 멈출 수 없는, 기껏해야 제동을 걸거나 제어할 따름인 과정이다. 인간의 수중에 들어온 이 전대미문의 힘은 이 힘을 막을 수 없다는 무능과 나란히 한다. 예컨대 우리는 우리보다 1천 배나 더 총명한 기계들을 매일 사용하고 있는 것이다. (텔레비전 수상기나 규소 칩이 어떻게 해서 작동하는지 설명할 수 있는 사람은 많지 않을 것이다.) 또한 인터넷 같은 도구는 우리의 흡수력을 무한히 뛰어넘는 엄청난 양의 백과사전이다. 그건 어쩌면 지식 획득의 놀라운 수단이 되어 줄지 모르지만, 또한 그 복잡성으로 우리의 통찰력에 도전하고 우리가 그 속에서 길을 잃을 수 있는 심연이기도 하다.

"민주주의: 더 이상 존재하지 않는 것들을 손에 넣을 수 있는 특권을 모두에게로 확대시키기"(로베르토 칼라소)라는 가공할 사실의 확인. 많은 사람이 나누어 갖는 이 특권은 고행이라 불린다. 모두가 동시에 여행을 하고, 자기 차를 몰고 다니거나, 기차나 비행기를 탄다면 더 이상 아무도 나다닐 수 없게 될 테니 말이다. 누구나 쉽게 이동한다면 모든 게 마비될 위험이 있으며, 속도에 대한 도취는 체증을 빚게 된다. 끔찍한 교통 혼잡, 수없이 낭비된 시간. 그런데 어떤 대상들이 진가를 발휘하려면(산, 바다, 여행, 시골) 우선 소수에게 제한된 무엇이어야 한다. 연속적으로 이용되면 더럽혀질 뿐 아니라 파괴되고 만다. (파손을 막기 위해 대중에 대한 개방을 포기할 수밖에 없었던 이 동굴 벽화들처럼.) 그러나 우리는 이제 획득 가능 여부를 묻는 시대에 사는 게 아니라 공급 과잉의 시대에 산다. 세상에 뭔가 아름다운 것이 존재한다면 그건 희귀하고 접근이 어려워야 하지만 말이다. 모두에게 개방해 버리면 그걸 모욕하는 셈이 될 것이다. 공화국은 일찍이 귀족들의 전유물이던 것들을 민중에게 제공하고, 평범한 사람을 과거의 우월한 인간들의 수준으로 격상시키려 한다. 하지만 민주주의에 의한 평준화는 낮은 것을 격상시켰다기보다 높은 것을 격하시켜 놓았다. 뿐만 아니라 그것은 이 특권들이 대중에게 베풀어지도록 함으로써 집단의 저주가 되게끔 했다. 정신에 대한 끔찍한 도전이랄까. 요컨대 현재 이루어지고 있는 생산 방식과 생활 양식이 전세계로 확장된다면 기후·환경에 파국을 초래하리라는 사실을 잊어선 안 된다. 인도나 중국이 미국처럼 매 가정마다 3대의 자동차를 소유한다면 어떻게 될 것인가! 결코 고갈되지 않고 퍼져 나가면서 증가하는 유일한 부가 있다면 그건 사상과 지식의 교류다. 앎에 대한 열정, 상상력의 작업들, 생활의 지혜인 삶의 예술, 혹은 그저 예술, 이런 것들이야말로 값을 매길 수 없는 진정한 부다.

하나의 진보가 있는 게 아니라, 자체에 국한된 여러 진보가 존재한다는 데 난점이 있다. 그것들은 퇴보 혹은 상당한 피해(광우병, 석면, 오염된 혈액 등)를 초래한다는 모순을 지닌다. 예기치 않은 폭발, 이해할 수 없는 사건, 연쇄적으로 일어나는 재앙 등, 이젠 '있을 법하지 않은 일'이야말로 유일하게 확실한 일이 되어 버렸다. 상처받기 쉬운 우리 사회에서는 시시각각 무슨 일이든, 특히 최악의 사태가 일어날 가능성이 있다. 위험이 도처에 널려 있다. 이것이야말로 환멸을 맛본 금세기초의 지혜다. 매번 진보가 이루어질 때마다 끔찍한 후퇴가 따름을 우리는 알고 있는 것이다. 각각의 정복은 또한 한 발짝 물러서는 것이며, 힘의 과시는 연약함의 고백이라는 것을. 인류는 최선과 최악을 향해 동시에 같은 속도로 나아가고 있음을 우리는 안다. 진보를 두고 **"이제 스릴은**

끝났다(The thrill is gone)"고 한, 유명한 블루스 스탠다드가 말하듯이 전율은 지나갔으며, 조금만 새로운 것을 보아도 환호작약하지도 않게 되었다. 우리는 더 이상 대가를 치르려 하지 않는다. 그래서 존재하는 것을 보존하고, 각 피조물이나 환경계를 존중하는 마음이 행동의 근간을 이루게 되었다. **"우리는 통제된 진보를 바라는, 환상에서 깨어난 신자들이다."** 그러나 이런 생각 속에 우리의 신념을 묻었거나 우리의 신념이 죽었다고 믿으면 오산이다. 환상에서 깨어났음이 절망을 의미하지는 않는다. 소위 말하는 '진보에 대한 환멸'이 순전히 로맨틱한 성격을 띠며, 그 누구도 전기를 거부하거나 다시 마차를 이용하겠다고 하지 않는 것도 그 때문이다. 언젠가 성공적인 수술을 받아 본 경험이 있거나 항생제 덕분에 치유된 적이 있는 사람이라면 진보라는 말이 무얼 의미하는지 알며, 난해한 해설서를 읽어야 할 필요도 없을 것이다.

사이버 세계의 예언자들과 순교자들

이 영역에서는 열광과 잇달은 흥미 상실이 가속화되고 있다. 그 주기는 점점 짧아져 가지만 그렇다고 강렬함이 덜해지는 건 아니다. 인터넷이 야기한 동요는 대단하다. 우선 인터넷망이 세상을 구하리라는 확신이 존재한다. 세계의 유산을 모든 이의 손 닿는 곳에 두고, 가난한 이들이 교육을 받을 수 있도록 하며, 결속과 관용의 정신을 배양하고, 위계 질서를 파기하리라는 확신.[1] 반면 이 도구로 인해 인류가 스스로 무덤을 판다는 확신, 시공이 폐지되고 개방 대신 폐쇄가 촉진된다는 확신(사용자들이 특정한 친화성을 기초로 패나 사회 집단을 형성함으로써)도 만만치 않다. 새로운 전체주의에 맞선 새로운 구원을 위한 신구(新舊) 논쟁이 정점에 달해 있다. 그리하여 두 군대가 대치한 이 각별한 정점에서 열정은 점차 포만으로 바뀌어 간다. 찬미자들이 약속된 새 땅을 기리는 한편 카산드라의 후예들은 최후 심판의 벼락을 내리치고, 그런가 하면 다른 이들은 이미 등을 돌린 상태다. 새로운 것이 차차 진부한 모습을 띠게 된다. 사람들은 쉽사리 열광했던 만큼이나 빨리 식으며, 그토록 기다렸던 대상이 일상의 반열로 합류된다. 도취나 공포 이후에 인터넷 천국에 싫증을 내는 이들이 늘어가고 있다. 실지로 인터넷은 '문자(6천 년 역사의)와 두 세기 전에 탄생된 텔레커뮤니케이션의 조합'에 불과하다.(미셸 마르시올라)[2] 우리가 알기론 적어도 지금까지는 하이퍼텍스트가 책을 파괴하지 않았고, 전자 상거래가 일반 상거래를 대체하지도 않았으며,[3] 인터넷 사용자들의 공동체가 고독의 문제를 종식시키지도 않았다. (이웃과의 신체적 접촉을 피하기 위해 거대한 망에 와 걸리는 이 웹 중독자들을 지칭하기 위해 과학철학자 도미니크 르쿠르는 '시베리(cybérie)'〔시베리아를 뜻하는 프랑스어의 Sibérie와 발음이 같다〕라는 그럴듯한 신조어를 만들었다.)[4] 물론 그렇다고 인터넷으로 가능해진 '접속(接續)'이라는 전대미문의 사건의 경이로움이 감해지는 건 아니다. 인터넷은 우리의 닫힌 우주에 균열을, 즉 가상 세계를 열고 또 다른 현실을 발명해 냈다. 그리고 모든 것이 하나의 아고라로 통하며 동일한 권리를 소유하는 세계 도시의 유토피아를 부활시켰다. 유토피아에 대하여 그것은 양면성을 견지한다. 다시 말해 현재의 가능성들을 탄생시키려는 의지와, 과거의 역사를 폐지시키고 새 인간을 창조해 내겠다는 전체주의적이라 할 만한 야심, 이 둘 사이에서 흔들린다.

자고로 두려움과 환희 속에서 이루어지지 않은 발명은 없는데,

공상과학 소설이 애초부터 이 사실을 증명해 준다. 각각의 발명은 믿음과 함께 엄청난 공포를 유발시킨다. (증기 기관·철도·전보는 발명 당시 찬사와 비난을 동시에 불러일으켰다.) 새로운 발견이 사람들의 정신을 사로잡아 지난번 발견이 남겨둔 열정과 공포의 물결을 차츰 쓸어 갈 때까지. 그러나 결코 기술이 행동을 대신하거나 사회 관계를 강화하거나 불평등을 줄여 준 적은 없다. 60년대에는 컴퓨터가 제3세계 국가들을 산업화 이후 단계로 곧장 데려다 놓으리라 기대되었지만(장 자크 세르방 슈레베르) 그러지 못했던 것처럼, 인터넷도 개발도상국들을 가난으로부터 구해 낼 수 없을 것이다. 진보가 이루어지려면 정치적 결정, 결렬의 행위가 있어야 하며, 해당 국가들이 주도적으로 구체적인 발명에 나서야 한다. 새로운 의약품이라든지 쌀의 종자, 유전자 주입 식물, 저렴한 가격의 컴퓨터 등. 그리고 최근에 브라질·인도·남아프리카가 그랬듯이 이 발명이 그들 국가의 발전에 기여토록 해야 한다. 이것들은 미래학자들에겐 유일한 관심 분야이기도 하다. 물론 인터넷이 이제 할 말을 다한 건 아니며, 우리에게 또 다른 놀라운 일들을 선사하리라 확신해도 좋다. 그렇다고 인터넷이 그 연결망을 통해 인류를 한 가족으로 묶어 주리라 기대한다면(맥루안이 사용한 메타포를 빌려) 그건 우매에 가까운 순진함이다. 일부 '디지털 국가' 추종자들은 자신들의 계획에 반대하는 자 모두를 공룡 취급하여 몽매주의자로 몰아붙인다. 자신들의 입장과 조금만 달라도 신성 모독자로 간주하며, 찬양 외에는 인정하려 들지 않는 것이다. 그러니 황홀경에 빠지든지 꺼져 버리든지, 둘 중 하나다. 새것에 대한 극도의 열광──그 전통이 19세기 중반으로 거슬러 올라가는──이 그들에게서 절정에 달한다. 새로운 사건에 적응하려는, 심지어 앞지르려는 열의에 찬 그들은 냉정과 절도를 모두 상실하고 있다.

우리는 끊임없이 진보를 믿었지만, 이제 진보를 열렬히 신봉하며 선전해대는 이들을 불신한다. 더 이상 우리에게 놀라움을 주지 않는 관계로부터 돌아서듯이 사람들은 거기서 돌아선다. 그러나 새로운 신기루가 지평에 어른거리기 무섭게 되돌아오기도 한다. 진보가 미친 해악에 대한 최상의 치료책은 먼젓번 진보의 영향력을 바로잡아 줄 또 다른 진보기 때문이다. 이제 진보는 세상과의 결탁으로——세상의 제어가 아닌 세상의 보존에 기여하는——인식된다. 그리하여 기독교에 종속되어 있던 인간, 모더니티의 자만에 찬 인간에 잇달아 혼란에 빠진 인간이 등장한다.

있을 법하지 않은 규합

선·후진국간의 격차가 언젠가 해소되지는 않으리라는 걸 이제 짐작해 볼 수 있게 되었다. 경제 성장의 열매들의 공정한 분배도 이루어지지 않을 테며, 대다수의 세계 인구가 인간다운 생활 수준에 도달하기 위한 가능성도 희박하다는 걸 알 수 있다. 산업 혁명은 일부 국가들을 다른 국가들로부터 분리시키고, 가진 자와 못 가진 자의 차이가 더욱 벌어지게 했다. 스위스와 모잠비크의 생활 수준의 차가 약 4백 대 1에 달한다면(1800년에는 5 대 1이었다)[5] 어떻게 이 '격차'를 줄일 수 있을지 막막하기만 하다. 하지만 지난 2세기 동안 여러 유리힌 조건에도 불구하고 성취될 수 없었던 것이 내일 당장 실현되지는 않을 것이다. 개발로 말미암은 훼손이 늘어나고 새로운 결핍 현상(에너지, 공기, 물)이 대두되고 있는 마당에 말이다.

수많은 세대가 경제적 모험을 찾아 흥미진진한 도전을 감행할 테며, 부가 계속 축적될 것이다. 밑바닥에 있던 자들이 놀라운 역정을 거쳐 정상을 향해 돌진하고, 무명지인들이 재능을 발휘해 불쑥 선두로 나서게 될 것이다. 번창하던 국가들이 침몰하고, 역동적인 작은 국가들이 두각을 드러내게 될 것이다. 눈부신 상승과 추락이 어떤 혼합의 양상으로 이어지든 승리자와 패배자로 구성된 자본주의의 대축제는 변함없이 계속될 것이다. 인도·러시아·중국 같은 몇몇 대국은 본디의 역량과 천재성을 발휘하여 가까스로 위기를 모면할 것이다. 그러나 아프리카와 아시아의 많은 국가들이 자살적인 소용돌이로, 체계적인 자멸의 과정 속으로 빠져드는 와중에 번영의 기회를 놓친 자들이 재기할 가망은 희박하다. 그래도 개선은 이루어져 가난한 사람들은 전보다 덜 가난할지 모르지만, 그 수는 더 많을 것이다. 인류를 누구 할 것 없이 흠뻑 적신다는 황금비, '잭포트'의 신화는 끝이 나고, 우리가 무엇을 하든 버림받은 자와 피해자가 속출할 것이다. 전세계를 별천지로 만들겠다는 희망, 인류 규합의 근사한 희망은 물거품이 되어 버린다.

오늘날 가난한 나라들을 위협하는 건 신(新)제국주의라기보다 미련 없는 포기다. 세계 경제의 70퍼센트를 유럽과 일본·미국이 주도하는 만큼, 부자 나라들이 부를 축적하는 데 점점 더 가난한 나라들을 필요로 하지 않게 되었다. 또 가난한 나라들이 위협으로 작용하지 않는 한, 이 나라들이 발전을 하든 말든 전혀 개의치 않게 되었다. 인간에 의한 인간 착취도 과거에는 적어도 고용주와 피고용인간의 강력한 소속 관계를 전제로 갈등과 상호 이익의 공간을 드러내 주었었다. 그러나 이제 착취당한다는 불행에, 더 이상 착취당할 수조차 없다는 불행이 잇따른다. 수많은 사회 계층이나 국가의 경우, 지배보다는 방치가 더 무서운 일이다.

선진국의 부가 후진국에 대한 약탈로 말미암아 이루어졌다는 증거는 없다. 약탈은 존재하지만 그 때문에 누가 부자가 된 적은 한번도 없었다. 제국주의 스페인이 이를 증명한다. 선진국의 부는 오로지 그 국민들의 사고 방식과 노동에서, 또 자연 개조 및 이욕에 대한 신봉에서 기인한 것이다. 아무튼 참기 어려운 사실은 배부른 서구와 굶주리는 국가들이 나란히 존재한다는 점이다. 이 가난한 국가들 편에서는 몇몇 규칙에 복종하기만 하면 조만간 자본주의의 엘도라도에 합류하리라는 약속을 받아 놓고 있다. 그렇지만 이 보편주의적인 연설 뒤에는 불공평과 희생의 논리가 판친다. 늘 같은 족속이 제일 좋은 몫을 차지하는 반면, 수십억의 인구는 은밀히 제거되어 연옥에 은폐되는 것이다. 세계 경제의 중심은 꿈쩍할 생각도 않는다!

가난한 국민이 어떻게 부자들의 식탁에 초대받을 수 있을까? 그러려면 우선 내부로부터의 철저한 개혁이 이루어져야 한다. 어느 국가라도 자신의 운명에 대해 책임을 져야 할 테니 말이다. 그렇더라도 전세계적인 새 복음, 즉 민영화·규제 완화·자유화에 대한 맹목적인 복종은 거부되어야 한다. 국제 사회로부터 버림받을 경우 자기 자신이 없어서는 안 될 존재임을 증명할 수 있어야 하고, 무엇보다 역습의 힘을 확보해 두어야 한다. 강대국을 상대로 어떤 전략적·경제적 제재도 마련해 두지 않은 국가들에겐 화가 있을 것이다. 실제로 아르헨티나가 따끔한 경험을 하고 있듯이 말이다. 이렇게 본다면 차세기에 평화와 우애가 싹트기를 기대한다는 건 어리석은 짓이다. 오히려 보복과 위협·협박이 난무할 것이다. 이 지구를 공유하는 인류들 사이에 시제의 일치란 없으며, 우리는 동시대에 살고 있지 않다. 기술과 커뮤니케이션을 매개로 어쩌면 모두 원한과 선망의 동시대인인지도 모른다. 부유한 나라들이 경기 규칙을 뒤죽박죽으

> 로 만들어 나머지 세계와 불편한 거리가 생기도록 했다. 이 나라
> 들에 대한 원한의 감정이 하루 이틀 사이에 사라지지는 않을 것
> 이다. 대열에서 1등을 하려면 치러야 할 희생이 있는 법이다.

불편함의 지혜

제1차 세계대전의 살상에 충격을 받은 지그문트 프로이트는 1929년 '문명의 불안'을 일체의 굴레에 반항하는 개인과, 사회가 이 개인에게 강요하는 구속들간의 진정시킬 수 없는 갈등으로 묘사한다. 그리고 결국 인간이 행복에 접근하기가, 또 늘 억압적인 공동 생활에 적응하기가 불가능하다는 결론을 내린다. 반기를 든 자아와 죄의식의 원천인 초자아 사이의 전쟁은 끝이 없다는 것이다. 어쩌면 우리는 프로이트의 이 유명한 표제에 긍정적 의미를 부여해 불안만이 문명을 전파하며, 모순되지만 유익한 태도들을 산출해 낼 수 있음을 확인해야 할지 모른다. 그것은 자신을 의문에 부치고, 자기 가슴에 메스를 갖다대는 최상의 방법이기도 하다. (자칫하면 범용과 순응주의에 빠질 위험이 있는 중산층에게 자조(自嘲)는 최후의 고결함이듯이.) 모더니티가 자신에게 가하는 끊임없는 비판도 이렇게 해서 두 가지 경향을 띠게 된다. 즉 지나친 자족감에 빠지지 않도록 감시하기, 혹은 종종 자기 혐오로 타락하기도 하는 신랄함을 드러내기.

긴 가톨릭 교회사에서 신학자들은 똑같이 불길한 두 암초에 맞서 싸워야 했다. 다시 말해 세속적인 육욕에 대한 지나친 사랑은 물론 현세에 대한 혐오 역시 그들의 적이었다. 그들은 신성과 인

성이 결합된 그리스도의 이미지를 빌려 와 이 두 난관에다 불가피한 갈등의 관계를 대치시켜 놓곤 했다. 요컨대 인생은 영원한 삶에 이르는 첫 단계기에 비참하지만 매우 소중하다는 생각이다. 신자는 이 세상에 존재함과 동시에 세상을 벗어나 있어 저 세상의 가치에 자신의 행동을 맞추어 나가야 한다는 것이다. 우리는 이 기본 제스처를 종교로부터 분리시켜 우리 사회의 세속적인 운명에 확대 적용시킬 수 있을 것이다. 즉 낙관주의나 비관주의 모두에 대하여 거리를 유지한다는 식으로 말이다. 씁쓸함과 회한을 거부함은 물론 인간의 불행을 완전히 해결할 수 있다는 믿음도 거부하는 것이다.(레셰크 콜라코프스키) 절망과 맹목적 확신 사이에 또 다른 길이 있다. 그건 우리의 한계를 겸손히 인정하면서, 그렇다고 개혁의 의지를 모두 포기하지는 않는 적극적인 회의주의의 길이다.

오늘날 누구나 열광과 불신의 두 언어를 말한다. 우리의 더없이 눈부신 성공에 드리워진 치명적인 의심의 그림자가 내일 당장 걷히지는 않을 것이다. 유럽에 치욕과 공포의 수많은 시기가 있었기에, 또 우리의 원칙들과 세상사의 추이 사이에 계속 격차가 벌어지고 있기에 있는 그대로의 우리의 문화를 고지식하게 찬미만 하고 있을 권리는 없다. 대신 의심에 의심을 거듭하면서, 너무 쉽게 과소 평가해 버린다든지 타성에 젖은 느긋한 혐오감을 갖지 않도록 해야 한다. 우리의 체계를 무턱대고 헐뜯는다든가 변호할 수는 없게 된 것이다. 요컨대 오늘날의 반자본주의처럼 결렬의 의지가 팽배한 곳에 지속성을 드러내야 하며, 기존 질서에 대한 지나친 찬미가 있는 곳에서는 사람들의 눈에 어떻게 가리개가 씌워지고 그들이 표방하는 이상이 짓밟히고 있는지를 지적해야 한다. 거리낌 없는 양심은 두 얼굴을 갖는다. 하나는 배부른 자의 자족한 얼굴, 그리고 다른 하나는 걸핏하면 모욕을 가하며 비난을 퍼부어대는 자의 얼굴.

시대를 판단할 때 우리는 이중 전통의 옹호자가 되어야 한다. 즉 결렬의 장인임과 동시에 화해의 장인이 될 것. 이 불협화음에 종지부를 찍으려 하지 말 것. 그렇게 함으로써 자본주의 모더니티에 대해 감탄과 실망을 동시에 표명할 수 있으며, 변절과 동의를 똑같이 정당하다 평할 수 있다. 사람들이 맹렬히 비판하는 가치들에 대해 불경에 가까운 감사의 뜻을 표하는 한편, 통쾌할 정도의 비판적인 경계심을 늦추지 말아야 한다. 이처럼 모순된 태도를 받아들이려면 자살적인 니힐리즘과 자축(自祝)에 똑같이 거리를 두고 조심스레 가담하는 방법을 모색해야 한다. 한편의 탐욕과 다른 한편의 빈곤, 다양한 이해 관계, 약자들의 불행과 강자들의 무관심, 이 모두는 우리가 예찬하려는 순간에 규탄하지 않을 수 없도록 만든다. 그렇다고 이런 불안의 정당성을 대며 경박한 패배주의로 움츠러들거나 실컷 저주만 퍼붓고 있을 수는 없다. 주저와 환희 사이에서 끊임없이 흔들리는 우리는 이 당혹감을 정복의 원칙으로 전환시켜야 한다. 상처가 아물지 않도록 우리의 불편한 심기는 매순간 명철한 판단력을 보존한다. "너의 과감한 시도들에서 때로 내가 그 잔혹성을 깨닫지 못한다 해도 나는 늘 혼란에 빠져 있다. 너의 중죄가 나를 얼어붙게 하거나, 아니면 너의 미덕이 나의 감탄을 자아내거나 하여."(디드로, 《레날론》, 1781)

억압적인 국가들은 침묵 속에서 질서정연해 보이는 반면, 민주주의 국가들은 더 문란하고 불공평해 보이며, 호시탐탐 범죄와 고독·마약이 노리고 있는 듯하다는 인상. 이것이 민주주의 국가들의 모순이다. 실지로 우리 사회는 병을 앓고 있다. 그렇지만 이 사실을 깨닫고 말하며, 자신들의 상처를 대중 앞에 내보이면서 쉴새없이 스스로를 채찍질한다는 데 그들의 힘이 있다. 이런 태도가 그들을 구하고, 자기 병에 대한 무지라는 진짜 잘못을 저지르지 않도록 그들을 보호한다. 미개인은 말하자면 스스로를 문명인으로 믿으면서 다른 이들을 철저히 멸시하는 사람이다. 반면 진짜 문명인은 자신이 미개인임을 알고, 우리를 비열함으로부터 떼어 놓는 장벽이 얼마나 허술한지를 알며, 같은 인간 속에 야비함과 고상함의 가능성이 공존함을 이해한다.

원 주

제1장 천국의 얼간이들

1) 소련의 붕괴가 초래한 가공할 만한 일들, 또 우리가 큰 대가를 치름과 동시에 무거운 책임을 떠맡지 않을 수 없었던 승리에 대하여는 나의 저서 《민주주의의 멜랑콜리 *La Mélancolie démocratique*》(Seuil, 1990)를 참조할 것.
2) André Fourçans, 〈세계화는 발전을 돕는다〉(《르 몽드》, 2001년 9월 4일). 《딸에게 들려 주는 세계화 *La Mondialisation expliquée à ma fille*》(Seuil, 2001, pp.202-203)에서 Fourçans은, 세계은행의 보고에 따르면 지난 20년 동안 세계의 빈곤율이 9퍼센트 감소했음을, 또 세계은행이 2015년까지 여러 야심찬 목표를 세워두고 있음을 상기시킨다. 즉 극빈율을 절반으로, 또 유아사망률을 3분의 2, 산모사망률을 4분의 3으로 줄이며, 모든 아동이 정상적인 학교 교육을 받을 수 있도록 하겠다는 것이다.
3) Jeremy Rifkin이 《접근의 시대 *L'Age de l'accès*》(La Découverte, 2000, p.298)에서 언급한 UNDP(유엔개발계획)의 조사 자료.
4) Raymond Aron, 《진보에 대한 환멸 *Les Désillusions du progrès*》(Calmann-Lévy, 1969, pp.366-367).
5) Daniel Cohen, 《세계의 부, 국가들의 빈곤 *Richesse du monde, pauvreté des nations*》(Champs, Flammarion, 1997, p.67).
6) James Kenneth Galbraith, 〈불평등한 창조〉, 《미국의 임금 위기 *The Crisis in American Pay*》(The Free Presss, New York, 1998). René Passet가 《신자유주의의 환상 *L'Illusion néolibérale*》(Fayard, 2000, pp.126-127)에서 인용.
7) Philippe Labarde, Bernard Mari의 《주식이냐 삶이냐 *La Bourse ou la vie*》(Albin Michel, 2000, p.122)에서 언급된 일화.
8) Jean-Paul Fitoussi: "중산층의 경우 소수만이 상류층으로 진입하는 반면 훨씬 많은 수가 추락하며 해체된다."(《불평등의 확대》, 《르 몽드》, 2001년 3월 30일) Daniel Cohen은 미국에서 1970-1990년 위계 질서가 절정에 달했을 때 "사장의 월급이 양성공 월급의 30 내지 1백50배에 달했음"을 주목한다.(*Ibid.*, p.67) 미국에서는 또한 90년대의 경제 성장에도 불구하고 평균 소득이 거의 증가하지 않았으며, 주식 시장에서 획득된 수익의 85퍼센트가 최

부유층 10퍼센트에게 돌아갔다. 한편 하층민을 위한 사회복지수당은 타집단들의 수당보다 더 급속히 줄어들고 있는데, 특히 의료보험 보상률이 그렇다. (Robert Reich, 《완전한 미래 *Futur parfait*》, Village Mondial, Paris, 2001, pp.116-117)

9) Erik Izraelewicz의 《미친 자본주의 *La Capitalisme zinzin*》(Grasset, 1999, pp.210 이하)에 이에 대한 명확한 설명이 들어 있다.

10) 전 빌 클린턴 행정부에서 노동부 장관을 지낸 Robert Reich가 설명하고 있듯이. 《완전한 미래 *Futur parfait*》(pp.153-154-155).

11) 《*Courrier International*》(2000년 10월, 부록 n° 59).

12) 미국의 사장들은 전직원을 용감하게 해고한 데 대해 과도한 보상을 받고자 한다고, Ira T. Kay는 《*Wall Street Journal*》에 적고 있다. AFL-CIO 노동조합 연합에 따르면, "가장 많은 인원을 해고시킨 30개 기업 사장들의 장기적 차원의 보수·월급·수당은 67.3퍼센트 증가했다."(Naomi Klein, 《*No Logo*》, Actes Sud, 2001, pp.306-307) 2000년 캐나다의 대기업 사장들의 수입·봉급 총액·보너스·수당은 42.9퍼센트 증가했다. Cisco 사장 John Chambers가 역경에 처한 기업을 구하기 위해 자신의 봉급을 줄이기로 했을 때에도 그는 이미 스톡 옵션을 통해 1억 5천만 달러를 챙겨 놓고 있었다.(Pierre Jullien, 《*Le Monde*》, 2000년 5월 27-28일) 여기선 이미 전통적인 자본주의의 논리가 아닌 몰수의 문화——일부 업계와 수많은 소액 주주들의 분노를 자아내는——가 통하고 있는 것이다.

13) "대기업 현대 경영진의 주요 사명은 모든 정통 경제 교리에서처럼 이익을 극대화하는 것이다. 그러나 (…) 그들은 이제 이 원칙을 자신들의 특혜를 극대화한다는 원칙으로 바꾸기로 결심했다. 그리하여 융통성 있는 이사회에 힘입어 자신들의 보수를 정하고, 대량의 주식을 소유하며, 만족할 만한 수당이나 퇴직금이 주어지는 퇴사를 준비할 수 있게 되었다."(John Kenneth Galbraith, 《더 좋은 사회를 위하여 *Pour une société meilleure*》, Seuil, 1997, pp.72-73 혹은 미국판, 보스턴, 1996)

14) 미국의 흑인들은 제3세계 국민들 대다수보다 부유하지만, 평균 수명이 중국인·스리랑카인 혹은 인도 남부의 가장 가난한 지역들 중 하나인 케랄라의 주민들보다도 짧다고 Amartya Sen은 밝힌다. 유럽보다 미국에서 불평등이 더 확연히 드러나는 건 사실이다. 그러나 실업률이 10퍼센트를 육박하는 유럽 역시, 설령 실업자들이 실업수당을 꼬박꼬박 받는다 해도 심리적·사회적으로 불리한 상태(통계상으로는 나타나지 않는)에 있는 건 마찬가지다. Amartya

Sen, 《새로운 경제 모델 *Un nouveau modèle économique*》(Odile Jacob, 2000)

15) 1997-2000년 프랑스에서는 국가의 부가 약 15퍼센트, 즉 2천4백억 유로 증가했으며 1백50만의 고용 창출이 있었음을 기억하자. 그후로 상황은 다시 악화되었다.

16) Daniel Cohen, 《우리의 현대 *Nos temps modernes*》(제1장, pp.45 이하, Flammarion, 2000).

17) "아마도 프로테스탄트 윤리와 물질적 가치 추구로 인해 미국인들은 유럽인들보다 연평균 3백50시간을 더 일한다. 특히 최부유층은 자신들의 수입을 유지하기 위하여 노력을 배가하면서 스트레스를 가장 많이 받는다고 할 수 있다."(Robert Reich, 《완전한 미래 *Futur parfait*》, pp.126, 240)

18) '세계화'라는 신조어는 글로벌리즘과 코스모폴리티즘에 양다리를 걸친 채 '가상(virtual)'이라는 말과 마찬가지로 아직 자체의 의미를 확연히 굳히지 못한 상태다. 따라서 이 '세계화'라는 말을 두고는 무슨 해석이든 가능하다.

19) Elie Cohen에 따르면, 오늘날의 세계가 제1차 세계대전 직전보다 더 개방되었다고 할 수 없다. "1991년에 이르러서도 1915년 자본 수출의 상대적 수준에 미치지 못했다." 그런가 하면 다국적 기업들은 주로 국내 정착에 의해 성패가 결정된다. 세계 기업들은 손가락으로 셀 수 있을 정도다. Elie Cohen, 〈세계화와 패권〉(《*Le Débat*》n° 97, 1997년 11-12월, pp.24-27).

20) Jean-Pierre Dupuy, 《희생과 욕구 *Le Sacrifice et l'Envie*》(Calmann-Lévy, 1992, p.21).

21) MIT의 경제학자인 Lester Thurow의 설명에 의하면, 미국에서 주식 수입의 90퍼센트는 10퍼센트도 안 되는 최부유층 가정에 돌아간다. 60퍼센트의 미국인들은 주식을 소유하고 있지 않으므로 시황이 활기를 띠어도 아무 이득이 없다.(J. Rifkin, *Ibid.*, p.56)

22) Thales사(구 톰슨)는 사내(社內)에서 위계 질서를 무시하고 허물없는 어투를 사용하도록 함으로써 상사와 부하 직원이 친구처럼(눈 가리고 아웅식으로) 관계하도록 했다. 실지로 미국인들은 아무한테나 이름을 불러 친밀감을 불러일으키지만, 사후의 무관심에 의해 이런 느낌은 환상임이 드러난다.

23) 자본주의는 인기를 잃어 간다고 《*Financial Times*》지(2000년 9월)는 밝힌다. 《*Businesse Week*》지에 따르면, 72퍼센트의 미국인이 기업의 지나친 영향력에 대하여 우려하고 있으며, 장기적으로 볼 때 주주의 이익 극대화는 국가 전체에 위협으로 작용한다고 보는 미국인이 95퍼센트다.(《*Les Echos*》, 2000년 9월 14에 Favilla가 인용) 미국인이나 유럽인 모두에게 세계화는 전체

주민이 아닌 소수의 테크노엘리트에게 혜택이 돌아가는 현상으로 비친다. "경제 시스템은 몹시도 폭력적인 이해 관계의 갈등으로 위협받고 있다. 현재 통용되는 세계 시장의 논리는 자본과 노동의 이해 관계를 갈등으로 몰아간다고도 말할 수 있다." 이렇게 말한 사람은 좌파의 어느 환상가가 아니고 Jean-Marie Messier다. 《J6m.com》, Livre de poche, 2001, p.153.

제2장 새로운 저항을 향하여?

1) 《Recherches》(Revue du Mauss, 사회과학 분야의 반공리주의 운동, n° 9, 1997년 상반기).
2) "전인류가 이처럼 생존의 위협을 받은 적은 없었다!"(Viviane Forrester, 《경제적 공포 L'Horreur économique》, Fayard, 1995, p.164)
3) Hannah Arendt의 넋을 기리며, 또 Eichmann 재판에 대한 그녀의 유명한 저술을 기리며 Dejours는 다음과 같이 적고 있다. "악을 통속화시킴으로써 우리는 부정의와 악에 대한 분개심을 약화시킬 뿐 아니라, 악을 대단찮게 여겨 점점 더 많은 사람들이 악의 실현을 도와 '공조자'가 되도록 하는 과정을 부추긴다."《프랑스의 고통 Souffrance en France》, Seuil, 1977, pp.196-197)
4) 《대(大)퍼레이드 La Grand Parade》(사회주의 유토피아의 생존에 대한 에세이, Plon, 2000. p.353)에서 Jean-François Revel이 인용.
5) Frédéric Beigbeder, 《99프랑 99 francs》(Grasset,2000). 저자 자신이 마케팅 전문가로서, 정치 요원들만냥 심각하기만 한 비판자들에게서 찾아볼 수 없는 유머 감각을 지니고 있다.
6) 기지와 능변이 한껏 발휘된 《집 지키는 새로운 개들 Les Nouveaux Chiens de garde》(Serge Halimi, Raisons d'Agir, 1997)은 사회적 허영심(라 브뤼에르와 같은 맥락에서)을 고발하는 목록이라고 할 수도 있다. 거기에는 남녀 기자들·문인들·예술가들이 자신들의 메시지를 전달하기 위해 텔레비전으로 달려가는 모습이 그려져 있다. 그러나 저자는 얼토당토않게 '동지들의 노래'와 나치즘에 맞서 싸운 프랑스 레지스탕스를 언급하며 책자를 끝냄으로써 우스꽝스러움을 자초한다.
7) 이 점에 대해서는 《Recherches》(Revue du Mauss, Ibid., pp.193-203)에 Jean-Claude Michea의 진지한 반성이 들어 있다.
8) 2000년 가을 프랑스에서 조사된 반유대주의 행동——예배 장소에서

발생한 수많은 화재를 비롯해——은 1백16건에 달한다. 인종 차별 반대 기구들과 여러 종파의 종교 지도자들이 이를 막기 위해 모범적인 태도를 보여 주긴 했으나 그다지 성공적이지는 못했다.

제3장 지성의 혼란

1) 《*Transversales, Science/Culture*》(nº 35, 1995)에서 Patrick Viveret는 다음과 같이 쓰고 있다. "우리는 현재 집단적인 정신병리 현상에 직면해 있다. 한편으론 경제 전쟁, 다른 한편으론 체제유지주의와 인종 청소라는. 전자는 사회 정화로 귀결되어 소외 현상이 비참한 상태를 다시 불러들이고, 거지들이 도시에서 추방된다. 그런가 하면 후자는 새로운 종교 전쟁과 테러를 초래한다."(René Passet, 《*L'Illusion néolibérale*》, *Ibid.*, p.160)

2) 영화 감독 Philippe Diaz는 〈새로운 세계 질서〉라는 다큐멘터리에서 '공공 미디어의 속임수들'에 맞서 시에라리온 내전의 진실을 말하고자 한다. 그가 보기에 이 분쟁의 주요 원인은 탐욕, 다이아몬드를 차지하겠다는 욕심이며, 미국과 영국을 비롯한 서구 강대국들에게 책임이 돌아간다. 따라서 희생자들의 팔다리를 자르며 주민들을 공포로 몰아간 RUF(혁명연합전선)의 반도(叛徒)들마저도 다만 끔찍히 왜곡되어 소개된 상냥한 청년들로 묘사된다. 제3세계의 광기가 모처럼 명쾌하게 설명되었다고 하겠다.

3) Pierre Bourdieu, 《*Contre-feux 2*》(Raison d'Agir, 2001, p.69).

4) Ignacio Ramonet, 《조용한 선전들 *Propagandes silencieuses*》(Galilée, 2001).

5) *Ibid.*, pp.103-121.

6) Christophe Aguiton, 〈리바운드〉(《*Libération*》, 2001년 9월 24일).

7) Serge Latouche, 《*Recherches*》(Revue du Mauss, 1997, *Ibid.*, pp.144-147), 그리고 《세계화 비판 *Le Procès de la mondialisation*》(Fayard, 2001, p.9).

8) René Passet, 《세계화 찬양 *Eloge du mondialisme*》(Fayard, 2001, p.159).

9) 미셸 캉드쉬는 IMF 총재직을 떠나기 일주일 전 "IMF는 신의 왕국을 건설하기 위한 요소들 가운데 하나다"라고 선언했다. (Christophe Aguiton이 《세계는 우리에게 속해 있다 *Le Monde nous appartient*》(Plon, 2001, p.225)에서 인용.)

10) Pierre Bourdieu, 《*Contre-feux 2*》(ibid. p.89).

11) Gilles Chatelet, 《돼지처럼 살고 생각하기 *Vivre et penser comme des*

porcs》(Folio, Gallimard, 2001, pp. 20, 31).

12) 〈Manières de voir〉(보는 방식), 〈Sociétés sous contrôle〉(통제 사회), 《Le Monde diplomatique》(2001년 3-4월).

13) Jean Baudrillard, 〈테러리즘의 정신〉(《Le Monde》, 2001년 11월 2일).

14) Miguel Benassayag, Diego Sztuiwark, 《견제 세력 Du contre-pouvior》 (La Découverte, 2000. p.21).

15) Jacques Garello, Philippe Saint-Marc, 〈미개한 경제〉(《Krisis》, 2000년 11월 18일).

16) Jacques Garello, 《La Nouvelle Lettre》(No. 668, 2001년 5월 1일).

17) Idem, 《La Nouvelle Lettre》(n°. 666, 2001년 4월).

18) Alain-Gérard Slama, 《멸망으로 이끄는 순수주의 L'Angélisme exterminateur》(Grasset, 1993).

19) Pascal Salin, 《자유주의 Nibéralisme》(Odile Jacob, 2000년 4월).

제4장 큰 사탄

1) "상황이 이처럼 세계 강대국에 의해 독점당하고 일체의 기능이 기술주의 장치와 단일 사고로 요약될 때, 그땐 테러주의적 전환말고는 다른 길이 없다. 바로 시스템 자체가 이런 갑작스런 보복의 객관적인 조건들을 산출해 내었다. 이 시스템이 자기 쪽으로 카드의 패를 모두 끌어모아 상대방이 게임의 규칙을 바꾸지 않을 수 없도록 하는 것이다."(Jean Baudrillard, 〈테러리즘의 정신〉, 《Le Monde》, 2001년 11월 2일)

2) Régis Debray, 〈공화국 대통령에게 보내는 한 여행가의 편지〉(《Le Monde》, 1999년 5월 13일).

3) Régis Debray, 〈몽유병자 유럽〉(《Le Monde》, 1999년 4월 1일).

4) Ibid.

5) Ignacio Ramonet, 〈조용한 선전〉(pp.14, 15, 16).

6) Ibid., p.15.

7) Nicolas Baverez가 〈미국 : 기상천외한 것의 유혹〉(《Le Monde》, 2001년 6월 26일)에서 인용.

8) 미국 역시 복지 국가이지만 우리와는 달리 중·상층의 엄중한 감시를 받는다. 이들은 가난한 자들이 일도 하지 않고 수당을 받는 걸 원치 않는다.

따라서 점차 Welfare가 Workfare로 대체되어서, 도움을 받으려면 직업을 갖도록 의무화한다. 그러나 프랑스의 사회보장 제도에는 이런 것이 전무하다. 2001년에는 1천8백50만 명이 식량 전표를 이용했다. 2002년 1월 조지 부시 대통령은 미국 시민이 아닌 모든 이민자들에게 이 조치를 적용하겠다고 했다.(《New York Times》, 2002년 1월 10일)

9) Jean-Claude Guillebaud, 《세계의 재건 La Refondation du monde》(Seuil, 1998, p.141).

10) A.G.A. Valladao, 《21세기는 미국이 될 것이다 Le XXI siècle sera américain》(La Découverte, 1993, p.87).

11) Jean-Loup Amselle, 《접속 Branchements》(Flammarion, 2001).

12) 1996년, 정치학자 Samuel Huttington은 현재 전세계 통용어 가운데 영어의 비중이 점점 줄어들면서(1958년 9.8퍼센트에서 1992년 7.6퍼센트) 아랍어·스페인어, 기타 중국어 변이어들에게 자리를 내어주고 있음을 강조했다.(《문명의 충돌》, Simon and Schuster, New York, 1996, pp.110-111) 이 책에 대해선 《Esprit》지에 실린 나의 글을 참조할 것.(〈새뮤얼 헌팅턴, 역사 속에 복귀한 운명주의〉, 1997년 11월)

13) 보수적인 논설위원 Charles Krauthammer는 미국의 세계 지배를 변호하며, 방위와 환경 분야에서 미국이 마음대로 할 수밖에 없다고 설명한다. 러시아가 변방으로 밀려나고, 중국도 별볼일 없는 마당에 미국의 '너그러운 제국주의'가 전세계의 평화와 민주주의를 위해 유익하다고 말하면서. 이에 응수하여 Willam Pfaff는 이같은 관점은 있는 그대로의 현실과는 전혀 맞아떨어지지 않을 위험이 있음을 지적한다. 무엇보다 미국인들 자신이 대부분 세계의 주인이 되고 싶은 생각이 없는 것이다.(Willam Pfaff, 〈Global Dimination? Tell US Conservatives It's Been William Pfaff〉, 《International Herald Tribune》, 2001년 6월 16-17일)

14) David Landes, 《국가의 부와 가난 Richesse et Pauvreté des nations》 (p.679, Albin Michel, 프랑스어 번역판 2000년).

15) "일부 회교국에서 목격하게 되는 미국에 대한 증오심에 대해 뭐라 말할 수 있겠습니까? 제 대답은 이렇습니다. 그저 놀랍다고. 우리 국가의 참모습에 대해 그처럼 많은 몰이해가 존재한다는 사실에 놀랄 따름입니다. 저는 …… 대부분의 미국인들처럼 저 역시 이 사실을 믿기가 어렵습니다. 우리가 얼마나 선량한 사람들인지 저는 알고 있기 때문입니다."(조지 부시 대통령의 기자 회견, 2001년 10월 11일)

16) "EU 회원국들은 그들 GDP의 1.8퍼센트를 공동 방위에 쓴다. (미국은 3.6퍼센트다.) 그들의 군비 예산은 1990년 이래 실질적으로 22퍼센트 감소했다. 냉전 이후 수많은 위험 부담을 안고 있는 지역(구소비에트 제국, 발칸 국가들, 근동 지역, 아프리카 대륙, 마그리브)과 접촉 혹은 접해 있으면서도 말이다."(Nicolas Baverez, 《Le Monde》, 2001년 5월 28일)

제5장 해묵은 증오의 뜨거운 동조 속에서

1) Jean-François Revel, 《대(大)퍼레이드 La Grande Parade》(Pocket, 2001, p.74).

2) 이에 대한 호의적인 입장을 Jean-Marc Salmon, 《고속의 세계 Un monde à grande vitesse》(Seuil, 2000, pp.190-198)에서 읽을 수 있다.

3) Bernard Cassen, 〈아니, 세계화는 행복하지 않다〉(《Le Monde》, 2001년 8월 24일).

4) 《아타크의 모든 것 Tout sur Attac》(Mille et une nuits, 2000년 5월, p.16).

5) René Passet, 《신자유주의의 환상 L'Illusion néolibérale》, p.211.

6) 《아타크의 모든 것 Tout sur Attac》, p.57.

7) "투기는 경제의 에이즈다"(Halifax, G7 회담, 1995)라고 한 자크 시라크의 말을 인용하면서 Michel Henochsberg는 훌륭한 기업가와 심술궂은 투기자 사이에 구별을 두지 않으려 한다. 양자 모두 같은 정신 상태에서 출발하기 때문이다.(《시장의 자리 La Place du marché》, Denoël, 2001년 11월, p.232 이하)

8) PUND는 가난한 나라에서 부유한 나라로 나가는 두뇌 유출(brain-drain)에 대해 세금을 물리고 있음을(고국에서 그들에게 제공된 교육비를 되갚도록) 기억하자. 또 일부에서는 주식과 채권을 포함한 증권 거래 전반에 대해, 또 유럽 주식 시장에 대해 세금을 물리자고 제안한다.(André Gauron, 경제분석자문위원, 《Le Monde》, 2001년 10월 2일)

9) Pierre Manent, 《자유주의자들 Les Libéraux》(Hachette 1986, p.20, 21).

10) "9·11 테러에 대한 대안은 시장 경제의 세계화에 대한 저항이라는, 종교와는 무관한 새로운 세계주의 편에 있다. 그것은 좁은 길이다. 그러나 다른 대안은 없다."(Daniel Bensaïd, Willy Pelletier, 〈이 전쟁들은 얼마나 거룩한가!〉《Le Monde》, 2001년 11월 22일)

11) 《진보의 환상 Désillusions du progrès》(1969, p.23) 서문에서 Raymond

Aron은 극좌파들에게 "기존 질서를 뒤엎고 상황에 따라 과격한 반응을 끌어 내든지" 아니면 "자유주의 체제에 개혁 의지와 행동의 갈망을 되돌려 주라"는 사명을 이미 부여하였다.

12) Serge Halimi, 《Le Monde diplomatique》, 2001년 4월.

13) 세계은행은 70개 이상의 비정부 기관을 두어 검토 과정에 참여토록 한다.(André Fourçans, Ibid., pp.276, 277)

14) "결국 (…) 극(劇)에서 한 계층의 역할은 그것이 전체 사회와 맺는 관계에 의해 규정된다. 또 이 계층의 성공은 자기 편이 아닌 사람들의 이해 관계를 얼마나 폭넓고 다양하게 수용할 수 있는가에 좌우된다."(Karl Polanyi, 《대변혁 La Grande Transformation》, Gallimard, 1983, p.210)

15) Henri Desroches가 분석한 메시아니즘의 논리에 따르면 그렇다.(《인간들의 신들 Dieux d'hommes》, 천년지복설 사전, Mouton, La Haye, 1969)

16) Luc Boltansky, Eve Chiapello, 《자본주의의 새 정신 Le Nouvel Esprit du capitalisme》, Gallimard, 2000.

17) Philippe Raynaud, 〈새로운 급진적 경향들〉(《Le Débat》, 1999년 5-8월).

18) Jean-Pierre Le Goffe, 《Le Monde》, 2000년 6월 27일.

19) 이 주제에 대한 논의는 결국 이론적 난관에 봉착하게 되었다. 찬성론자들과 반대론자들이 천년지복설의 용어를 얼마나 빈번히 사용하는지를 보아도 알 수 있다. 《뉴욕 타임스》지의 기자로서 세계화를 강력히 지지하는 Thomas Friedman은 세계화에서 '새벽의 광휘'를 본다. 그런가 하면 2002년 1월 19일 아타크 대회합에서 Ignacio Ramonet는 지로두의 글귀를 자의로 해석하여, "또 다른 세상이 가능해진 이 순간을 무어라 불러야 할까요? 여러분, 그것의 이름은 새벽입니다"라고 말했다. 조만간 사람들이 메시아 강림이나 성모 발현을 들먹이게 될 것이 틀림없다!

제6장 되풀이되는 과오

1) 이 고백에는 진실이 담겨 있다. 예를 들어 신·구교간의 전쟁과는 무관하게 벨파스트의 조용한 시외에 살며 안정된 생활을 누리는 아일랜드의 한 택시 운전사는 2001년 여름 어떤 신문에 다음과 같이 털어놓았다. "저는 가톨릭 공동체도 프로테스탄트 공동체도 아닌 경제 공동체에 속해 있습니다." (《Le Monde》, 2001년 8월 14일) 마찬가지로 구유고슬라비아에서 전쟁이 한창

벌어지고 있을 때, 세르비아·크로아티아·보스니아의 마피아들은 군과 시민의 등뒤에서 짭짤한 거래를 계속하고 있었다.

2) Albert O. Hirschman, 《열정과 이익 *Les Passions et les Intérêts*》(PUF, 1980, p.56).

3) Adam Smith, 《국부론 *La Richesse des nations*》(Garnier-Flammarion, 1991, 제1권 1부, p.82).

4) Pierre Rosanvallon이 《유토피아적 자본주의》(Seuil, 1983, pp.158-159)에서 행한 구분.

5) Milton Friedaman: 1976년 노벨 경제학상 수상자이자 시카고학파의 선두주자인 그는 자유주의 교조의 지칠 줄 모르는 선전가다.

6) Luc Ferry와 Alain Renaut는 신자유주의라는 용어가 적절한지 의문에 부친다. 그들 말대로라면 모든 것이 1848년에 멈추며, 하예크의 철학은 토크빌과 콩스탕이 이미 이론화한 것, 즉 정치 의지론 및 사회적·경제적 권리에 무엇 하나 첨가하는 게 없다. 어쨌거나 하예크가 역사주의와 구성론으로 다시 떨어진다는 사실에 대하여는 《정치철학 *Philosophie politique*》(PUF, 1985, p.22와 pp.139-155)을 참조할 것.

7) Karl Polanyi의 책에 묘사되어 있다.(pp.192-195) 뉴딜 정책 이후 '노동자의 자본주의'가 탄생토록 하기 위해 자유 방임의 원칙을 버리게 된다. (Joseph Schumpeter, *Ibid.*, pp.428-441)

8) "프랑스 경제 체제의 95퍼센트가 사회주의·집산주의·국가주의·동업조합주의·퇴행성 민족주의에 의해 지배되는 대신 10퍼센트만이라도 진정한 자유주의의 지배를 받는다 해도 상황이 한결 나으리라."(Jacques Garello 《자유 정신 *Esprit Libre*》, L'Harmattan, 2001년 겨울, p.130) 반면 한 마르크스주의 철학자는 다음과 같이 주장한다. "……공산주의는 폐기되지 않았다. 아직 어디서도 의제로 떠오르지 않았기 때문이다. 이제서야 의제로 떠오르고 있다." (Lucien Scève, 〈공산주의의 죽음과 변모〉, 《*Le Monde*》, 2001년 4월 20일)

9) 남·북아메리카 공동의 단일 시장을 옹호하는 캠페인에서 조지 부시는 마이애미에서 다음과 같이 말했다. "강한 이웃들이 자신들의 상품을 수출하고 우리 상품을 구매하면서 고용과 열의를 창출해 내는 것입니다."(2001년 봄)

10) 그같은 가능성이 다국적 기업들에게 허용된다면, 가난한 국가들은 조상 대대로 내려오는 치료법을 이용하기 위해 서구의 연구소들에 로열티를 지불해야 할 것이라고 2001년 노벨상 수상자인 미국의 Joseph E. Stiglitz는 설명한다.

11) 《자유 정신 *Esprit Libre*》(*Ibid.*, p.65).

12) *Ibid.*, p.58.

13) Raymond Aron, 〈자유주의란 무엇인가?〉(유고, 《*Commentaire*》, 겨울 1998-1999. nº 84).

14) "진정한 자본주의에서는 부패가 존재하지 않는다. 정치적인 것이 경제 질서와 조심스럽게 거리를 유지하고 있기 때문이다. 오염도 없다. 오염 책임자가 자신의 잘못을 배상해야 하니까. 비참도 없다. 사람들이 자발적으로 자신들의 운명을 개선하는 법을 배울 테며, 자신들의 창의력 및 일과 교제하는 능력에 힘입어 점차적으로 소득을 늘려 갈 것이기 때문이다."(J. Garello, *Ibid.*, p.67) 이 저자에게 자본주의는 진정한 무공훈장임을 우리는 이해하게 된다.

15) 이 점에 대해서는 Pierre Rosanvallon의 《복지 국가의 위기 *La Crise de l'Etat-Providence*》(Seuil, 1981, p.47, pp.99-100)를 참조할 것.

16) 하예크에 대하여 Raymond Aron은 다음과 같이 썼다. "때로 자유주의자들은 마르크스주의자들처럼, 세계 질서가 우리의 갈망을 현실과 조화시켜 줄 수 있다고 믿는 경향이 있다." Robert Lazade의 《경제적 자유와 사회 진보 *Liberté économique et Progrès social*》(1999년 9월, p.16)에서 인용.

17) 《*J6m.com*》(Livre de poche, 2000, pp.196, 197).

18) Gary Becker, 1977, 《세계화 비판 *Procès de la mondialisation*》(Fayard, 2001, p.20)에서 인용. 이같은 '종합적인' 접근에서 보면 남녀의 자발적인 결합인 사랑은 "자신들의 차이와 유사점을 이용하고자 하는 두 사람의 결합이다. 각자가 따로 이룩할 수 있는 것보다 더 나은 안락을 얻어내기 위해 결혼이라는 계약을 매개로 자신들의 잠재력을 극대화하는 것이다."(René Passet, 《세계화 찬양 *Eloge du mondialisme*》, *Ibid.*, pp.90, 91에서 인용) 이런 접근은 사랑에 대해 아무 새로운 사실도 말해 주지 못한다. 자녀들은 지속적인, 심지어 증가하는 고정 비용임을 명시하고 있을 때조차도…….

19) "진정한 자유주의 관점에서 볼 때, 인간 활동들 가운데 경제 활동이라 불리는 활동을 분리시킴은 옳지 못하다. (…) 이렇게 생각힌다면 소위 말하는 경제학은 존재하지 않으며, 오스트리아 경제학자들이 종종 '실천 활동'이라고 일컫는 인간 행위가 존재한다."(Pascal Salin, 《자유주의 *Libéralisme*》, *Ibid.*, p.40).

20) "생산은 물론 정의·보건 등 일체를 개별화시키는 경제관을 근본적으로 문제삼아야 한다. (…) 이 근시안의 좁은 경제학에 행복의 경제학을 대치시켜야 한다. 즉 행동과 관련된(안전과 같은) 개인적·집단적 혹은 물질적·상징

적인 이득은 물론, 무위나 불확실과 관련된 모든 물질적·상징적 비용을 인정하는 경제학을."(Pierre Bourdieu, 《Contre-Feux》, Ibid., p.46)

21) Pierre Rosanvallon은 복지 국가에 대한 그의 책에 이 점을 훌륭히 요약해 놓고 있다.(pp.64 이하) 이 주제에 대한 책은 도서관에서 얼마든지 찾을 수 있다. 국가의 소멸을 옹호하는 아주 재치 있는 책으로는 Robert Nozik의 《무정부 상태, 국가, 유토피아》(PUF, 1988, 미국판은 1974년)가 있다.

22) "영국의 대처 정부는 긴축 정책을 실시했지만, 그래도 보건 위생 비용은 3퍼센트 증가했다."(Jean-Marc Salmon, 《고속의 세계 Un monde à grande vitesse》, Ibid., pp.104-105)

23) 파리 지하철과 RER(수도권 고속 전철)의 파업이 어떤 달에는 너무 잦아, 오히려 정상 운행이 이례적인 사건이 되어 따로 발표가 있어야 할 것처럼 생각될 정도다······.

24) "사실 국가는 개인의 해방자였다. 국가가 힘을 지니게 됨에 따라 개인은 국부적인 특정 그룹들(개인을 흡수하는 가정·도시·단체 등)에서 해방된다." (《Textes》, Minuit, 1975, 3권, p.171) 또 시장을 창출하고 보호하고 확장시킨 것은 정치 세력 및 왕들과 군주들이라는 사실을 부인할 수 있겠다. 시장은 국가에 맞서서가 아니라 국가의 비호를 받으며 번창했던 것이다. 국가와 시장이 손을 맞잡고 서로를 견제하며 번창한다는 점에 대하여는 Michel Henochsberg의 《시장의 자리 La Place du morché》(Ibid., pp.310-319)를 참조할 것.

25) 2001년 10월 런던 고등법원은 Railtrack을 법정 관리에 부쳤는데, 이는 1988년 시행된 철도 민영화의 실패를 상징한다. 이 회사는 영리를 목적으로 하지 않는 사기업인 트러스트로 바뀌었다! 미국의 경제학자인 Paul Krugman은 부시 행정부가 실시하고 있는 과다한 민영화──학교에서 사회복지에 이르기까지 모든 것의 규제를 풀려 하는──에 항의한다. 그리고 캘리포니아의 전기 조달 시스템의 결함을 지적하면서, 시장의 보이지 않는 손에만 맡겨 둘 수는 없는 몇몇 기본 구조에 대한 규제를 주장한다. Paul Krugman, "모든 걸 '금융화'할 수는 없다."(《International Herald Tribune》, 2001년 8월 20일)

26) "20세기초 선진국 대부분의 국가 예산은 국민 소득의 약 10퍼센트였다. 1백 년 뒤 유럽 국가들은 거의 50퍼센트에 육박하며, 일본은 그보다 낮은 35퍼센트 정도다."(André Fourçans, Ibid., pp.265-266)

제7장 개인과 시장의 혼인

1) Stephen M. Pollan, Mark Levine, 《*Quit Today, Pay Cash, Don't Retire and More important Die Broke*》(Harper Business, New York, 1998). 즉 오늘 사직하고, 현금을 사용하며, 퇴직할 생각을 말고, 무엇보다 빈털터리로 죽으라는 것.

2) Danièle Hervieu-Léger, 《산산조각난 종교, 혹은 종파들의 문제》(Calmann-Lévy, 2001, p.131).

3) 《*Le Nouvel Observateur*》(Ile-de-France 부록, 2000년 12월 7일).

4) 이 주제에 대한 비평적 도구이자 종합이라 할 수 있는 Michel Lacroix의 탁월한 책 《개인의 발전 *Le Développement personnel*》(2000, Dominos, Flammarion) 참조.

5) Dominique Meda, 《부란 무엇인가? *Qu'est-ce que la richesse?*》(Champs, Flammarion, 1999, pp.131, 132)에서 인용.

6) Bernard Berret, 〈신경제, 자유주의의 신화?〉(《*Esprit*》, 2000년 11월, p.22).

7) 패스트푸드 체인들, 운동 장비나 컴퓨터 업체들이 종종 엄격한 조건을 내세우며 어떻게 학교를 지원하고, 학생들에게 '소비자 운동의 전문가' 정신을 함양해 주는지 Naomi Klein은 설명한다. 즉 여러분을 도와 주는 상표들을 비방해선 안 될 뿐 아니라(즉 여러분에게 자금을 조달해 주는 담배 회사에 반대해 시위를 벌여서는 안 된다), 미국과 캐나다의 학교 캠퍼스는 점점 더 쇼핑 센터를 닮아가고 있다는 것이다.(Naomi Klein, 《*No Logo*》, Actes Sud, 2001, pp.123, 124, 132, 133) 미국에서 40퍼센트에 달하는 고등학교·대학교에 설치되어 있는 채널 1방송은 매 10분마다 2분간의 광고를 한다는 조건으로 텔레비전과 비디오 장비를 제공한다.

8) 텔레비전이 무엇인가라는 물음에, 〈Loft Story〉와 〈Big Brother〉 제작사인 Endemol의 포르투갈 대표 Piet Hien는 나음과 깉이 대답했다. "매 광고 사이사이 재미난 내용을 끼워넣기. 광고 화면이 시청자를 확보할 수 있도록. 그게 전부다."(《*Journal du Dimanche*》, 2001년 11월 4일)

9) 젊은 고객들 사이에 이익 단체를 발전시킨 버거킹의 Kid Club처럼. 4백만에 달하는 회원들에게는 다양한 선물과 혜택이 주어지며 연락 센터까지 마련되어 있다. 현재 25개국에서 운영되는 이 클럽이 1990년에 생긴 이후로 버거킹의 판매는 3배로 증가했다.(Jeremy Rifkin, *Ibid.*, p.146)

10) "좋은 친구를 갖는다는 건 근사한 일이다. 그러나 만일 당신의 제일 좋은 친구가 전문직에 종사한다면, 당신은 누구를 믿고 사생활이나 직장 생활의 중요한 일들을 함께 생각할 수 있겠는가? 이때 개인 코치를 고용한다면 당신은 친구와 코치를 동시에 갖게 될 것이다."(개인 직업 코치 협회)(Robert Reich, *Ibid.*, pp204-205)

11) Leo Strauss, 《과거와 현대의 자유주의 *Le Libéralisme ancien et moderne*》(PUF, p.375, 1990, 미국판은 1968년).

제8장 마지막 유토피아

1) Raymond Aron, 《진보의 환상 *Les Désillusions du progrès*》(*Ibid.*, p.337).

2) "파시즘의 이탈리아와 스페인, 지난 70년간 여러 시기의 독일, 제1차 세계대전과 제2차 세계대전 직전의 일본, 제1차 세계대전 이전의 러시아, 이들은 모두 정치적으로 자유롭다고 할 수 없는 사회들이었다. 그래도 이들 사회에서 사기업은 경제 조직의 지배적인 형태였다. 다시 말해 자본주의 경제 제도와 자유롭지 않은 정치 제도의 공존이 가능하다는 말이다."(Milton Friedman, 《자본주의와 자유 *Capitalism and Freedom*》(시카고대학 출판부, 1963) Friedman에게 있어서 자본주의는 자유의 충분 조건이 아닌 필요 조건에 불과했다고 할 수 있다.

3) Adam Smith, 《국부론 *La Richesse des nations*》(*Ibid.*, 제1권 3부 4장, p.514).

4) Sir Dudley North, 《교역론 *Discourses upon Trade*》(Pierre Rosanvalloon, *Ibid.*, p.43).

5) Ernst/Young 컨설팅 회사는 이 심포지엄에서 몇 가지 개혁을 권장했다. "개혁은 관계자의 입장에서밖에 이루어질 수 없을 것이다. 기업주들이 의회로 진출하지 않고, 또 행정부가 현대적 경제 개념을 실천에 옮기도록 의원들이 힘을 행사하지 못한다면. 그리고 생산품의 4분의 1을 계속 수출하려면 프랑스가 자신의 영향권 안에만 틀어박혀 있어선 안 된다는 사실을 프랑스 경제가 깨닫도록 할 수 없다면 말이다." 다시 말해 우리 주장에 귀 기울이지 않으면 우린 떠나겠다라는 의미다.

6) Pierre Musso의 탁월한 표현을 빌리면 〈이탈리아의 실험실〉(《*Le Monde*》, 2001년 5월 24일).

7) 이 점에 대하여 Sachs Kleinberg 에이전시는 다음과 같이 규정한다. "아무리 적절한 이미지라 해도 그 자체로는 실질적인 공산주의 프로젝트의 부재와 혼돈의 문제를 해결할 수 없을 것이다."

8) 《J6m. com》(Ibid., p.236).

9) Christian Jambet는 《La Revue des Deux Mondes》(2000년 4월)에 이런 유토피아를 적절히 분석해 놓았다. 마르크스의 메시아니즘과 하에크의 유사점들에 대하여는 Jean-Pierre Dupuy의 《희생과 욕구 La Sacrifice et l'Envie》(Ibid., pp. 261-262)를 참조할 것.

10) 이상은 별개의 분야를 혼동한 좋은 예다. 9·11 테러가 있고 나서 미연방 정부는 '메디슨 가의 여왕'으로 알려진 Charlotte Beers를 국무차관직에 임명하여 해외에서의 미국에 대한 나쁜 이미지를 바로잡도록 했다. 여기서 그녀는 상당한 역량을 발휘했으며, 특히 Uncle Ben's 쌀 및 Longueurs와 Pointes 샴푸 광고 캠페인으로 유명해졌다. 두발용 로션에 이롭다면 분명 미국에게도 이로울 테니까!

11) 2000년 11월 대통령 선거 공화당 후보 공천에서 George W. Bush의 경쟁 상대였던 John Mc Cain은 미국 정치에 '대가성 있는 수뢰의 체계'가 존재함을 보았다. "양당은 권좌에 머무르기 위해 이 체계를 인정하며 가장 후한 입찰자에게 나라를 팔아먹고 있는 것이다."(《New-York Times》, 1999년 7월 1일)

12) 선거가 한창 무르익던 시기에 《Wall Street Journal》(2001년 가을)은 미국 시민의 소망에 대하여 다음과 같은 표제를 붙였다. "그들은 클릭으로 껐다 켰다 할 수 있는 정부를 원한다."

13) Pierre Manent, 《자유주의자들 Les Libéraux》(Ibid., 1986, pp.28-29).

14) Avishai Margalit, 《품위 있는 사회 La Société décente》(Climat, Montpellier, 1999, pp.154-155).

15) 《의무의 쇠락 Le Crépuscule du devoir》(Essais, Gallimard, 1992, pp.252-288). 이 현상에 대해 Gilles Lipovestky는 어떤 환상도 신랄함도 없이 아주 참신한 분석을 하고 있다.

16) 프랑스의 신용 평가 기관들은 인적 자원 관리, 환경 존중, 평등을 척도로 기업을 평가한다. 미국에서는 담배·무기·섹스와 관계 없고, 소수 집단을 존중하는 분야들에게는 보상이 주어진다. 윤리적 배경이 프랑스에서는 투자의 1퍼센트밖에 차지하지 않는 반면, 미국에서는 10퍼센트를 차지한다.(출처: 《L'Expansion》, 특별호, 2001년 5월) 미국에서는 'Good Money' 지수로 사회적으로 책임감 있는 투자인지를 평가한다. 그 수치는 다우존스 수치와도

그리 차이가 나지 않는다. 도덕이 제값을 하는 것이다······.
17) 유대 기독교 세계에서는 물질적 재화가 의인화되고 있다.
18) "나는 Vivendi의 문화적 정체성이 '선(善)을 실천하는' 행동들과 접합되기를 바란다. 기업이 관심을 갖는 건 바로 어떤 도덕성을 갖는다는 것이다."(Jean-Marie Messier, *Ibid.*, p.18, 28)
19) 이런 유의 투쟁이 갖는 한계와 모호성에 대하여는 Naomi Klein의 《*No Logo*》(*Ibid.*, 특히 마지막 장)를 참조할 것.
20) Benjamin Constant, 《현대인들의 자유에 대하여 *De la liberté chez les Modernes*》(1814, Hachette Pluriel, p.513).

제9장 자본주의로부터 신성을 박탈하기

1) Robert D. Putnam, Thad Williamson, 〈왜 미국인들은 행복하지 않은가?〉(《*Le Monde*》, 2000년 1월 2일).
2) Daniel Diatkine이 《국부론 *Richesse des Nations*》 해설에서 Adam Smith의 《도덕감정론 *La Théorie des sentiments moraux*》을 설명하며 보여 주었듯이.
3) 따라서 Dominique Meda는 생산 외에도 다른 척도들을 GDP에 포함시키자고 주장한다. 즉 사회적 단결력, 폭력의 정도, 공익 사업의 질, 재화의 분배 등. (Dominique Meda, 《부란 무엇인가? *Qu'est-ce que la richesse?*》)
4) 봉급의 일부를 희생하기로 각오하고, 노동의 양을 줄일 준비가 된 미국인들은 8퍼센트에 불과하다. 독일인은 38퍼센트, 일본인은 30퍼센트, 영국인은 30퍼센트인 데 반해.(《완전한 미래 *Futur parfait*》, *Ibid.*, p.12)
5) "이것은 자본주의 이전 인간으로서는 상상할 수도 없는 일, 수수께끼이자 추잡하고도 경멸할 만한 것이다. 인간이 금과 부를 짊어지고 무덤으로 내려가는 걸 삶의 유일한 과업이자 목표로 정해 놓았다면, 이것은 비뚤어진 본능의 개입으로밖에는 설명될 수 없을 것이다."(Max Weber, 《프로테스탄트 윤리와 자본주의 정신 *Ethique protestante et esprit du capitalisme*》, *Ibid.*, p.89)
6) Max Weber, *Ibid.*, p.78.
7) "우리가 저축을 하게끔 떠미는 원동력은 스스로의 운명을 개선코자 하는 욕구다. 보통은 조용하며 열정적이지도 않은 욕구지만, 그것은 우리와 함께 태어나 우리가 무덤에 들어가서야 우리를 떠난다."(Adam Smith, *Ibid.*, 1권 1부 3장)

8) Suze Orman, 《부자가 되려는 용기, 물질적 정신적으로 풍요로운 삶을 만들기 *The Courage to be rich, Creating a life of material and spiritual abundance*》(New York, Doublerday, 1999).

제10장 문명화의 불안

1) Jeremy Rifkin에 따르면, 네트워크의 문화는 "지금까지 장사와 소유의 윤리 규범을 익히고 자란 사람들보다 덜 경쟁적인 정신 상태를 젊은이들 사이에 퍼지게 할 것이다."(*Ibid.*, pp.274, 276) Jean-Marie Messier는 인터넷을 힘의 관계를 전복시키는 정치적 혁명이라고 본다. 또한 지금까지 엘리트들만이 누릴 수 있었던 지식 습득이 인터넷 덕분에 가난한 아동들에게도 가능해졌다고 믿는다.(*Ibid.*, pp.207-208-209)

2) Michel Marciolla는 기술혐오자들(technophobes)과 기술찬미자들(technophiles)을 대치시키며, 모든 기술 혁신에는 세 단계가 존재함을 일깨워 준다. 즉 환상과 정신병의 시기, 실험의 시기, 진부화되는 시기. 《아직도 진보를 믿을 수 있을까? *Peut-on encore croire au progrès?*》(Dominique Bourg, Jean-Michel Besnier, PUF, 2000, p.246)

3) 미국의 한 연구는 인터넷이 우리의 삶을 그다지 바꾸어 놓지 못했다고 말한다. 인터넷은 주로 관계의 영역에 영향을 미쳐 확대를 가져다 주었지만, 실생활의 도구들을 대체하기보다 주로 보완물로 이용되는 것이다. 하루 평균 1백억 통의 전자 메일이 나도는 반면, 전자 상거래는 아직 초보 단계에 머물러——섹스를 제외하고는——이익의 산출과는 거리가 멀다.(《리베라시옹》, 2001년 5월 21일)

4) Dominique Lecourt, 《진보의 미래 *L'Avenir du Progrès*》(Philippe Petit와의 대화, Textuel, 1995, p.75).

5) David Landes, 《국가의 부와 가난 *Richesse et Pauvieté nations*》(*Ibid.*, p.22).

감사의 말

이 책은 2001년 1월 《에스프리》지에 발표된 〈자본주의의 대안이 있을까?〉라는 표제의 기사를 발전시킨 것이다. 이 자리를 빌려 올리비에 몽쟁과 조엘 로망이 보여 준 관심과 이해에 깊은 감사의 뜻을 표한다.

역자 후기

성서에 "카이사르의 것은 카이사르에게 돌리고, 하느님의 것은 하느님께 돌려라"라는 구절이 있습니다. 카이사르의 것이 무엇이며, 하느님의 것이 무엇인지 말하기는 쉽지 않을 듯합니다. 또 이 말이 《번영의 비참》에서 전달하려는 주제와 어떤 연관성이 있어 머리에 떠오른 것도 아닙니다. 그렇긴 해도 거기서 비슷한 울림을 간파한다면 다음과 같은 이유에서가 아닐까요? 즉 우리의 삶은 복합적이며 여러 다양한 요소들로 이루어져 있는데, 그것들을 뒤섞어서는 안 된다는 경고가 담겨 있다고. 이미 행복에 관한 탁월한 에세이를 내놓은 바 있는 파스칼 브뤼크네르는 오늘날 우리를 지배하는 경제를 의문에 부칩니다. 그리고 "경제의 것은 경제에 돌리고, 여러분은 행복을……"이라고 역설합니다. 여기서 행복이 무어냐고, 행복=돈이 아니냐고 반문하는 사람이 많을 것 같습니다. 그러나 저자는 단호하게 행복=돈이 아니라고 대답합니다. 행복은 시장에서 구입할 수 있는 것이 아니라고. 이 말은 해묵은 진리처럼 보이기도 하지만, 현대인들이 쉽사리 믿을 수 있는 진리는 아닐 듯하군요.

쉬운 길은 아니기에 그는 패러독스의 좀 먼 길을 돌아가는 수고를 사양치 않습니다. 이원론적인 찬반·흑백 논리에 솔깃해지기 쉬운 우리로선 따라서 그의 의도를 이해하기 위해 상당한 주의를 기울이지 않으면 안 됩니다. 그는 금송아지에 몸과 마음이 송두리째 뺏겨 있는 이들은 물론, 금송아지에 대한 경계를 떠들썩하게 외치는 자들 모두를 조심하라고 하니까요. 때문에 그의 주장은 양편 모두로부터 환영을 받지 못할 듯싶기도 합니다. 우리는 어떤 식으로든, 강약의 차이는 있을지라도 어느 한편에 발을 들여놓고 있는 건 아닐까요? 반자본주의나 반미 감정이 점점 고조되며 전세계적으로 확산되고 있는 시점에서 어쩌면 이 책의 강세는 후자로 기울어지는지도 모르겠습니다. 아무튼 오늘날의 사회에 예리한 비판의 메스를 가하는 이 책에서 저자가 전달하려는 메시지는 크게 두 가지로 구분될 수 있을 것 같습니다.

첫째는 이것이냐 저것이냐를 말하기 전에, 즉 흑과 백 어느편에 가담하기 전에 둘을 모두 이해하고, 기만에 속지 않기 위해 양자를 뛰어넘는 지혜가 필요하다는 것이지요. 출발점이 다르면 대화는 언제나 어긋날 테니까. 가난한 가장이 생활고를 비난해 자살하거나, 부자가 재산 축적의 광적인 강박증에 사로잡혀 있을 때, 결국 양자의 생명을 지배하는 건 돈이 아니겠습니까? 그렇게 되면 신자유주의자들이나 이들을 비방하는 자들 모두가 같은 신앙(경제만능주의)으로 결속되어 있을 수도 있다는 추론이 가능해집니다. 시장에 대한 광적인 신봉이나 비난이 결국은 시장과의 밀착을 전제로 하며, 자본주의가 비난을 받을수록 실제로는 더욱 찬미되고 있다는 아이러니를 저자는 지적해 냅니다. 그리고 진정한 반자본주의, 보다 적극적인 거부는 "더 이상 자본주의에 사로잡혀 있지 않고 다른 걸 생각하는 것"이라고 말합니다. 결국 자본주의가, 혹은 세계화가 좋은지 나쁜지 따지는 건 어리석은 질문이며, 우리의 체제를 무턱대고 헐뜯거나 변호하는 대신 비판적인 경계심을 늦추지 말자는 것이지요. "경직되어 있는 제도를 깨어나게 하는 견제 세력으로 토론을 활성화하는 역할에서만 반자본주의는 유용하다"고 봅니다.

그런가 하면 둘째는 서로 다른 차원의 것들을 뒤섞지 말라는 거지요. 돈은 그 효용 가치로서 제 기능을 다하는 것이지, 거기에 인격을 부여하지 말라는 겁니다. 나아가 기업 역시 이득의 추구라는 그 분명한 기능 이상의 것을 행하겠다는 야심을 가져서는 안 된다는 것. 사람들의 행복을 만들어 내려 한다든지, 스스로 교회가 되어 "영혼의 추가물을 분비하지 말라"는 말입니다. 즉 경제를 속화하라는 겁니다. 현대는 상대주의 시대라지만 실제로는 돈이 유일한 절대자로, 아니면 신의 유일한 경쟁자, 정신적인 힘으로 삶의 의미를 지배하지는 않습니까?

결국 그는 모든 것에 제자리를 찾아 주는 작업을 하고 있습니다. 물론 물질적인 향상 자체가 나쁜 것은 아닙니다. 사실 전적으로 정서적 밀착으로 이루어지는 사회 관계는 보이지 않는 착취와 부패의 온상이 될 수도 있기에 경제 관계는 이런 유착으로 이루어지는 사회 관계를 정화하는 데 기여할 수 있습니다. 그것은 또 우리를 여러 구속으로부터 해방시키고 현실에 대한 제어력을 갖게 함으로써 우리 스스로 삶의 주인이 되도록 도와 줍니다. 그러나 주의해야 할 점은, 물질적으로 풍요로운 삶이 최상의 삶이라는 단순화의 잘못을 저지르지 말자는 겁니다.

저자가 말하고자 하는 내용은 이같은 단순화에 대한 거부로 요약될 수 있을 것 같습니다. 과거의, 혹은 우리 시대의 모든 불행과 폭력이 단순화된 사고에서 비롯된 것이 아닐까요? 단순화는 획일화와 우둔화를 낳습니다. 돈이 모든 걸 단순화하는 과정에서 우리는 거짓된 사회 관계 속에서 경직됩니다. 이것에 맞서는 두 가지 영역으로서 저자는 학교, 그리고 생활의 지혜인 검소함을 듭니다. 우선 학교는 기업의 축소판이 아니며 우리의 실용주의 사회에서 단 하나의 사치로 남는 것, 학구적인 오락의 정신과 인간 행위의 복잡성과 비극성을 습득하는 장소임을 강조합니다. 이는 우리의 교육 현실에서 너무도 절실히 다가오는, 특별히 공감이 가는 부분이기도 합니다. 그 다음 저자가 21세기의 새로운 이상으로 제시하는 것은 검소함입니다. 이 개념을 그대로 옮겨 보면 다음과 같습니다. "검소함은 금욕의 음울한 관념으로부터 분리되어야 한다. 검소함은 감하지 않고 보태기, 존재의 다른 차원들로의 개방이기 때문이다. 다사다망이나 무익한 구속의 덫에 걸리지 않도록 하기. 사회적으로 가치 있다고 여겨지는 허섭스레기들을 떨쳐 버리기. 필요한 것과 필요 이상의 것간의 경계를 재조정하기. 대부분의 사람들이 거들떠보지 않는 것에서 호사를 누리고, 대다수가 호사로 여기는 걸 비참으로 보기. 요컨대 스스로 금하기 위한 절제가 아니라, 덜 일반화되어 있는 다른 기쁨들을 늘리기 위한 절제다."

실제로 우리의 삶을 물질적 조건에 종속시키려는 경향에 반대하는 목소리가 점점 고조되고 있습니다. 물질 생활이 향상될수록 더 많은 노동과 스트레스에 시달리게 되는 건 왜일까라는 의문이 생깁니다. 번영의 한가운데서 더 큰 비참이 확산되고 있다면 세계화의 혜택은 무엇인지 의심이 듭니다. 사람들은 노동과 충전 사이를 오가는 변변찮은 삶을 영위하지 않나요? 여기서 저자는 부의 의미를 재정의합니다. "앎에 대한 열정, 상상력의 작업들, 삶의 예술, 혹은 그저 예술." 금전적인 숙고 이상의 삶, 생산의 논리를 벗어나는 정신적 삶이 있으며, 그 누구도 나의 자유 의지를 증명할 수 없는 것처럼 내가 노예임을 증명할 수도 없다는 거지요. 자유는 가능성이기 때문입니다. 현대 사회의 상처를 뒤집어 보이는 신랄한 어투 이면에 우리가 주의 깊게 귀 기울인다면 저자의 강한 낙관의 메시지가 들려옵니다. 개인의 운명을 출생과 유전·환경에 오롯이 가두어두었던 자연주의와 마찬가지로 현대 사회의 경제만능주의도 순전히 비관적인 세계관이 아니겠습니까?

근래에 민주주의를 경영 방식에 종속시켜야 한다는 주장이 한참 나돌았습니다. 학교·국가는 물론 개개인이 기업체가 되고, 광고가 사회를 지배하며, 대학은 기술 교육의 전당으로 화하려 합니다. 이 모두는 더 이상 은밀히 활동하여 우리를 세뇌시키려 하지 않고, 이제 보란 듯이 타산주의를 부추깁니다. 우리는 시장에서 가치의 등락을 기록하는, 스스로를 이익을 남겨야 하는 자본으로서 현금화할 줄 아는 완전한 경제 주체가 되지 않았습니까?

국내에서도 사회학 및 문화비평 분야에서 보다 투명한 눈으로 깨어 있기를 위한 작업이 꾸준히 진행되는 줄로 압니다. 프랑스 철학자·사회학자들과의 교류가 활발히 이루어져, 올초에 타계한 피에르 부르디외는 몇 년 전 한국에서 세미나를 가졌고, 최근엔 장 보드리야르도 한국을 다녀갔습니다. 파스칼 브뤼크네르는 《순진함의 유혹》이나 《영원한 황홀》 등의 저서로 국내에 이미 번역·소개되어 있는 작가로서, 올해 프랑스에서 출간된 《번영의 비참》도 이러한 맥락에서 숙고될 만한 메시지를 담은 책입니다. 프랑스 지성인이 바라본 세계, 유럽인의 시점이 분명히 각인되어 있는 이 책은 한국 사회를 분석하는 데 반성의 도구로도 활용될 수 있을 것입니다.

2002년 12월 이 창 실

이창실
이화여자대학교 영어영문과 졸업
프랑스 스트라스부르대학 응용언어학 과정 이수
이화여자대학교 통번역대학원 한불과 졸업
역서:《앙드레 말로》《글렌 굴드, 피아노 솔로》
《나는 왜 역사가가 되었나?》

번영의 비참

초판발행 : 2003년 1월 10일

지은이 : 파스칼 브뤼크네르
옮긴이 : 이창실
총편집 : 韓仁淑
펴낸곳 : 東文選

제10-64호, 78. 12. 16 등록
110-300 서울 종로구 관훈동 74
전화 : 737-2795

편집설계 : 朴月 李姃롯 李惠允

ISBN 89-8038-269-3 04300
ISBN 89-8038-050-X (현대신서)

東文選 現代新書 1

21세기를 위한 새로운 엘리트

FORSEEN 연구소 (프)
김경현 옮김

우리 사회의 미래를 누르고 있는 경제적·사회적 그리고 도덕적 불확실성과 격변하는 세계에서 새로운 지표들을 찾는 어려움은 엘리트들의 역할과 책임에 대한 재고를 요구한다.

엘리트의 쇄신은 불가피하다. 미래의 지도자들은 어떠한 모습을 갖게 될 것인가? 그들은 어떠한 조건하의 위기 속에서 흔들린 그들의 신뢰도를 다시금 회복할 수 있을 것인가? 기업의 경영을 위해 어떠한 변화를 기대해야 할 것인가? 미래의 결정자들을 위해서 어떠한 교육이 필요한가? 다가오는 시대의 의사결정자들에게 필요한 자질들은 어떠한 것들일까?

이 한 권의 연구보고서는 21세기를 이끌어 나갈 엘리트들에 대한 기대와 조건분석을 시도하고 있으며, 구체적으로 그들이 담당할 역할과 반드시 갖추어야 될 미래에 대한 비전을 제시하고 있다.

본서는 프랑스의 세계적인 커뮤니케이션 그룹인 아바스 그룹 산하의 포르셍 연구소에서 펴낸 《미래에 대한 예측총서》 중의 하나이다. 63개국에 걸친 연구원들의 활동을 바탕으로 세계적인 차원에서 우리 사회를 변화시키게 될 여러 가지 추세들을 깊숙이 파악하고 있다.

사회학적 추세를 연구하는 포르셍 연구소의 이번 연구는 단순히 미래를 예측하는 데에 그치는 것이 아니라, 미래를 준비하는 자들로 하여금 보충적인 성찰의 요소들을 비롯해서, 그들을 에워싸고 있는 세계에 대한 보다 넓은 이해를 지닌 상태에서 행동하고 앞날을 맞이하게끔 하기 위해서 이 관찰을 활용하자는 것이다.

프랑스 [메디시스 賞] 수상작

경제적 공포

비비안느 포레스테

김주경 옮김

　노동을 하지 않으면 신분도 사라진다. 노동이 없다면 인간은 타락한 존재에 불과하다. 노동은 임금이고, 임금은 소비이며, 소비는 생활이기 때문이다. 또한 노동은 우리들 존재의 알파와 오메가이기 때문이다. 그 일자리를 잃는다는 것은, 일반적인 의미의 생명의 범위를 벗어나는 것이다. 그것은 곧 수치인 낙인을 나타낸다.

　"인간을 이용하려는 불행보다 더 끔찍한 것이 있는데 그것은 바로 이용당할 기회마저 상실하였다는 사실이다. 그래서 '수익성'을 올리는 데 이용할 만한 가치가 없는 자들의 삶도 과연 유용한 것이냐는 질문이 되풀이된다. 그런데 이 질문 또한 살아갈 '권리'를 갖기 위해서는 살아남을 수 있는 '자격'이 필요한가? 라는 질문의 반향이다. 이 질문에서는 뭔가 두려움이 새어나온다. 걷잡을 수 없는 확산을 통해 정당화된 공포는 쓸모없는 잉여 존재라고 인정된 수많은 인간들을 보지 않으면 안 된다는 데서 오는 공포"라고 지은이는 말하고 있다.

　1996년 10월에 발간된 이후,《경제적 공포》는 그것이 마치 하나의 사회적 현상으로서 취급해야할 만큼 엄청난 성공을 거두었다. 이미 17개국에서 번역되어 마르크스의《자본론》이후 가장 많이 팔린 경제서가 되었으며, 노동문제에 관한 한 세계적인 필독서로 인정받고 있다.

東文選 現代新書 87

산다는 것의 의미·1
— 여분의 행복

피에르 쌍소 / 김주경 옮김

"삶을 어떻게 살아야 하는가?"라는 물음에 대한 해답찾기!!

인생을 살 만큼 살아본 사람만이 이에 대한 대답을 할 수 있을 것이다. 영원한 것은 아무것도 없고, 변화 또한 피할 수 없다. 한 해의 시작을 앞둔 우리들에게 피에르 쌍소는 "인생이라는 다양한 길들에서 만나게 되는 예기치 않은 상황들을 대비할 수 있도록 도덕적 혹은 철학적인 성찰, 삶의 단편들, 끔찍한 가상의 이야기와 콩트, 이 세상에서 벌어지고 있는 참을 수 없는 일들에 대한 분노의 외침, 견디기 힘든 세상을 조금이라도 견딜 만하게 만들기 위한 사랑에의 호소 등등 여러 가지를 이 책 속에 집어넣어 보았다"는 소회를 전하고 있다. 노철학자의 삶에 대한 깊은 성찰이 고목의 나이테처럼 더없이 선명하게 다가온다.

변화를 사랑하고, 기다릴 줄 알고, 바라보는 법을 배우고, 자기 자신에게 인내를 가질 수 있게 하는 이 책《산다는 것의 의미》는, 앞서의 두 권보다 문학적이며 읽는 재미 또한 뛰어나다. 죽어 있는 것 같은 시간들이 빈번히 인생에 가장 충만한 삶을 부여하듯 자신의 내부의 작은 목소리에 귀기울이게 하고, 그 소리를 신뢰케 만드는 것이 책의 장점이다.
진정한 삶, 음미할 줄 아는 삶을 살고, 내심이 공허한 사람이 되지 않도록 우리의 약한 삶을 보호할 줄 알며, 그 삶을 사랑하게 만드는 것이 피에르 쌍소의 힘이다.

이 책을 읽어 나가는 동안 우리는 의미 없이 번쩍거리기만 하는 싸구려 삶을 단호히 거부하고, 자기 자신에게로 돌아와 찬찬히 들여다볼 수 있는 시간을 갖게 될 것이다. 그리고 자신만의 희망적인 삶의 방법을 건져올릴 수 있을 것이다.

東文選 現代新書 42

진보의 미래

도미니크 르쿠르

김영선 옮김

　과거를 조명하지 않고는 진보 사상에 대한 미래를 예견할 수 없다. 진보라는 단어의 현대적 의미가 만들어진 것은 17세기 베이컨과 더불어였다. 이 진보주의 학설은 당시 움직이는 신화가 되었으며, 공산주의자들이 그것을 계승한 20세기까지 그러하였다. 저자는 진보주의 학설이 발생시킨 '정치적' 표류만큼이나 '과학적' 표류를 징계하며, 미래의 윤리학으로 이해된 진보에 대한 요구에 새로운 정의를 주장한다.

　발달과 성장이라는 것은 복지와 사회적 화합에서 비롯된 두 가지 양식인가? 단연코 그렇지 않다. 작가는 비관주의에 빠지지 않으면서도 다소 어두운 시대적 도표를 작성한다. 생활윤리학·농업·환경론 및 새로운 통신 기술이 여기서는 비판적이면서도 개방적인 관점에서 언급된다.

　과학과 기술을 혼동함에 따라 사람들은 무엇에 대해 말하고 있는지 더 이상 알지 못한다. 정치 분야와 도덕의 영역을 혼동함에 따라 무엇을 생각해야 할지 또한 더 이상 알지 못한다. 작가는 철학의 새로운 평가에 대해 옹호하고, 그래서 그는 미덕의 가장 근본인 용기를 주장한다. 그가 이 책에서 증명하기를 바라는 것은 두려움의 윤리에 대항하며, 방법을 아는 조건하에서는 모든 사람이 철학을 할 수 있다는 점인 것이다.

東文選 現代新書 98

미국식 사회 모델

쥐스탱 바이스

김종명 옮김

미국 (똑)바로 알기! 미국은 이제 단지 전세계의 모델이 아니다. 미국은 이미 세계 그 자체이다. 현재와 같은 군사적·문화적·경제적 반식민 상태에서 우리가 미국을 제대로 바라볼 수 있을까? 우리는 미국을 얼마나 알고 있으며, 또 한국과 미국의 비교는 가능한가? 한편으로는 대북 문제에서부터 금메달 및 개고기 문제에 이르기까지, 다른 한편으로는 병역기피성 미국시민권 취득에서부터 미국 가서 아이낳기 붐에 이르기까지, 사사건건 구겨진 자존심에 감정적으로 대응해서야 어찌 미국을 제대로 알 수 있겠는가.

본서는 구소련의 붕괴 이후 자유주의 모델의 국가들 중에서 다른 어떤 나라들보다도 더 보편성을 추구하였고, 그래서 전인류에게 모범이 될 만한 사회·정치를 포괄하는 하나의 체계, 즉 완비된 모델을 제시하려고 노력하는 미국과 프랑스를 비교·분석하고 있다.

유럽의 계몽주의에 뿌리를 둔 미국과 프랑스의 보편주의는 미국과 구소련 사이의 대립 앞에서 오랫동안 인식되지 못했으나, 냉전이 끝난 오늘날에는 이 둘의 차이가 새삼스레 부각되고 있다. 한때 그 역사적 몰락이 예고되었다고 믿었던 미국의 힘이 1980년대말 이래로 전세계에 그 광휘를 드러내고 있으며, 이전의 그 어느때보다도 더욱 전세계에 그들의 행동 양식과 경제에 대한 가르침을 주려는 기세이다. 이와 달리 연합된 유럽을 대표하는 프랑스식 모델은 거의 배타적으로 영향력을 행사하는 미국식 모델 때문에 점점 외부로의 영향력을 상실하고 있고, 내적으로도 그 정체성을 잃어가고 있다.

바로 이런 시점에서 본서는 유럽의 견유주의를 대표하는 프랑스식 모델과 윌슨주의를 표방하는 미국식 모델이 정치적·경제적·사회적 측면에서 어떻게 다른지를 비교·분석해 주고 있다.

東文選 現代新書 81

영원한 황홀

파스칼 브뤼크네르

김웅권 옮김

"당신은 행복해지기 위해 사는가?"

당신은 왜 사는가? 전통적으로 많이 들어온 유명한 답변 중 하나는 "행복해지기 위해서 산다"이다. 이때 '행복'은 우리에게 목표가 되고, 스트레스가 되며, 역설적으로 불행의 원천이 된다. 브뤼크네르는 그러한 '행복의 강박증'으로부터 당신을 치유하기 위해 이 책을 썼다. 프랑스의 전 언론이 기립박수에 가까운 찬사를 보낸 이 책은 사실상 석 달 가까이 베스트셀러 1위를 지켜내면서 프랑스를 '들었다 놓은' 철학 에세이이다.

"어떻게 지내십니까? 잘 지내시죠?"라고 묻는 인사말에도 상대에게 행복을 강제하는 이데올로기가 숨쉬고 있다. 당신은 행복을 숭배하고 있다. 그것은 서구 사회를 침윤하고 있는 집단적 마취제다. 당신은 인정해야 한다. 불행도 분명 삶의 뿌리다. 그 뿌리는 결코 뽑히지 않는다. 이것을 받아들일 때 당신은 '행복의 의무'로부터 해방될 것이고, 행복하지 않아도 부끄럽지 않게 될 것이다.

대신 저자는 자유롭고 개인적인 안락을 제안한다. '행복은 어림치고 접근해서 조용히 잡아야 하는 것'이다. 현대인들의 '저속한 허식'인 행복의 웅덩이로부터 당신 자신을 건져내라. 그때 '빛나지도 계속되지도 않는 것이 지닌 부드러움과 덧없음'이 당신을 따뜻이 안아 줄 것이다. 그곳에 영원한 만족감이 있다.

중세에서 현대까지 동서의 명현석학과 문호들을 풍부하게 인용하는 저자의 깊은 지식샘, 그리고 혀끝에 맛을 느끼게 해줄 듯 명징하게 떠오르는 탁월한 비유 문장들은 이 책을 오래오래 되읽고 싶은 욕심을 갖게 한다. 독자들께 권해 드린다. ― 조선일보, 2001. 11. 3.